T0254028

Die Kunst des Cyberkrieges

Peter Kestner

Die Kunst des Cyberkrieges

Strategische und taktische Vorgehensweisen für Angriff und Verteidigung im digitalen Zeitalter

 Springer

Peter Kestner
Hohenzell, Deutschland

ISBN 978-3-658-40057-6   ISBN 978-3-658-40058-3   (eBook)
https://doi.org/10.1007/978-3-658-40058-3

Die Deutsche Nationalbibliothek verzeichnet diese Publikation in der Deutschen Nationalbibliografie; detaillierte bibliografische Daten sind im Internet über http://dnb.d-nb.de abrufbar.

© Der/die Herausgeber bzw. der/die Autor(en), exklusiv lizenziert an Springer Fachmedien Wiesbaden GmbH, ein Teil von Springer Nature 2023
Das Werk einschließlich aller seiner Teile ist urheberrechtlich geschützt. Jede Verwertung, die nicht ausdrücklich vom Urheberrechtsgesetz zugelassen ist, bedarf der vorherigen Zustimmung des Verlags. Das gilt insbesondere für Vervielfältigungen, Bearbeitungen, Übersetzungen, Mikroverfilmungen und die Einspeicherung und Verarbeitung in elektronischen Systemen.
Die Wiedergabe von allgemein beschreibenden Bezeichnungen, Marken, Unternehmensnamen etc. in diesem Werk bedeutet nicht, dass diese frei durch jedermann benutzt werden dürfen. Die Berechtigung zur Benutzung unterliegt, auch ohne gesonderten Hinweis hierzu, den Regeln des Markenrechts. Die Rechte des jeweiligen Zeicheninhabers sind zu beachten.
Der Verlag, die Autoren und die Herausgeber gehen davon aus, dass die Angaben und Informationen in diesem Werk zum Zeitpunkt der Veröffentlichung vollständig und korrekt sind. Weder der Verlag, noch die Autoren oder die Herausgeber übernehmen, ausdrücklich oder implizit, Gewähr für den Inhalt des Werkes, etwaige Fehler oder Äußerungen. Der Verlag bleibt im Hinblick auf geografische Zuordnungen und Gebietsbezeichnungen in veröffentlichten Karten und Institutionsadressen neutral.

Planung/Lektorat: David Imgrund
Springer ist ein Imprint der eingetragenen Gesellschaft Springer Fachmedien Wiesbaden GmbH und ist ein Teil von Springer Nature.
Die Anschrift der Gesellschaft ist: Abraham-Lincoln-Str. 46, 65189 Wiesbaden, Germany

Für meine Eltern, meine Frau und unsere Kinder.

*Mögen sie dieses Buch niemals
zu Rate ziehen müssen.*

Geleitworte

Das Buch befasst sich mit einem gleichermaßen spannenden wie auch hoch aktuellem Themengebiet, nämlich den Informationen und ihren Eigenschaften. Insbesondere die Perspektive der Cybersicherheit im zivilen und militärischen Kontext veranschaulicht die Wichtigkeit bezüglich der Auswirkungen. Dem Autor gelingt es in herausragender Weise, dem Leser anhand einer anschaulich formulierten und vor allem gut verständlichen Analyse das auf den ersten Blick recht trocken und schwer verdaulich anmutende Sujet zu entmystifizieren. Historische Beispiele werden erläutert und die inhaltlichen Ableitungen in einen modernen Kontext gesetzt. Der Leser bekommt sehr schnell einen direkten Einblick, weshalb die Verfügbarkeit korrekter Informationen nicht nur einen Handlungsvorteil begründen, sondern das Nichtvorhandensein von sowie der falsche Umgang mit Informationen und ihren Kontextsystemen im Zweifelsfalle sogar über Leib und Leben entscheiden können.

Beispiele aus der analogen und digitalen Welt betten sich nahtlos ein und unterstützen den Inhalt in erklärender Form.

Das Buch bietet insbesondere Entscheidungsträgern eine praktische Hilfestellung. Es verzichtet bewusst auf belehrende Perspektiven und zeigt auf, warum sich die Befassung mit historischen Konstellationen lohnt und wie die Erkenntnisse daraus direkt helfen, existierende Risiken praktisch reduzieren zu können.

Zusammenfassend lässt sich festhalten, dass sich die Lektüre in jedem Fall lohnt!

Prof. Dr. Igor Podebrad

Geleitworte

Wie gestaltete sich das Leben der Menschen vor 200, gar vor 2000 Jahren? Kaum jemand kann sich dies in allen Belangen vorstellen: Die fehlende Hygiene, begleitet von großer Kindersterblichkeit und niederer Lebenserwartung, die urtümlichen medizinischen Behandlungen, bei denen das Ertragen quälender Schmerzen ohne Hoffnung auf endgültige Genesung üblich war–und vielen war nicht einmal dies gegönnt. Selbst die Begüterten genossen weit weniger Komfort als heutige Mittelstandsbürger. Hatte man nicht das Glück adeliger oder anderswie privilegierter Herkunft, führte man ein Leben, das Thomas Hobbes „poor, nasty, brutish and short", armselig, eklig, bestialisch und kurz nannte. Nur einfachste Geräte halfen bei Haushalt und Arbeit. Man kam kaum vom Fleck, nur zum Nachbarn, zur Kirche, vielleicht zum Arzt oder zum Notar. Die Straßen glichen ungesicherten Feldwegen, die von Pferden oder Maultieren gezogenen Gefährte holperten von einer düsteren Postschenke zur nächsten, schüttelten die eng aneinander gepressten Passagiere arg durcheinander. Kurz gesagt: Niemand unserer westlichen Zivilisation kann sich ernsthaft ein Leben vor 200, gar vor 2000 Jahren wünschen.

Die Umwälzung, die uns den heutigen Wohlstand für alle bescherte, verdanken wir Naturforschern, Medizinern, Ingenieuren–alle personenbezogenen Begriffe sind genderunabhängig -, die mit ihren Einsichten und Erkenntnissen, mit ihren Forschungen und Erfindungen enormen Fortschritten den Weg bereiteten: Isaac Newton, Émilie du Châtelet und andere trieben die Mechanik voran, Sadi Carnot, John Prescott Joule und andere die Thermodynamik, Jöns Jakob Berzelius, Dimitri Iwanowitsch Mendelejew die Chemie, Michael Faraday, James Clerk Maxwell und andere die Elektrotechnik, Carl Rokitansky, Theodor Billroth und andere die Medizin, Niels Bohr, Erwin Schrödinger und andere die Quantentheorie, Ernest Rutherford, Marie Curie und andere die Kernphysik–die Zahl weiterer Forschungsbereiche und der sie vorantreibenden Koryphäen ist Legion. Mindestens ebenso groß ist die Zahl der Entdeckungen und Erfindungen, von der Dampfmaschine zu Kraftfahrzeugen, von Haushaltsgeräten zu Büromaschinen, von Injektionsnadeln zu Kernspintomographen, et cetera pp., die allesamt in der Mehrung des Wohlstandes münden.

Die ultimative Umwälzung ist der mit der Digitalisierung einhergehende Auftakt des Informationszeitalters. Noch vor fünf Jahrzehnten hätte sich niemand ausmalen können, wie selbstverständlich Fachleute wie Laien mit hochkomplexen digitalen Geräten wie Smartphones, Tablets, Laptops in blindem Vertrauen auf deren Funktionieren hantieren, welche Unmengen von Daten in Windeseile konsumiert, bearbeitet, verschoben werden, wie sehr die virtuelle Welt der Bits die reale Welt der

Dinge, die Rilke noch singen hören wollte, als Wirklichkeit und Wahrheit verdrängt.

Kaum wahrgenommen wird jedoch, dass sich hinter all den sich im Jahrestakt ändernden, mit immer moderneren Designs präsentierten, mit immer smarteren Features ausgestatteten, mit immer einschmeichelnderem Ton beworbenen Produkten die Mathematik verbirgt. Nie kann ein noch so ausgefeilt ausgestattetes digitales Gerät im Prinzip mehr leisten als die vom Mathematiker Alan Turing abstrakt entworfene und später nach ihm benannte Maschine. Allein Design, Geschwindigkeit und Handhabung lassen sich kontinuierlich verbessern. Somit ist die neben der Astronomie älteste und edelste aller Wissenschaften, die Mathematik, die ihren Schatz seit den Tagen des Pythagoras, des Archimedes, der Hypatia über die Jahrhunderte hinweg bewahrt und mehrt, Patin der Digitalisierung und aller ihrer Anwendungen - im Guten wie im Bösen.

Und so wie die Mathematik bleibt auch die Conditio humana, vor allem der Hang des Menschen zum Guten wie zum Bösen, über alle Zeiten hinweg immer die gleiche. Sei es das Leben im vorindustriellen Zeitalter, sei es das Leben in der modernen, von Digitalisierung durchdrungenen Welt: die Tugenden und die Laster, die Hoffnungen und die Enttäuschungen, die Zuneigungen und die Ablehnungen sind die gleichen wie eh und je. Darum berühren uns das Schicksal der Antigone, der Zweifel des Hamlet, die Wissbegier des Faust, wiewohl von Dichtern vor Jahrhunderten beschrieben, genauso, wie wenn diese Protagonisten uns heute begegneten.

Wer das vorliegende Buch von Peter Kestner zur Hand nimmt, wird darum mit Interesse und Gefallen lesen: Tarnen und Täuschen, Gerüchte und Geheimnisse, Verschwiegenheit und Verrat, Macht und Ohnmacht durchdringen die Menschheitsgeschichte seit Anbeginn in den buntesten Facetten, wobei das gegenwärtig von der Digitalisierung, insbesondere das von Verschlüsselung und Dechiffrierung ermöglichte Farbenspiel besonders fasziniert.

Prof. Dr. Taschner

Einleitung: *1984* und die Lektionen der Vergangenheit

„Die Geschichte wiederholt sich nicht, aber sie reimt sich."
Sinnspruch mit unbekanntem Ursprung

Gerade im heutigen „digitalen" Zeitalter erscheinen uns Zitate wie das des Philosophen George Santayana verstaubt. Er sagte: „Wer die Vergangenheit nicht kennt, ist dazu verurteilt, sie zu wiederholen." Wir maßen uns an – im Übrigen wie auch jede Generation vor uns – mehr Wissen zu besitzen. Spätestens seit dem Durchbruch der neuen technologischen Revolutionen wie durch das Internet oder das Smartphone sind sich viele gewiss: Die Ereignisse der heutigen Zeit sind so nie da gewesen und lassen sich auch nicht mit der Vergangenheit vergleichen. Unser Verständnis von Geschichte ist eng verbunden mit einem Fortschrittsdenken, das nur eine Richtung kennt: nach vorne. Technische Geräte wie das erste iPhone, die kaum mehr als 15 Jahre alt sind, kommen uns schon heute vor wie Relikte aus einer fernen Vergangenheit, an die es anscheinend kaum mehr lohnt, sich zurückzuerinnern.

Doch wenn wir auf unsere Vorgehensweisen und Taktiken schauen, die unser tägliches Verhalten prägen, könnte man schnell ins Grübeln kommen. Ein genauerer Blick zeigt hier, dass wir gar nicht so anders handeln als unsere Vorfahren. Wie auch schon vor tausenden Jahren sind die Gründe immer noch dieselben, die uns auf psychologischer Ebene dazu verleiten, Konflikte zu starten oder abzuwehren. Und auch die Entwicklung und Beherrschung von Technik war von Beginn an einer der zentralen Beweggründe zur Erlangung und Ausübung von Macht. Das heißt aber gleichzeitig auch, dass wir ungeachtet der veränderten Bedingungen von Zeit, Ort, Mittel und Ressourcen, nicht aber der physikalischen Gesetze, von früheren Aktionen und deren Reaktionen lernen können.

Aus dieser Perspektive müssen wir heute bestimmte Glaubensgrundsätze und Überzeugungen hinterfragen. Betreten wir mit dem Internet und den neuen Technologien wirklich Neuland, für das wir weder Karten noch Kompass haben? Ich möchte mit diesem Buch zeigen, dass wir in Wirklichkeit nur alte Methoden in unser Zeitalter transferiert, aber vergessen haben, deren Gründe und Auswirkungen und die daraus resultierenden Lehren mitzuübersetzen. Die Beschäftigung mit der Geschichte und der menschlichen Natur würde uns helfen, bestimmte Treiber sowie Auslöser und Ausgänge von Aktionen zu verstehen und vielleicht sogar vorherzusagen. Denn wie schon vor tausenden von Jahren waren, sind und bleiben die Gründe für negatives menschliches Handeln immer dieselben: Reichtum, Ruhm, Macht und Ehre oder Lust. Egal, ob wir es heute Geld, politischen Einfluss, Patriotismus oder sonst wie nennen – Fakt ist, dass diese Treiber uns und unsere Vorfahren auf psychologischer Ebene immer dazu verleitet haben, Konflikte zu starten. Durch deren Verständnis und genaue Analyse jedoch könnten wir lernen, die heutigen und zukünftigen Ergebnisse von Konflikten wie etwa den Cyberkrieg der Zukunft intelligent zu steuern. Entsprechend vorbereitet sollten wir aber schon heute der Kryptografie, Steganografie, der eindeutigen Identifizierung, Trojanern, Schadcode oder Fake News begegnen. Die Kenntnis von deren Ursprüngen und Auswirkungen hilft uns dabei, die zugrunde liegenden Treiber und Ausgänge von Aktionen nicht nur zu verstehen, sondern sogar vorherzusagen und im besten Fall abzuwehren. Tun wir das nicht, könnten selbst die düstersten Zukunftsvisionen zur Wirklichkeit werden, wie etwa die, die George Orwell in *1984* beschreibt.

1984 – zwischen Vergangenheit, Gegenwart und Zukunft

Welche Bedeutung die Vergangenheit für die Gegenwart und die Zukunft haben kann, lässt sich an einem der berühmtesten Romane des vergangenen Jahrhunderts veranschaulichen: George Orwells *1984*. Was George Orwell im Jahr 1948 dazu brachte, dieses Buch zu schreiben, war der Wille zu verstehen, was um ihn herum passierte. Zum einen war da die zurückliegende totalitäre Herrschaft in Nazi-Deutschland und zum anderen war das der beginnende Kalte Krieg zwischen dem Westen auf der einen und der UdSSR auf der anderen Seite. Und auch, wenn Orwell selbst sich damals viel mit dem Überwachungsstaat, wie er damals in der Sowjetunion entstanden war, beschäftigt hatte, geht sein Werk jedoch weit darüber hinaus. Die Geschichte über den Romanhelden Winston Smith erzählt von der Beherrschung des Menschen durch Technik und durch Sprache. Ein Element, das für damalige Zeitgenossen neu und unvorstellbar gewirkt haben muss, ist das der permanenten und totalen technologischen Überwachung. Der „große Bruder" beobachtet und kontrolliert zu jeder Zeit die Bevölkerung.

Wie muss man sich aber das Leben eines Menschen der Romanwelt von *1984* vorstellen? Überall im öffentlichen und privaten Raum sind die sogenannten „Teleschirme" und Mikrofone installiert, über die der große Bruder zu jeder Zeit alles im Blick haben kann. Lebensbereiche, die mit technischen Mitteln nicht einsehbar sind, werden von Spionen überwacht. Der Staat hat ein neues Sprachkonzept eingeführt, das „Neusprech" heißt, mit dem das Denken selbst revolutioniert werden soll. Beim „Doppeldenk" wird sogar die Logik außer Kraft gesetzt – Was kann da noch schiefgehen!? – Das Wort Freiheit wurde verboten und die Sprache insgesamt so weit reduziert, dass bestimmte Gedanken gar nicht mehr denkbar sind. Es ist Pflicht, rund um die Uhr den Fernseher angeschaltet zu lassen. Sich eigene Gedanken zu machen, ist nicht erwünscht. Zudem hat der Mensch von *1984* dafür kaum Zeit, weil er rund um die Uhr eingespannt ist in Routinen und Rituale wie das gemeinsame Hass-Ritual, bei dem sich alle gemeinsam auf einen Gegner einschwören. Wie ein anderes Leben aussehen kann, wissen die meisten zudem nicht, weil die Regierung die Geschichte umgeschrieben und Bücher vernichtet hat. Denn wer die Erinnerung daran auslöscht, wie es einmal war, nimmt den Menschen die Möglichkeit, die Vergangenheit mit dem zu vergleichen, wie es heute ist. Und damit nimmt man ihnen auch die Möglichkeit, darüber nachzudenken, was man aus der Geschichte lernen kann, wie man sich besser verhält oder wie man die Gegenwart verändern könnte. Das Vergessen oder in diesem Fall vielmehr: das Verdrängen der Vergangenheit ist in der Welt von *1984* ein Instrument zur Beherrschung der Bevölkerung. Das heißt gleichzeitig, dass die Beschäftigung mit der Geschichte etwas Machtvolles darstellt. Denn die Lektionen aus der Geschichte befähigen die Menschen, zu sich selbst in Distanz zu treten, über sich selbst und das Leben nachzudenken, reflektierte Entscheidungen zu treffen und zu bestimmen, wie die Zukunft gestaltet werden soll. Oder, wie es in *1984* heißt:

> *„Wer die Vergangenheit kontrolliert, kontrolliert die Zukunft: Wer die Gegenwart kontrolliert, kontrolliert die Vergangenheit."*

Neben dieser zentralen Erkenntnis über den Wert der Vergangenheit und von Geschichte, bietet *1984* noch sehr viel mehr visionäre Einsichten, die für den Zusammenhang dieses Buches interessant sind. Natürlich hatte George Orwell keine Kristallkugel, mit der er in die Zukunft blicken konnte. Dennoch lässt sich aus seinem Buch viel über die künftige Entwicklung lernen und so manche erschreckende Parallele zu unserer heutigen Welt erkennen. Denn wer heute 1984 liest, macht dies möglicherweise in einem Moment, in dem gleich mehrere Kameras auf einen gerichtet sind. Eine vom Tablet, auf dem man das Buch liest, eine vom Telefon, das auf dem Tisch daneben liegt und eine vom Fernseher, der an der Wand hängt. Und während in *1984* die Spione über die Mikrofone bei allen Gesprächen, die im Privaten geführt wurden, mitlauschten, hören heute Sprachassistenten wie Alexa oder Siri achtsam mit. Auch die Reglementierung der Sprache begegnet uns beispielsweise im Bereich der

Wirtschaft, wo es keine Probleme, sondern nur Herausforderungen gibt, oder auf Twitter, wo jedes noch so komplexe Ereignis auf eine Botschaft mit 280 Zeichen heruntergedampft werden muss. Und auch die Debatte über die sogenannte „Cancel Culture", der „Social Justice Warrior" und Fake News zeigen einmal mehr, dass auch heute die Sprache zu einem Kriegsschauplatz werden kann. Politische Parteien oder Anführer, die ihre Anhänger von einer „alternativen" Wahrheit überzeugen, die nicht der Realität entspricht, gibt es zwar auch hierzulande immer öfter, lassen sich aber in anderen Teilen der Welt wie China, Russland oder den USA tagtäglich beobachten. Auch die Rede vom post-faktischen Zeitalter und alternativen Fakten sollten uns zu denken geben.

Auch wenn die Welt, die in Orwells *1984* gezeichnet wird, düsterer kaum sein könnte, liefert das Buch auch einen Grund zur Hoffnung. Oder zumindest sind ein paar Brotkrümel im Buch verstreut, denen man folgen kann. Denn man muss sich doch fragen, was der größte Feind ist, den der große Bruder bekämpfen will: Es ist das freie, eigenständige Denken eines jeden Einzelnen. Dieses wertvolle Gut sollten wir niemals leichtfertig aufgeben und wenn das düstere Ende des Romans eines zeigt, dann doch das: Es muss schon sehr viel an Energie und Anstrengung aufgebracht werden, um den freien Willen und das eigenständige Denken zu brechen.

Doch bevor ich noch mehr über die Ideen dieses Buchs, seine Absichten und Zielsetzungen schreibe, möchte ich ein paar wenige Zeilen über mich selbst schreiben.

Über den Autor dieses Buches oder: „Wen kümmert's, wer spricht?"

Zunächst einmal bin ich kein Autor. Ich bin Informatiker. Das Schreiben gehört demnach eigentlich nicht zu meinen Spezialgebieten. Im Studium habe ich lediglich gelernt, in Code zu denken und mich auszudrücken. Die Absicht, dennoch ein Buch zu verfassen, ist über viele Jahre gewachsen. Langsam, aber stetig. Ich bin jemand, der sich seit über 25 Jahren mit dem Thema Cybersecurity beschäftigt hat, und tue es immer noch – wenngleich dies nicht immer so hieß. Früher wurde das, was ich mache, einfach Computersicherheit genannt. Doch ganz gleich, wie es auch genannt wurde bzw. wird, gab es eine Erfahrung, die sich im Lauf der vergangenen Jahre immer wiederholte. In dieser Zeit sind mir immer wieder Menschen, Geschichten und Situationen begegnet, die in mir ein und dieselbe Reaktion ausgelöst haben: Das gab es doch alles schon mal genau so oder zumindest so ähnlich! Damit meine ich aber gar nicht so sehr, dass mir bestimmte technische Fehler immer wieder begegneten. Es hatte vielmehr mit meiner anderen Leidenschaft zu tun, die sich mir bei meiner beruflichen Tätigkeit immer wieder ins Bewusstsein drängte. Auch wenn mein fachlicher Hintergrund im Bereich Informatik liegt, ich also ein oder zwei Dinge über Computer, Sicherheit und unsere vernetzte Welt weiß, habe ich parallel dazu immer eine große Faszination für Geschichte und spannende historische Ereignisse gepflegt. Beides hat viel mehr miteinander zu tun, als den meisten Menschen vielleicht bewusst ist und genau darum möchte ich beide Bereiche in diesem Buch miteinander verbinden.

Dieses Buch basiert im Grunde auf einer einfachen Frage: „Was können wir aus der Vergangenheit für unsere Gegenwart und unsere Zukunft lernen?" Und während dieser Abschnitt die Überschrift „Über den Autor dieses Buches" trägt, spielt es für dieses Buch im Großen und Ganzen keine Rolle, wer ich bin und was ich bislang in meinem Leben getan habe. Mit dem Autor Samuel Beckett könnte man fast sagen: „Wen kümmert's, wer spricht?" Ich will niemanden von etwas überzeugen, ich will keinen Cyber-Security-Kurs verkaufen und ich will keinen 12-Punkte-Plan vorlegen, der absolute Sicherheit verspricht, wenn man sich einfach an alle Punkte hält. Zum einen will ich das nicht, weil ich weiß, dass es absolute Sicherheit schlicht niemals gab und geben wird. Häufig passieren Fehler sogar gerade dann, wenn man sich zu sicher wägt. Zum anderen will ich kein Rezept vorlegen, weil das geradezu das Gegenteil von dem wäre, was ich mit diesem Buch erreichen will. Denn solche Pläne oder Ratschläge haben in der IT-Welt nur eine kurze Halbwertszeit und würden jeden Einzelnen vom eigenen Denken entlasten. Darum sollte auch niemand dem, was ich hier sage bzw. schreibe, einfach so vertrauen. Eines meiner wichtigsten Anliegen, das ich mit diesem Buch verfolge, ist Menschen zum Nachdenken und zum eigenständigen Denken zu bringen. Wenn mir das auch nur ein Stück weit gelingt, dann ist damit mehr gewonnen als mit jedem Ratgeber über Cybersecurity.

Da mir selbst dabei meine Leidenschaft für unsere Vergangenheit und spannende Geschichten geholfen hat, möchte ich genau das tun: spannende historische Ereignisse erörtern. Denn schließlich ist die Historie voll von Erfahrungen, Erfolgen, Fehltritten und lehrreichen Beispielen über Listen, Betrug und Manipulation – mit anderen Worten: Sie ist ein idealer Stoff, um daraus zu lernen, um dieselben Fehler nicht immer und immer wieder zu wiederholen.

Über dieses Buch

Auf den ersten Blick scheint es wenig sinnvoll zu sein, sich zu fragen: Was können wir aus der Geschichte über den zukünftigen Krieg im Cyberspace lernen? Denn so etwas wie „Cyberkrieg" hat es noch nie gegeben – warum sollte man also durch den Blick zurück in die Vergangenheit etwas über den Krieg der Zukunft lernen können? Wenngleich ich persönlich glaube, dass wir sehr viel aus der Geschichte lernen können, bin ich auch davon überzeugt, dass sich diese nicht einfach wiederholt. Vielmehr ist es wie in dem geflügelten Satz: „Geschichte wiederholt sich nicht. Aber sie reimt sich." Darum sollten wir versuchen, unsere Vorgeschichte zu verstehen, daraus lernen, woher wir kommen, und das Gelernte in unsere Überlegungen aufnehmen, um zu verstehen, warum wir uns so verhalten, wie wir es tun. Denn auch wenn sich im Lauf der Jahrhunderte die Waffen und Techniken veränderten, so blieben die Taktiken und Strategien doch oft dieselben. Und auch die Ergebnisse waren erschreckend oft gleich. Kaum ein anderes Werk aus der Zeitgeschichte demonstriert diese Konstanz deutlicher als *Die Kunst des Krieges* von Sun Tzu. Einen ähnlichen Rang wie Sun Tzus Werk hat im Grunde nur Carl von Clausewitz' Abhandlung *Vom Kriege*. Beide Werke ergeben zusammen die wichtigsten Abhandlungen, die jemals über militärische Strategien und Taktiken geschrieben wurden. Diese beiden Texte haben im Laufe der Geschichte große Charaktere und Herrscher stark beeinflusst und wurden oft als verpflichtende Lektüre für deren untergebene Befehlshaber und teilweise auch für jeden einzelnen Soldaten vorgeschrieben. An den meisten Militärschulen werden diese beiden Bücher heute noch eingehend studiert und die daraus gezogenen Lehren in die heutigen Angriffs- und Verteidigungsstrategien mit einbezogen. Die Analyse dieser Werke und die Übertragung deren Inhalte ins heutige Zeitalter steht darum am Anfang des Buchs. Dabei bin ich nicht der Erste, der festgestellt hat, dass sich die Vorgehensweisen, die in diesen Werken beschrieben werden, nicht nur militärisch, sondern auch politisch und wirtschaftlich erfolgreich anwenden lassen. Trotz ihres Alters haben beide Werke schon mehrfach auf allen dieser drei Ebenen bewiesen, dass ihre Praktikabilität, wenn man sie intelligent transferiert, nicht veraltet ist. Historisch kann man das damit erklären, dass es Zeiten gab, in denen Befehlshaber und Soldaten nach Kriegen in die Politik oder die Wirtschaft wechselten und dort in die operative Führung eines Landes einstiegen oder Unternehmen gegründet haben. Da die meisten von ihnen jedoch, wenn überhaupt, nur eine militärische Ausbildung genossen und keinerlei Erfahrung in der Wirtschaft- oder Geschäftswelt besaßen, haben sie ihre Verhaltensmuster in diese neue Welt mitgenommen. Sie starteten Unternehmungen wie Angriffe, führten sie wie eine militärische Einheit oder positionierten sich politisch mit taktischen Vorbereitungen auf ein höheres Ziel. *Die Kunst des Krieges* wurde somit auch ein Leitfaden für den Erfolg außerhalb des Schlachtfeldes. Viele angesehene Ökonomen sehen Sun Tzu quasi als eine Art Business-Guru an, da die militärischen Taktiken, die in seinem Werk beschrieben werden, auch auf dem heutigen Wirtschafts- und Handelsparkett, gepaart mit der alten Lebensphilosophie und spirituellen Ausrichtung der Autoren ihre Gültigkeit haben. Aus diesem Grund sind viele Vorgehensweisen und Schlüsselbegriffe von Sun Tzu in den heutigen Betriebswirtschaftshandbüchern als exakte Kopien wiederzufinden.

Wenn wir nun einen Schritt weiter in die vernetzte Welt des Internets und des Cyber-Raumes gehen, so wird man auch dort sehr schnell fündig, wenn man nach historischen Versatzstücken sucht. Das „Trojanische Pferd" kennen heute wahrscheinlich weniger Menschen aus dem Geschichtsunterricht als aus der Berichterstattung über Hackerangriffe oder – im schlimmsten Falle – aus persönlicher Erfahrung. Doch gerade dieses Beispiel macht deutlich, wie lehrreich die Beschäftigung mit der Geschichte für das alltägliche Leben im digitalen Zeitalter sein kann. Wer sich an die Episode aus der griechischen Mythologie erinnert, weiß, dass es sich um ein harmlos wirkendes Geschenk handelte, das jedoch nur eine Tarnung war. Denn im hohlen Bauch des Holzpferdes befand sich eine Handvoll Soldaten, die sich so Zugang ins Innere der Stadt Troja verschaffte. In der Nacht verließen sie unbemerkt ihr Versteck und öffneten die Tore der Stadt, um der davor wartenden Armee Einlass zu gewähren. Nach einem ähnlichen Prinzip funktioniert die nach dem Trojanischen Pferd benannte Hackertaktik. Auch die Schadsoftware gelangt in der Regel getarnt als harmloser Anhang einer E-Mail ins Innere eines Systems, wo es dann unbemerkt den Zugang dazu öffnen kann. Dass Geschenke vergiftet sein können, daran erinnert noch entfernt die Sprache selbst. Denn im Englischen bedeutet Geschenk tatsächlich noch „gift". Der Ursprung sowohl des deutschen Wortes „Gift" als auch des englischen „gifts" ist das Althochdeutsche, in dem das Geschenk bzw. die Gabe lange Zeit doppeldeutig war und auch „schädlicher Stoff" oder „tödliche Gabe" bedeuten konnte. Im Deutschen gibt es heute nur noch das Wort „Mitgift", in dem sich die ursprüngliche Bedeutung als Geschenk erhalten hat. Wer in Zukunft also ein Geschenk bekommt, sollte es vielleicht auch mit etwas Argwohn betrachten.

Neben Klassikern wie dem Trojanischen Pferd gibt es zahlreiche weitere historische Ereignisse, die viele hilfreiche Lektionen bereithalten. Es sind sogar so viele, dass man wahrscheinlich ganze Buchreihen damit füllen könnte. Naturgemäß habe ich darum für dieses Buch eine kleine Auswahl treffen müssen, bin aber sicher, dass die gewählten Beispiele und die Analyse der historischen

Vorgehensweisen lehrreich sind. Denn gerade darum geht es mir im Kern: das Lernen und das selbständige Denken.

Die einzige Lösung lautet: Lernen

Nach den vielen Jahren, die ich nun im Bereich Cybersecurity tätig bin, und den tausenden Seiten, die ich über die Vergangenheit gelesen habe, sowie der Lektüre der Bücher von den besten Strategen der Geschichte weiß ich vor allem eines: Es gibt keinen umfassenden Lösungsansatz, der alle Probleme adressiert. Die Welt wird sich immer weiterentwickeln. Und darum werden sich die Bedrohungen und Gefahren immer etwas anders darstellen. Aus diesem Grund ist die Fähigkeit, aus den Lektionen der Vergangenheit für die Zukunft zu lernen, die beste Abwehrstrategie im Cyber-Zeitalter. Denn auch die teuerste Hardware bringt nichts, wenn jemand sein Hirn nicht einschaltet. Die Strategie muss darum vielmehr lauten, stets das eigene Wissen zu erweitern, sich ein Basiswissen anzulesen, aus der Geschichte zu lernen und Taktiken wie zum Beispiel „Tarnen und Täuschen" zu verstehen. Wer das tut, kann nach und nach über den eigenen Tellerrand hinausschauen, bessere Entscheidungen treffen und eine Sensibilität für Situationen und mögliche Gefahren entwickeln.

Das heißt: Ohne selbst nachzudenken, wird es nicht gehen. Darum hoffe ich, dass es mir gelungen ist, aus dem großen Schatz der Geschichte genau die Beispiele auszuwählen, die meine Leser zum Nachdenken und Lernen anregen. Denn die größtmögliche Sicherheit, die es im Cyber-Zeitalter gibt, ist ein Schatz an Geschichten, Knowhow und Wissen, den man immer mit sich führt und den man stetig erweitert. So ein Grundstock an Wissen kann dabei helfen, mit offenen Augen durch die Welt zu gehen, wenn man sich immer wieder an das Gehörte und Gelesene erinnert und das Gelernte in neue Situationen mit einfließen lässt. In diesem Sinne wünsche ich meinen Lesern nun eine anregende Lektüre, viel Freude beim Lesen, Lernen und Verstehen der hier vorgestellten Episoden aus der Geschichte und den Mut, die eigenen Schlüsse daraus zu ziehen.

Inhaltsverzeichnis

Teil I

Lektionen aus der Vergangenheit

Im ersten Teil des Buches möchte ich den Blick in die Vergangenheit richten, und die Lektionen herausarbeiten, die für den Cyberkrieg und das bessere Verständnis unsere modernen Welt dienlich sind. Am Anfang steht die Beschäftigung mit einem der ältesten überlieferten Strategietexte überhaupt: *Der Kunst der Krieges* von Sun Tzu. Von der chinesischen Frühgeschichte geht es weiter in die griechische und römische Antike. Dort finden sich die Anfänge der Kryptographie und der Steganographie - beide Methoden und der Wettstreit zwischen Ver- und Entschlüsselung ziehen sich bis heute fort und halten eine Geschichte bereit, die spannender ist als so mancher Krimi. Zuletzt möchte ich mich in diesem Block mit dem Mittelalter beschäftigen und die Verbindungslinien zwischen dieser Zeit mit unserer nachzeichnen.

1

Die Kunst des Cyberkrieges und die 13 Lektionen von Sun Tzu

„Im Frieden bereite dich auf den Krieg vor,
im Krieg bereite dich auf den Frieden vor."

Sun Tzu, Die Kunst des Krieges

Der Titel dieses Buches – *Die Kunst des Cyberkrieges* – spielt offensichtlich auf den Titel eines anderen, sehr berühmten Buches an, das ich bereits in der Einleitung erwähnte: *Die Kunst des Krieges* von Sun Tzu, der auch Sunzi, Sun Tse oder Sun Wu (auf Deutsch übersetzt: „Meister Sun") genannt wird. Das Werk von Sun Tzu lieferte allerdings mehr als nur die Inspiration für den Titel. Die Beschäftigung mit diesem Werk war für die Entstehung dieses Buches insgesamt wichtig. Zudem kann die allgemeine Bedeutung von *Die Kunst des Krieges* kaum überschätzt werden. Zunächst einmal gilt es als das älteste und eines der wichtigsten Werke über Militärstrategie. Es ist also eine der zentralen Quellen für die Beschäftigung

© Der/die Autor(en), exklusiv lizenziert an Springer Fachmedien Wiesbaden GmbH, ein Teil von Springer Nature 2023
P. Kestner, *Die Kunst des Cyberkrieges,*
https://doi.org/10.1007/978-3-658-40058-3_1

mit strategischem Denken. Die Geschichte ist reich an Belegen, welche Rolle es in Kriegen und Konflikten im Lauf der Jahrhunderte spielte. Schon nach dem Tod von Sun Tzu entstanden die ersten Mythen rund um das Buch: Diejenigen, die es gelesen hatten, galten als unschlagbar. Auch im Bereich der Kampfkunst gilt Sun Tzus Werk als unverzichtbarer Klassiker. Nicht zuletzt ist *Die Kunst des Krieges* ein Paradebeispiel dafür, wie relevant das Denken aus vergangenen Zeiten sowie die damalige Geschichte für unsere heutige Zeit sind. Allerdings sind die Lektüre und die Übertragung der Gedanken von Sun Tzu auf die moderne Welt nicht ganz einfach. Wer sich schon einmal die Mühe gemacht und Sun Tzus Werk zur Hand genommen hat, wird schnell gemerkt haben, wie sperrig viele Aussagen klingen. Woran liegt das?

Sun Tzus Schreibstil und die Übertragung des Werks in die heutige Zeit

Der erste und offensichtlichste Grund für die Übertragungsschwierigkeiten ist das bloße Alter der Abhandlung: *Die Kunst des Krieges,* bestehend aus knapp 6000 chinesischen Schriftzeichen, wurde immerhin vor circa 2500 Jahren verfasst. Schon manche Werke, die nur 50 oder 150 Jahre alt sind, müssen interpretiert werden, um die Bedeutung ihrer Aussagen richtig zu erfassen. Der nächste Grund, warum Sun Tzus Werk erklärungsbedürftig ist, ist sein Schreibstil. Sun Tzu verzichtet in der Regel auf lange Argumentationsketten und Begründungen. Er stellt seine Ansichten eher in der Form von Postulaten, Merksprüchen, Regelsätzen und Aphorismen dar. An sich ist das nichts Ungewöhnliches und entspricht durchaus dem typischen chinesischen Stil der damaligen Zeit – erfordert aber eben Auslegung. Auch rhetorische Mittel wie das der Nebeneinanderstellung von These und Antithese verlangen vom Leser eigene Denkleistung ab. Hinzu kommt: Sehr wahrscheinlich stammt das, was wir heute als „das Buch" *Die Kunst des Krieges* kennen, von zwei oder sogar noch mehr unterschiedlichen Autoren. Archäologische Funde legen diese Vermutung nahe und auch eine Analyse des Stils unterstützt diese These. Besonders die letzten Kapitel zeichnen sich durch sehr viel längere und ausschweifendere Textpassagen aus. Sogar die Gliederung des Texts in Kapitel stammt nicht von Sun Tzu oder den anderen Autoren, sondern wurde erst nachträglich, lange nach dem Verfassen des Texts vorgenommen. Um zu verstehen, worum es sich tatsächlich bei *Die Kunst des Krieges* handelt, lohnt es sich, noch einen Schritt weiter zu gehen und sich das Original vor Augen zu halten. Vor 2500 Jahren war der Buchdruck freilich noch nicht erfunden. In China verwendete man Bambusstäbe bzw. -täfelchen, die beschrieben und anschließend zusammengebunden wurden, um Gedanken festzuhalten und weiterzugeben. Die Bambustäfelchen, auf denen geschrieben wurde, wurden über Feuer getrocknet und waren circa 2,5 Zentimeter breit und 30 Zentimeter lang. Sie wurden am oberen und unteren Ende mit einer Schnur zusammengebunden, wodurch dann ein zusammenhängender Band entstand. Umfangreiche Werke wurden daher schnell sehr schwer und man brauchte Karren, um sie zu transportieren. Das Bambusbuch als Medium ist also ein wichtiger Grund, warum man sich kurzhalten musste. In diesem Zusammenhang ist es auch noch hilfreich, sich kurz die Gegebenheiten der chinesischen Kultur in Erinnerung zu rufen. Das Kopieren von Gedanken anderer galt nicht wie heute als Plagiat, sondern ganz im Gegenteil als Privileg. Dass sich im Text von Sun Tzu also auch die Weisheit anderer befindet und es nicht den einen Autor gab, wie wir uns das heute vielleicht vorstellen, ist aus diesem Grund naheliegend. Hinzu kommt, dass es während der ersten 500 Jahre der Überlieferung und Tradierung des Textes noch kein einheitliches Schriftsystem in China gab. Dieses etablierte sich erst in der Zeit der Quin- und Han-Dynastien, also vor etwa 2200 bis 2000 Jahren. Darüber, ob Teile der Gedanken, die in *Die Kunst des Krieges* zu finden sind, noch sehr viel älter sind und Teil einer mündlich weitergegebenen Tradition waren, kann nur spekuliert werden.

Und schließlich gibt es eine weitere Hürde, die der Text nehmen musste, damit er in der Form vorliegt, wie wir ihn heute kennen. *Die Kunst des Krieges* hat eine lange Übersetzungsgeschichte. Die erste Fassung, die in Europa zirkulierte, stammte von einem französischen Missionar. Pater Jean Joseph Marie Amiot übersetzte den Text im Jahr 1782 ins Französische. Diese Variante ist es, die Napoleon kannte und der er laut eigenen Angaben zahlreiche seiner militärischen Erfolge verdankte. Damals hieß das Werk auch noch nicht „Die Kunst des Krieges", sondern „Die dreizehn Artikel". Bei dieser Übersetzung handelt es sich schon um keine wortwörtliche Übertragung vom Chinesischen ins Französische, sondern um eine sinngemäße Deutung, die mit dem Ziel verfasst wurde, leichter verständlich zu sein. Das heißt, schon bei der Übersetzung fand eine erste Deutung des Werks statt. Die zweite Variante des Textes, die in Europa bekannt wurde, geht auf die Übersetzung ins Englische zurück. Diese stammt von Captain Everard Ferguson Calthrop, also einem Angehörigen des Militärs und keinem Übersetzer. Seine 1905 vorgenommene Übersetzung war zwar sehr viel stärker an das Original angelehnt, gilt aber als mittelmäßig, weshalb sich schon wenige Jahre später weitere Übersetzer ans Werk machten. In den USA löste vor allem der Hollywood-Streifen *Wall Street* von Oliver Stone im Jahr 1987 eine Welle von Sun-Tzu-Literatur und darauf basierenden Management-Kursen aus. Im Film bezog sich nämlich die Hauptfigur, der erfolgreiche Börsenmakler Gordon Gekko, auf die Thesen von Sun Tzu. Um aber nicht noch tiefer ins Detail der Übersetzungs- und Wirkungsgeschichte zu gehen, soll dieser kurze Überblick vor allem zwei Dinge zeigen: Die Phase der Rezeption von *Die Kunst des Krieges* in der westlichen Welt ist verhältnismäßig kurz und kompliziert. Oder anders gesagt: Es gibt noch vieles, was wir von Sun Tzu lernen können.

Was ist Kriegskunst?

Bevor ich aber auf *Die Kunst des Krieges* näher eingehe, möchte ich zunächst noch fragen, was das überhaupt ist: Kriegskunst? Was hat Krieg mit Kunst zu tun? Krieg und Kunst sind zwei Begriffe, die auf den ersten Blick nur schwer zusammenpassen. Denn während wir mit Krieg vor allem Schrecken und den Tod von Menschen assoziieren, verbinden wir mit Kunst vor allem das Schöne und das Erhabene. Mit Kunst ist hier eher die Kunstfertigkeit gemeint, mit der die Mittel und Methoden angewandt werden. Es wird also ein Handwerk beschrieben und ein Handwerk ist etwas, das erlernt werden kann. Wenn es um die Einordnung des Werks von Sun Tzu und seine Kategorisierung geht, muss aber noch ein weiterer Begriff ins Spiel gebracht werden: Denn wenn von „Kriegskunst" die Rede ist, dann befinden wir uns auf dem Feld der Wissenschaft. *Die Kunst des Krieges* ist also im weitesten Sinne eine wissenschaftliche Abhandlung, die sich mit den Methoden und Vorgehensweisen beziehungsweise Strategien und Taktiken zur Kriegsführung befasst. Der tiefere Grund, warum das Werk von Sun Tzu bis heute noch aktuell ist, ist wahrscheinlich der, dass Konflikte zwischen Menschen seit vielen Jahrtausenden strukturell ähnlich verlaufen und früher wie heute häufig dieselben Ursachen haben. Gier, Neid, Eifersucht und die Sehnsucht nach Macht sind einfach zeitlos.

Die wissenschaftliche, oder man könnte auch sagen: die systematische Beschäftigung mit der Kriegskunst hat auch historische Gründe. Sun Tzu, seines Zeichens General, lebte vermutlich zwischen 544 und 496 v. Chr., also einer Phase in der Geschichte Chinas, die als „Zeit der Streitenden Reiche" bekannt ist. Es war eine Zeit mit großen wirtschaftlichen, technologischen, politischen und gesellschaftlichen Veränderungen. Mit der Einführung neuer Werkzeuge in der Landwirtschaft und im Handwerk entstanden eine Schicht reicher Bauern und Kaufleute, eine Art erstes Bürgertum sowie eine Adelsschicht. Damit einhergehend änderten sich die Ansprüche der Menschen und ein verändertes Eigentumsrecht führte dazu, dass Ländereien neu verteilt wurden. Wie immer ging wachsender Wohlstand auch mit Macht- und Verteilungskämpfen einher. Und so kämpften damals sieben Reiche – also kleinere Staaten, die aus Fürstentümern entstanden – um die Vorherrschaft: Zhao, Qi, Qin, Chu, Han, Wei und Yan. Der Legende nach wurde Sun Tzu damals vom König eines kleineren Königreichs namens Wu als Anführer seiner Armee während des Kampfes zwischen Wu und dem benachbarten Chu angeheuert. In eben diesem Kampf zwischen den beiden Staaten entwickelte Sun Tzu wohl seine Theorien zur Kunst der Kriegsführung.

Ob es Sun Tzu wirklich gegeben hat, wird tatsächlich immer wieder angezweifelt. Zwar sind seine Lebensdaten in dem Geschichtswerk *Shiji* von Sima Qian, dem ersten Historiker Chinas und gleichzeitig Begründer der chinesischen Geschichtsschreibung, enthalten. Allerdings gibt es kaum weitere Quellen, die seine Existenz belegen.

Vielleicht ist es ja ein bisschen wie im Fall des Autors jenes Buches – denn auch bei der *Kunst des Krieges* spielt es weder für die Inhalte des Werks noch für dessen Wirkung eine große Rolle, wer Sun Tzu wirklich war. Was es aber tatsächlich gibt, sind zahlreiche Legenden und Berichte über Sun Tzu und seine Taten. Eine der berühmtesten und am häufigsten zitierten Geschichten handelt davon, wie er zum Kommandant in der Armee von Wu wurde. Der König Held (514 bis 496 v. Chr.) von Wu hatte demzufolge von den Schriften von Sun Tzu gehört und wollte ihn auf die Probe stellen. Darum lud er ihn zu einer Audienz und bat ihn, den Inhalt seiner Abhandlung in der Praxis zu demonstrieren. Allerdings sollte Sun Tzu nicht Soldaten, sondern einige der Hofdamen in der Kriegskunst unterrichten. Sun Tzu ließ sich davon nicht irritieren und ging mit vollem Ernst an die Aufgabe heran. Er ließ die Hofdamen mit Rüstungen und Waffen ausstatten, teilte sie in Abteilungen ein und erteilte ihnen den Befehl, eine Übung auszuführen. Für die Hofdamen war das alles jedoch nur ein großer Spaß und sie kicherten nur, anstatt die Anweisungen auszuführen. Um sicherzugehen, dass sie ihn richtig verstanden haben, wiederholte Sun Tzu seine Kommandos noch einmal. Aber wieder kicherten die Damen nur. Daraufhin ließ Sun Tzu zwei der Hofdamen vortreten und gab den Befehl, sie zu enthaupten. Als der König das hörte, versuchte er die Enthauptung noch zu verhindern. Sun Tzu ließ von seinem Befehl jedoch nicht ab und die beiden Damen wurden getötet. Ab diesem Moment führten alle Hofdamen voller Ernst und ohne weiteres Kichern die Befehle von Sun Tzu aus.

Was lernen wir aus dieser Erzählung? Nun, vor allem eines: Mit Sun Tzu – sofern es ihn gegeben hat – war nicht zu spaßen. Gleichzeitig verrät uns diese Episode aus Sun Tzus Leben auch noch einiges über ihn als Person, sein Denken und auch sein Werk. Denn es zeigt, wie ernst es ihm mit seiner Sache war. Wenn es um den militärischen Erfolg, das Ausführen von Befehlen und das Durchführen von Aktionen geht, gibt es keinen Spielraum für Späße oder Albernheiten. Disziplin war für Sun Tzu ein Schlüssel, damit die Armee die militärischen Aufgaben erfüllen konnte. Oder mit anderen Worten: taktisch zu agieren, um strategische Ziele zu erreichen – womit wir bei zwei anderen Schlüsselbegriffen zum Verständnis von Sun Tzu angelangt wären.

Strategie und Taktik

Bevor wir uns den Strategien und Taktiken aus der vergangenen und der heutigen Zeit widmen, sollten wir diese Begrifflichkeiten erst einmal genauestens verstehen. Im Gegensatz zur einschlägigen Literatur werden (besonders im Internet) diese Begriffe sehr oft missbräuchlich verwendet. Hier findet man Ratgeber wie „Die 10 Strategien für bessere Präsentationen" oder „Die besten Strategien, um mehr Follower zu erhalten". Auch spricht man von „Strategieänderungen", um x, y oder z zu erreichen, bezieht sich aber mit diesen Aussagen rein auf taktisches Verhalten. Das ist oft verwirrend. Obwohl beide Begriffe ineinandergreifen, lassen sie sich jedoch scharf trennen.

Eine Strategie kann man mit dem Plan zum Bau eines Hauses vergleichen. Ein Haus hat eine eindeutige Architektur, basierend auf Grundplänen, und ein definiertes Äußeres und Inneres. Der Architekt bestimmt dabei einen Baustil und plant für die Fertigstellung eine gewisse Zeit ein. Als Taktik kann man bei diesem Beispiel das Material (Ziegel, Schindeln, Balken, usw.) betrachten. Diese kleinen Komponenten, das Baumaterial, das man benötigt, werden nach einem vordefinierten Plan zusammengefügt, woraus am Ende das fertige Haus entsteht. Kurzum kann man sagen, dass die Strategie das große Ganze ist, also das Ziel, das erreicht werden soll. Taktiken wiederum sind die dazu nötigen Einzelschritte, die es ermöglichen, das strategische Ziel zu erreichen. Carl von Clausewitz, um den es später noch ausführlicher gehen wird, hat den Unterschied zwischen Strategie und Taktik wie folgt zusammengefasst: „Taktik ist die Lehre vom Gebrauch der Streitkräfte im Gefecht. Strategie ist die Lehre vom Gebrauch der einzelnen Gefechte zum Zweck des Krieges". Kurzum: Strategie ist das *Was* und Taktik das *Wie*. Sun Tzu definiert beide Begriffe einfacher, indem er seine Strategie den Sieg nennt und die dazu verwendeten Methoden seine Taktiken.

Die *Kunst des Krieges* von Sun Tzu

Nun ist es aber endlich an der Zeit, sich dem sagenumwobenen Werk von Sun Tzu selbst zuzuwenden. Ganz allgemein gesagt geht *Die Kunst des Krieges* auf die unterschiedlichsten Aspekte der Kriegsvorbereitung und Kriegsführung sowie deren Rahmenbedingungen ein. Die Inhalte der heute bekannten Fassung sind wie bereits erwähnt in 13 Kapitel eingeteilt. Angesichts der zum Teil doch sehr unterschiedlichen Übersetzungen kann es nicht verwundern, dass die Überschriften je nach Übersetzung unterschiedlich lauten, wie der folgende Überblick deutlich macht.

1. Planung und Vorbereitung/Grundsätzliche Einschätzungen
2. Über die Kriegskunst/In den Krieg ziehen
3. Strategischer Angriff/Offensive Strategien
4. Disposition militärischer Stärke/Taktik/Abhandlung über den Einsatz/Formationen

5. Energie/Kraft/Auf Festigkeit/Einfluss und Autorität
6. Schwächen und Stärken/Wahrheit und Unwahrheit/Manövrieren
7. Kampf um die Initiative/Die Schlacht
8. Neun Varianten der Taktiken/Die neun Anpassungen/Die neun variablen Faktoren
9. Die Armee auf dem Marsch/Schlachtposition beziehen/Marschieren
10. Terrain/Geländeformationen/Gelände
11. Neun Varianten der Gebiete/Neun Geländeformationen/Die neun Arten von Gelände
12. Angriff(e) durch/mit Feuer/Über die Kunst des Angriffs durch Feuer
13. Der Einsatz von Spionen/Einsatz von Geheimagenten

Welche Formulierung jeweils die beste ist, will ich nicht entscheiden und ist letztendlich für das tiefere Verständnis auch kaum ausschlaggebend. Für mich war bei der Lektüre von *Die Kunst des Krieges* vor allem die heutige Perspektive wichtig. Wenn beispielsweise bei Sun Tzu von der höheren oder tieferen Position die Rede ist, oder vom Gelände, auf dem man sich positioniert, dann habe ich mich immer gefragt: Was ist heutzutage unser Gelände? Wie kann man sich eine erhabene bzw. erhöhte Position darin verschaffen? Diese Fragen stellen sich heute ganz neu. Denn die virtuelle Welt ist ohne Grenzen und es ist möglich, in verschiedenen Zeitzonen und über den ganzen Globus verteilt Angriffe zu starten. Das war für mich das Spannende, als ich *Die Kunst des Krieges* zum ersten Mal gelesen habe. Ich hatte das Gefühl, dass es im Rahmen der komplexen Textgeschichte eine weitere Form der Übersetzung gibt, indem man die Gedanken von Sun Tzu in die Welt des digitalen Zeitalters hinüberführt. Seine Gedanken zum Wetter spielen in einer allzu wortwörtlichen Bedeutung im Cyberspace im Grunde keine Rolle mehr. Denn schließlich kann ich aus Finnland die Sahel-zone angreifen, ohne dass es einen Unterschied macht, ob es bei mir schneit und dort die Sonne scheint – wenngleich man natürlich die Wetterlage vor Ort früher wie heute taktisch nutzen kann.

Auch wenn einige seiner Thesen ungefiltert übernommen werden und in militärischen oder wirtschaftlichen Bereichen Anwendung finden, lässt sich beim Blick auf einen der berühmtesten Sätze aus *Die Kunst des Krieges* zeigen, warum das Werk heute nur noch mit Kommentar verständlich ist. „Die größte Leistung besteht darin, den Widerstand des Feindes ohne einen Kampf zu brechen." Was genau ist damit gemeint? Um für die heutige Wirtschaft produktiv zu sein, könnte dieser Satz wie folgt übertragen werden: Sind die Eigenschaften von zwei Produkten vergleichbar, dann wird es zwischen zwei Wettbewerbern einen Preiskampf geben. Dieser kann entweder zu sinkenden Margen führen oder letztes Endes einen Rückzug erforderlich machen. Um diesem Kampf zu entgehen, muss an Faktoren wie eine höhere Qualität, schnellere Lieferwege oder ein gutes Firmenimage gearbeitet werden. Dies wäre deutlich vorteilhafter, als im Niedrigpreissegment gegeneinander zu kämpfen.

Auch militärisch gesehen ist die Taktik, den Feind schon vor der eigentlichen Schlacht zu schwächen – wie zum Beispiel durch Fehlinformationen, die alte Methode „Tarnen und Täuschen" oder die Demoralisierung des Gegners – ebenfalls deutlich vorteilhafter, als sich Masse gegen Masse mit einem ungewissen Ausgang gegenüberzustehen. Auch das Zitat „Wenn du den Feind und dich selbst kennst, brauchst du den Ausgang von hundert Schlachten nicht zu fürchten. […] Wenn du weder den Feind noch dich selbst kennst, wirst du in jeder Schlacht unterliegen" bedeutet im übertragenen Sinne nichts anderes, als dass es einer Stärken-Schwächen-Analyse bedarf, um militärisch, unternehmerisch und auch beim Hacking erfolgreich zu sein. Sun Tzus taktischer Grundsatz des Erster-Seins lehrt uns, dass es vorteilhafter ist, ein Schlachtfeld zuerst zu besetzen und den Feind mit einer durchdachten Aktion zu erwarten. Zahlreiche Startups versuchen, sich diese Strategie des Wettbewerbsvorteils zunutze zu machen, indem sie einen technologischen Standard setzen und ihre Markteinführung so planen, dass sie mit keinem vergleichbaren Produkt konkurrieren müssen. Durch diesen Wettbewerbsvorteil können höhere Marktanteile und höhere Preise erzielt werden. Heute gewinnt überdies oft der Schnellere über den Langsameren und nicht mehr wie früher der Größere gegen den Kleinen.

Bei der Vorbereitung dieses Buches ist mir zudem aufgefallen, dass Sun Tzu gerne als Zitatgeber genutzt wird oder auf ihn verwiesen wird, weil sein Name und sein Werk bedeutungsvoll sind. Selten jedoch wird versucht, tief in den Text einzutauchen, zu analysieren, was dort steht, und zu verstehen, welchen Sinn er für unsere heutige Zeit hat. Darum möchte ich genau das im Folgenden herausfinden, und Kapitel für Kapitel untersuchen, was eine Lektüre von *Die Kunst des Krieges* für uns bedeuten kann. Da das Lernen im Vordergrund steht, möchte ich darum hier von 13 Lektionen sprechen.

Lektion 1: Planung und Vorbereitung

„Friede ist nur die Pause zwischen zwei Kriegen."
Jaroslav Rudiš

Diese Einsicht ist jedem Militär bewusst und darum ist es essenziell, zu jedem Zeitpunkt die eigene momentane Lage zu kennen und zu bewerten. Dies ist aber auch in der Wirtschaftswelt von hoher Bedeutung. Auch dort muss man sich vor Angriffen durch die Konkurrenz schützen. „Die Großen fressen die Kleinen und die Schnellen die Langsamen" ist eine Standardaussage, die oft zutrifft, wenn man Markt, Mitbewerber und Angreifer nicht frühzeitig analysiert und seine eigene Lage darin bewertet hat. Die Zeit vor dem eigentlichen Konflikt ist laut Sun Tzu entscheidend: „Ein General, der vor dem Kampf alles bis ins kleinste Detail kalkuliert, wird siegen, und er hat vieles zu berücksichtigen. Wer jedoch vor dem Kampf nur wenig bedenkt, wird verlieren. Wer alles bedenkt, wird siegen, wer wenig bedenkt, wird besiegt und wehe dem, der nichts bedacht hat! Anhand dieser Vorbereitungen und Ansichten kann ich den Sieger bereits erkennen."

Darüber hinaus nennt Sun Tzu fünf wesentliche Faktoren, die entscheidend sind, um den Feind bzw. den Konkurrenten zu bewerten und zu besiegen:

- die Moral bzw. die Disziplin,
- das Wetter,
- das Gelände,
- der Befehl,
- die Doktrin.

Gehen wir diese Punkte der Reihe nach durch, um zu verstehen, was genau damit gemeint ist. Die Moral, oder moderner ausgedrückt die Disziplin, ist wichtig, wenn es darum geht, eine durchgeplante, abgestufte Organisation zu haben. Anarchie in einer Armee oder einem Unternehmen verwandelt dieses in reines Chaos. Doch es geht um mehr: Jeder muss nicht nur seine Arbeit erledigen, sondern muss sie auch gut machen. Dafür ist es wichtig, eine Skala von Befehlen zu haben und es ist verboten, diese Skala zu überbrücken oder zu umgehen. Nur so kann sichergestellt werden, dass die tägliche Ausführung von Operationen oder die Organisation der Logistik mit

Beständigkeit ausgeführt wird. Wenn jeder seine Entscheidungen treffen würde, ohne vorbereitet zu sein, ohne eine Ausbildung gehabt zu haben, ohne die festgelegten Richtlinien einzuhalten, wird dies zur Vernichtung der Armee oder zum Konkurs des Unternehmens führen.

Als Nächstes reden wir über das Wetter. Wenn es um militärische Konflikte geht, ist es nicht dasselbe, ob Winter oder Sommer, Tag oder Nacht, Regenwetter oder Sonnenschein ist. Angriff und Verteidigung funktionieren jeweils ganz unterschiedlich. Wer das Wetter im Voraus kennt, wird Entscheidungen treffen können, die das Endergebnis entscheidend beeinflussen. So warf sich etwa der britische General Montgomery während des Zweiten Weltkriegs bei Vollmond im Oktober 1942 in die Schlacht bei Alamein gegen die Truppen von Rommel. Dabei wandte er einerseits die Strategie des nächtlichen Angriffs an, nutzte aber andererseits das natürliche Licht des Mondes. Auch in anderen Bereichen kann man heute genau solche Umstände noch ausnutzen. Die unterschiedlichen Zeit- und Klimazonen können beispielsweise durchaus eine Rolle spielen, wenn es darum geht, einen Cyberangriff zu planen und durchzuführen. Wenn ich weiß, dass eine ganze Region gerade einen Sandsturm überstehen muss, wähle ich den Zeitpunkt meines Angriffs genau so aus, dass die Abwehrreaktion so gering wie möglich ausfällt. Konkret hieße das in dieser Situation, dass damit kalkuliert wurde, der Sandsturm würde die Menschen vor Ort so beschäftigen, dass sie weniger auf die Abwehr des Angriffs fokussiert sind. Auch Unterschiede in den kulturellen Gegebenheiten können auf diese Weise im Zeitalter des Internets viel besser genutzt werden. Ein Beispiel dafür ist der Angriff auf den saudischen Ölkonzern Saudi Aramco im Jahr 2012, zu dessen Abwehr spätabends Experten aus aller Welt eingeflogen wurden. Der Grund dafür war so einfach wie wirkungsvoll: Der Angriff war zeitlich perfekt gewählt und fand genau an einem der wichtigsten Feiertage während des Ramadan-Fests, Lailat al-Qadr, und zwar gezielt nach Feierabend, statt. Denn an diesem Tag wird des Moments gedacht, an dem laut Überlieferung dem Prophet Mohamed ein Teil des Korans offenbart wurde. Am Abend wird gemeinsam gebetet, im Koran gelesen oder die Moschee besucht. Dieser Umstand hat dazu geführt, dass die meisten Mitarbeiter schon im Feierabend waren, als der Cyberangriff losging. Während sich Armeen früher auf dem Feld getroffen haben und die dortigen Gegebenheiten zum Vor- und Nachteil ausnutzen konnten, stellt sich heute jedoch vielmehr die Frage: Was ist der absolut ungünstigste Zeitpunkt für den Gegner? Würde mein Angriffsziel beispielsweise in Köln liegen, würde man wahrscheinlich zur Fastnacht angreifen. Die Wahrscheinlichkeit, dass die System-Admins alkoholisiert in den Straßen feiern und im Ernstfall nicht so schnell reagieren können, ist sehr hoch. Überlegungen wie diese können und sollten darum unbedingt im Bereich des Krisenmanagements mitbedacht werden. Sun Tzu rät: „Greif ihn (gemeint ist der Feind) an, wenn er unvor-bereitet ist und dich nicht erwartet." Darum gilt besonders in diesem Bereich: Augen auf bei der Berufswahl. Gerade Forensiker müssen oft an Wochenenden arbeiten oder gerade dann ausrücken, wenn andere Feierabend machen. Das ist kein Zufall, sondern hat mit der Taktik der Angreifer zu tun. Denn mit etwas Glück ist das Tele-fon bei denen, die den Angriff abwehren könnten, am Wochenende ausgeschaltet. In jedem Fall lässt sich mit einer längeren Reaktionszeit als üblich rechnen.

Ganz ähnlich sieht es mit dem Gelände aus. Im militärischen Bereich ist es unerlässlich, die Geografie des Ortes zu kennen, der angegriffen oder verteidigt werden soll. Das heißt, es muss bewertet werden, ob es bergig oder steil ist, ob das Meer in der Nähe ist oder nicht, ob es geschützt ist oder ob es sich um ein flaches Plateau handelt. All diese Angaben müssen ausgewertet werden, um zu wissen, welche Bedeutung sie für Angriff und Verteidigung haben. Wer nichts über das Terrain weiß, das angegriffen werden soll oder wo die Verteidigung platziert werden soll, wird kaum dazu in der Lage sein, die Schlacht zu gewinnen. Eines der markantesten Beispiele für die Bedeutung des Geländes sind zweifellos mittelalterliche Burgen. Wenn man sich diese genauer ansieht, wird man feststellen, dass die meisten Burgen als defensive Festungen geplant wurden und dazu in der Regel auf einem Berg oder einer Anhöhe gebaut wurden. Von oben kann man nämlich gut sehen, von welcher Richtung aus Feinde angreifen. Zudem boten natürlich auch die Mauern und andere Verteidigungsanlagen einen erhöhten Schutz. Darum war damals die häufigste Angriffsform die Belagerung. Ein direkter Angriff war oft unmöglich. Eine belagerte Burg jedoch konnte von niemandem so einfach verlassen werden und häufig kapitulierten die Bewohner aufgrund von Krankheiten oder schlicht vor Hunger. Das Gelände spielte aber auch bei kriegerischen Konflikten in den vergangenen Jahrzehnten eine Rolle. Während des Vietnam-Krieges setzte die vietnamesische Armee auf den Dschungelkrieg, bei dem das Verteidigungsgelände als weitere Angriffswaffe diente. Das zeigt sich allein daran, dass die Amerikaner Krieg quasi gegen die Bäume selbst führten. Indem sie mit großen Bombern Napalm – eine Brandwaffe, die eine zähflüssige Masse aus den Hauptbestandteilen von Benzin enthält – auf die vietnamesischen Regenwälder abwarfen, in denen sich der Gegner versteckt hielt. Ein Kampf mit üblichen Waffen oder Geräten wie Panzern war beim Dschungelkrieg nahezu nutzlos. Während des Vietnam-Krieges hatte die US-Armee bis zuletzt mit dem

Gelände zu kämpfen. Die gesamte Versorgung musste über den Luftraum geregelt werden. Dazu wurden Waldflächen gerodet, damit Lichtungen entstanden, auf denen die Helikopter landen konnten. Die nordvietnamesischen Kämpfer machten sich wiederum den Vorteil, den ihnen der Dschungel bot, zunutze. Sie versteckten sich im Dickicht, sodass sie nicht zu sehen waren. Später setzte die US-Armee darum auf Patrouillen, die durch den Wald streiften, bis sie auf gegnerische Truppen stießen. Danach informierten sie über Funk die Luftwaffe und gaben die Koordinaten durch. Allerdings mussten sie dann so schnell wie möglich den Ort wieder verlassen, um selbst nicht Opfer des Luftangriffs zu werden. Diese Zeit kam allerdings auch ihren Gegnern zugute, die sich ebenfalls zurückziehen konnten. Ebenso wie das Gelände im Vietnam-Krieg zu einem Akteur wurde, kann dies heute in der Cyberwelt geschehen. Zwar spielt hier nicht unbedingt das geographische Gelände eine Rolle, sondern eher das „technische". Handelt es sich beispielsweise bei einem Angriffsziel um ein Datencenter, das rund um die Uhr überwacht wird, oder um einen nicht abgesperrten Serverraum im Keller, der an einer überlasteten Leitung hängt? Auch weist jedes Rechnernetzwerk eine eigene Topologie auf, die für Angriff und Verteidigung einen wesentlichen Unterschied macht. Handelt es sich um ein vollvermaschtes, ein ringförmiges oder ein sternförmiges Netzwerk oder eines, das eine Baumstruktur aufweist? Die genaue Topologie entscheidet über die Ausfallsicherheit und seine Performance ebenso wie über die Sicherheit bei Cyberangriffen.

Wie wichtig der Befehl oder das Kommando für Sun Tzu war, machte die weiter oben bereits ausgeführte Episode über die militärische Erziehung der Hofdamen mehr als deutlich. Sun Tzu wusste: Die Armee oder die Belegschaft, die Anweisungen und Vorschriften am besten befolgt, hat die größeren Erfolgsaussichten. Es ist demnach also wichtig, dass die Verantwortlichen für den Einsatz bereit sind. Das bedeutet auch, die richtigen Entscheidungen zu treffen und auszuführen. Dafür sind natürlich bestimmte Eigenschaften notwendig wie etwa Weisheit, Aufrichtigkeit, Wohlwollen, Mut und Disziplin. Ohne diese Eigenschaften wäre Steve Jobs nie in der Lage gewesen, sein Unternehmen Apple zu einem der größten, innovativsten und wichtigsten Unternehmen der Welt zu machen. Unter Doktrin oder „Indoktrination" wird schließlich noch die Ausbildung von Soldaten oder Mitarbeitern verstanden. Wenn du dazu in der Lage bist, ihnen die eigenen Ideen zu vermitteln und sie davon zu überzeugen, werden sie dir blind folgen, wohin du sie bringen willst. Und diese Überzeugung von Ideen wird ihre Leistung, ob auf dem Schlachtfeld oder am Arbeitsplatz, sogar über das Maß ihrer Handlungsfähigkeit hinaus steigern. Sun Tzu war sich sicher: Wer all diese Faktoren bedenkt, wird mit Sicherheit den Sieg erringen.

Doch das ist längst nicht alles. Was braucht man noch, um sich auf den Kampf optimal vorzubereiten? Sun Tzu rät hier zu einer erstaunlichen, aber altbewährten Taktik: der Täuschung. „Krieg ist Täuschung. Wer fähig ist, zeigt Unfähigkeit, wer aktiv ist, zeigt Untätigkeit. Wer nahe ist, demonstriert dem Feind noch fern zu sein und wer fern ist, zeigt Nähe. Ködere den Feind, indem du ihm einen Vorteil einräumst, täusche Verwirrung vor und entziehe dich ihm. Wenn er sich sicher glaubt, sei vorbereitet, wenn er stärker ist, meide ihn. Ist er von hitzigem Temperament, so reize ihn. Gib vor schwach zu sein, damit er sich überlegen fühlt. Ist der Feind untätig, lass ihm keine Ruhe, zerstreue sein Heer, wenn es vereint ist. Greif ihn an, wenn er unvorbereitet ist und dich nicht erwartet. Der Sieg über einen solchen Gegner darf nicht im Voraus bekannt gegeben werden." Die Kunst des Krieges basiert also auf Täuschung. Starke

Angreifer sollten darauf achten, schwach zu erscheinen, um beim Feind Vertrauen zu schaffen. Wer wiederum nur eine schwache Verteidigung hat, sollte versuchen, stark zu erscheinen, um beim Feind Angst hervorzurufen.

Die Schlacht von Tannenberg während des Ersten Weltkriegs ist ein hervorragendes Beispiel dafür. Sie führte zur fast vollständigen Vernichtung der zweiten russischen Armee. Diese Schlacht war gekennzeichnet durch die schnelle Mobilisierung deutscher Truppen auf der Schiene, die es einer einzigen deutschen Armee ermöglichte, eine Front gegen zwei größere russische Armeen zu bilden. Die Schlacht von Tannenberg zeigt, dass es sich lohnt, den Feind anzugreifen, wenn er außer Betrieb ist und seine Schwächen zeigt Wenn der Feind nicht auf dich wartet, wird er schwach sein, es ist deine Chance, ihn zu besiegen. Wenn du hingegen siehst, dass der Gegner stark und organisiert ist, versuche zu manövrieren, um ihn zu desorganisieren. Ihn zu destabilisieren, wird sein Elend an die Oberfläche bringen.

Wenn es um Angriffe im Cyberspace geht, ist die Abwägung der Chancen auf Sieg und Niederlage sogar fast noch wichtiger als in anderen Bereichen. Denn ein gezielter Angriff auf kritische Infrastrukturen wie etwa das Stromnetz braucht oft viele Monate und manchmal sogar Jahre Vorbereitung, wie am Beispiel der Cyberangriffe auf den Deutschen Bundestag 2015 oder das Auswärtige Amt 2018 deutlich wurde. Die Kunst ist es mit einem gezielten, minutiös geplanten und koordinierten Angriff (engl.: APT = „Advanced Persistent Threat") in mehrere Ebenen/Systeme gleichzeitige einzudringen und diese zu vernichten oder zu stören.

Eine realistische Beurteilung ist dabei auf beiden Seiten notwendig – sowohl auf der des Angreifers als auch auf der des Angegriffenen. Besonders in den vergangenen beiden Jahrzehnten wurden die Gefahren, die von Cyberangriffen sowie den Folgen eines Dominoeffekts ausgehen können, unterschätzt. Umso wichtiger ist es, die Bedeutung des Cyberraums sowie der taktischen Implikationen, die damit zusammenhängen, zu erkennen. Auch wenn sich nicht immer Angriffe verhindern oder abwehren lassen, genügt es manchmal schon, frühzeitig davon mitzubekommen. Das zeigte jüngst der Fall, bei dem ein Hacker ein Wasserwerk in den USA angegriffen hat: das Wasserwerk in Oldsmar in Florida. Der Hacker verschaffte sich Zugriff auf das Dosiersystem für Aufbereitungschemikalien und erhöhte die Konzentration von Natriumhydroxid, auch Ätznatron genannt, um das Hundertfache. Dieser eigentlich feste Stoff reagiert mit Wasser und anderen Flüssigkeiten (wie etwa denen der Schleimhäute), führt zu starken Hautverätzungen und kann, wenn er ins Auge gerät, zum Erblinden führen. Durch Zufall erkannte ein Mitarbeiter die erhöhten Werte sofort und konnte Schlimmeres verhindern.

Lektion 2: Über die Kriegskunst, oder: Bei der Einleitung von Aktionen

„Das Ziel des Krieges ist der Sieg und nicht eine lange Dauer."
Sun Tzu, Die Kunst des Krieges

Sun Tzu führt aus: „Wenn bekannt wird, dass ein Krieg hastig geführt wird, bedeutet das nicht unbedingt Klugheit, doch wenn der Krieg lange andauert, ergibt sich für den Staat daraus kein Vorteil. Wer sich nicht vollkommen im Klaren darüber ist, welchen Schaden ein Krieg anrichten kann, ist auch nicht in der Lage, den Krieg zu seinem Vorteil zu nutzen." Das heißt, sobald ein Wettbewerb oder ein Konflikt begonnen hat, muss es das Ziel sein, so schnell wie möglich den Sieg herbeizuführen.

Im Grunde wäre hier bereits der Ukraine-Krieg das beste Beispiel dafür. Allerdings wird über diesen Krieg später noch zu sprechen sein, da er in anderer Hinsicht für die Zusammenhänge dieses Buches relevant ist. Nur so viel: Der russische Angriffskrieg auf die Ukraine ist geradezu ein Paradebeispiel für völlige Missachtung der Lehren von Sun Tzu. Denn dieser lehrt uns: Wird ein Streit, ein Angriff oder ein Marktwettbewerb lange Zeit aufrechterhalten, hat dies nur den kontinuierlichen Verbrauch von Ressourcen zur Folge. Ein weiteres markantes Beispiel dafür liefert der Zweite Weltkrieg. 1942 schickte Hitler seine Truppen als Offensive an die russische Front, um die Armee Stalins zu besiegen. Im ersten Versuch eroberte er das Donezbecken sehr schnell und einfach. Moskau sollte noch im selben Jahr fallen. Seine Generäle, die eher vorbereitet und auch im Bereich der Militärstrategie erfahrener waren als er, rieten ihm jedoch etwas anderes: Die Truppen umzugruppieren, wieder zu versorgen, auszuruhen und ein weiteres Jahr zu warten. Das, was die Kommandanten ihrem Führer empfohlen haben, wäre die klügste Entscheidung gewesen. Aber Hitler, überzeugt von sich selbst, ignorierte diesen Rat und schickte seine Truppen erneut in die Schlacht, besser gesagt, in eine Katastrophe. Die russische Armee tat zwar ihre Arbeit, aber sie hatte den besten Verbündeten, den man sich in dieser Situation wünschen konnte: den Winter, womit wir wieder beim Thema „Wetter" vom vorigen Kapitel anknüpfen könnten. Die Auswirkungen waren wie gesagt katastrophal: Fast 2,5 Mio. Deutsche starben an der Ostfront. Meistens vor Kälte und Hunger. Kein kluger General hat seine Truppen jemals lange an der Front gehalten. Die seelische Abnutzung, die Abnutzung der Waffen und der Verbrauch von Ressourcen, der in der Regel am kostspieligsten ist, da Langstreckenkonflikte sehr hohe Transportkosten erfordern, führen darum oft zum Scheitern der Operation.

Daher sollten Angriffe so schnell und effektiv wie möglich erfolgen. Auf diese Weise können sich die Soldaten bald ausruhen und auftanken. Wenn du einen schnellen Sieg errungen hast, bevorrate die Ressourcen, die der Feind verloren hat, und du musst deine eigenen nicht schicken und verringern. Darüber hinaus dient die Entnahme feindlicher Ressourcen als Motivation für die eigenen Soldaten – allgemein bekannt auch als Plünderungen.

Sun Tzu geht sogar noch weiter: „Die Soldaten sind in Rage zu versetzen, damit sie den Feind vernichten. Wer einen Feind gefangen nimmt und dessen Vorräte holt, soll belohnt werden. Wenn beim Wagenkampf zehn oder mehr Wagen eingenommen wurden, ist der zu belohnen, der als erster Hand an die Wagen gelegt hat." Was er damit meint, ist im Grunde genommen der interne Wettkampf als Motivation! Tatsächlich ist die Motivation entscheidend dafür, dass die Truppen oder auch die Mitarbeiter eines Unternehmens zusammenhalten und stark bleiben. Dafür bieten sich beispielsweise Belohnungen an. Offensichtlich würde die Größe einer ganzen Armee, die belohnt wird, auch denjenigen in den Ruin treiben, der versuchen würde, alle Mitglieder der Armee zu belohnen. Also muss man intelligent vorgehen. Eine Möglichkeit besteht darin, nach einem Sieg einer bestimmten Anzahl herausragender Soldaten eine Belohnung anzubieten. Dadurch wird auch der Rest der Truppe motiviert, um das nächste Mal an der Reihe zu sein, belohnt zu werden. Diese Strategie ist heute vielleicht die am weitesten verbreitete Strategie in Unternehmen und bekannt als „Bonus". Wenn zum Beispiel ein Vertriebsunternehmen seinen Mitarbeitern nur ein Festgehalt anbietet, kann es sein, dass die Mitarbeiter am Ende nur halb so viel erhalten, wie sie eigentlich sollten. Ob der Einzelne mehr oder weniger verkauft, ist im Grunde egal, denn er erhält immer das gleiche Gehalt. Immer mehr Mitarbeiter werden deshalb nach einer Weile nicht mehr glücklich sein. Wenn ihnen jedoch am Ende des Monats eine Belohnung angeboten wird, entweder nach Zielvorgaben oder nach einem Prozentsatz des Verkaufsgewinns, werden die Verkäufer enorm motiviert, denn sie wissen, dass, je mehr sie verkaufen, desto mehr verdienen sie. Und auch der Gewinn des Unternehmens wird am Ende sehr viel höher sein.

Andererseits betont Sun Tzu, dass man wohlwollend sein sollte, wenn es darum geht, seinen Gegner zu bestrafen. Er rät darum dazu, die Gefangenen gut zu behandeln, weil dann die Wahrscheinlichkeit besteht, dass sie überlaufen und sogar für die Gegenseite kämpfen. Dies erhöht die Macht der eigenen Armee und verschafft auch einen strategischen Vorteil, weil man Informationen über den Feind gewinnt, die sonst nur sehr viel schwieriger zu bekommen gewesen wären. Gleichzeitig erzeugt man damit aber eventuell auch zukünftige Spione, Saboteure und Bremser. Die Römer haben darum nicht nur einfach andere Länder und Regionen erobert, sondern gleichzeitig immer auch kolonisiert. Sie boten ihren Soldaten beispielsweise Belohnungen in Form von Land an, um sich niederzulassen und zu gedeihen. So vermischten sie sich mit den Einheimischen der eroberten Zone und verliehen ihnen auch bestimmte Kompetenzen und Kapazitäten der Selbstverwaltung. Das waren die sogenannten Provinzen und durch den Erwerb der Staatsbürgerschaft gewann Rom kontinuierlich an militärischem Potenzial und an Ressourcen aller Art. Bekanntermaßen eine überaus erfolgreiche Strategie, die sich ebenfalls sehr gut auf die Wirtschaft übertragen lässt. Schon heute ist das Anwerben von Talenten überlebenswichtig für Unternehmen. In Zukunft wird dies sogar noch wichtiger werden, weil es durch die niedrigen Geburtenraten sowie eine neue gesündere Einstellung zur „Work-Life-Balance" der jüngeren Generation immer weniger Arbeits- bzw. Fachkräfte geben wird. Belohnungen und das

Abwerben von Talenten von (unterlegenen) Wettbewerbern entscheiden in Zukunft mehr und mehr über den ökonomischen – aber auch militärischen – Erfolg.

Wie relevant solche Überlegungen für den Cyberkrieg der Zukunft sind, zeigt ein Blick nach Nordkorea. Denn was braucht man mehr für Angriff und Verteidigung im Cyberspace als geeignete, motivierte Talente? Und wenn es in Nordkorea auch an vielem mangelt, eines muss man dem kleinen und ansonsten sehr armen Land zugestehen: Es verfügt über eine enorm schlagkräftige Cyberarmee. Die Angriffe dieser Armee gelten als äußerst ausgeklügelt und sehr erfolgreich. Einem UN-Bericht zufolge hat Nordkorea dadurch bereits mehrere Milliarden eingenommen. Woher kommen die Cybersoldaten in einem Land, in dem die etwas mehr als 25 Mio. Einwohner lediglich auf das landeseigene Intranet mit wenigen offiziellen Seiten zugreifen können? Zum einen liegt der Verdacht nahe, dass es sich um bezahlte Söldner handelt, die von außerhalb des Landes operieren. Aber auch innerhalb Nordkoreas gibt es ein ausgeklügeltes Programm, das dazu dient, die talentiertesten Schülerinnen und Schüler zu identifizieren, zu Hackern auszubilden und letztlich in den Staatsdienst zu überführen. Dazu werden diejenigen mit den besten Noten in Mathematik aus den normalen Klassen herausgenommen und einer Laufbahn zugefügt, die sie an die besten Schulen und Universitäten führt, wie etwa der Technischen Universität oder der Universität für Automation in Pjöngjang, aber auch in Ländern wie China, Russland und Indien. Auf diese Weise beschäftigt Nordkorea rund 7000 Hacker, wobei viele davon im Büro 121, der Abteilung für Spionage und Aufklärung des nordkoreanischen Geheimdiensts arbeiten. Dort lernen sie die Kunst des Cyberkrieges nicht aus Büchern, sondern direkt in der Praxis. Auf ihr Konto gehen aller Wahrscheinlichkeit nach zahlreiche Angriffe auf Banken rund um den Globus, eine Beteiligung am Angriff auf Sony Pictures im Jahr 2014 sowie vermutlich das Schadprogramm WannaCry, das seit 2017 Daten auf mehreren hunderttausend Rechnern verschlüsselte, die Nutzer zur Zahlung eines Lösegelds aufforderte und einen Schaden von 4 Mrd. Dollar verursachte. Allerdings ist diese ganze Geschichte mit etwas Vorsicht zu genießen, da viele Informationen aus unbestätigten Quellen stammen und Berichte aus Nordkorea stets auch vor dem Hintergrund der Propaganda betrachtet werden müssen.

Lektion 3: Angriff mit Strategie, oder: Zu den Vorschlägen von Sieg und Niederlage.

„Wer den Feind ohne Schlacht besiegt, versteht sich wirklich auf die Kriegführung."

Dieses Zitat von Sun Tzu scheint mir besonders visionär zu sein – und es handelt sich um das Zitat, das am häufigsten zu Missverständnissen führt. Denn wie ich zeigen werde, geht es ihm hier nicht wirklich um Pazifismus, wie es oft missverstanden wird.

Aber beginnen wir von vorn. Eine Schlacht ist immer schon ein Stück weit ein Eingeständnis einer Niederlage, da alle anderen Mittel und Wege an diesem Punkt erschöpft sind. Es gibt ein Grundprinzip in diesem Abschnitt, das man so formulieren könnte: Halte deinen Feind intakt, anstatt ihn zu zerstören. Das bedeutet, dass es mehr Möglichkeiten gibt, Schlachten zu gewinnen, als den Gegner mit Gewalt vollständig zu zerstören. Wer die Gewalt als Mittel wählt, sollte immer auch daran denken, dass der Gegner mit Gegengewalt reagieren wird und man selbst zwangsläufig Verluste erleidet. Wenn du jedoch zuvor eine gründliche Analyse des Feindes durchführst, seine Stärken und Schwächen kennst, kannst du es schaffen, ihn mit anderen Mitteln zu stürzen. Darum sollte man versuchen, die Schwachstellen des Gegners genauestens zu erkunden, um darauf die eigene Verteidigung aufzubauen. Sun Tzu rät dazu, die eigene Moral aufzugeben und Gefangene zu machen, um den Gegner immer weiter zu schwächen. Wenn man dies eine Weile macht, ohne einen Tropfen Blut zu vergießen, wird man am Ende bei den Generälen ankommen. Es geht nicht darum, mehr Schlachten zu gewinnen, sondern darum, den Gegner zu demoralisieren und zur Kapitulation zu bringen. Das ist das Geheimnis großer Anführer. Das beste Beispiel dafür, wie man ohne Gewalt gewinnt, ist das von Gandhi in Indien. Er war der Architekt der Unabhängigkeit Indiens (1947). Das Inspirierendste für mich an seiner Figur ist nicht das Ziel, das er verfolgte, sondern vielmehr die Mittel, mit denen er es erreichte. Ganze drei Jahrzehnte Ausdauer waren nötig, um mit der Form des friedlichen Aktivismus, der auf Gewaltlosigkeit und der Stärke von Überzeugungen basiert, zum Ziel zu gelangen: die Abschaffung der Kasten, soziale Gerechtigkeit, die Transformation der Wirtschaftsstrukturen und die Harmonie zwischen den Religionen. Als Mann extremer Strenge und Bescheidenheit ist Gandhi einer der großen Charaktere, die mit ihren Gedanken und Handlungen das politische und ideologische Establishment der Welt im 20. Jahrhundert hinterfragten und veränderten und zu einem Bezugspunkt für alle Arten von Mobilisierungen gegen Ungerechtigkeit wurden. In einem Land, in dem Politik gleichbedeutend mit Korruption war, brachte Gandhi Ethik durch Wort und Beispiel in das öffentliche Leben. Er lebte in Armut ohne Linderungsmittel, gewährte seinen Verwandten nie Privilegien und lehnte immer die politische Macht vor und nach der Befreiung Indiens ab.

Diese Eigenart hat den Apostel der Gewaltlosigkeit zu einem einzigartigen Fall unter Revolutionären aller Zeiten gemacht, und zu den am meisten bewunderten (wenn nicht sogar verehrten) modernen geistlichen Führern.

Welche konkreten Strategien und Maßnahmen gibt es noch, um den Feind ohne Schlacht zu schlagen? Eine der wichtigsten Maßnahmen ist die Planung. Man muss die eigene Armee auf das spezifische Ziel vorbereiten, das man verfolgt, und zwar so gewissenhaft, bis man sicher sein kann, dass sie vollständig ausgebildet ist und ein Aktionsplan mit klaren Anweisungen vorliegt. Man sollte zudem nach Alternativen für alle Eventualitäten suchen, die vor und während der Ausführung der Aktion auftreten können. Nichts sollte dem Zufall überlassen werden. Alle notwendigen Ressourcen müssen vorab berechnet werden und zur Verfügung stehen. Die Logistik ist genauso wichtig wie der Schlachtplan. Dabei ist es wichtig, den Plan mit einem kühlen Kopf zu entwickeln und sich nicht von Emotionen mitreißen zu lassen. Diese sind häufig die Ursache für Fehler. Sun Tzu nennt fünf Faktoren, die für den Sieg wichtig sind:

- Nur derjenige wird siegen, der genau weiß, ob er kämpfen kann oder nicht.
- Wer weiß, wie man viele oder wenige Soldaten einsetzt, wird siegen.
- Wenn der einfache Soldat und der Offizier vom gleichen Geist erfüllt sind, ist der Sieg sicher.
- Wer auf alles vorbereitet ist und wartet, bis der Feind unvorbereitet ist, wird siegen.
- Ein fähiger General wird siegen, wenn ihm der Fürst nicht im Wege steht und sich einmischt.

Das große Ziel ist der Sieg, ohne dem Feind zu schaden, das ist die Essenz von *Die Kunst des Krieges*. Ohne einen vollständigen Sieg gibt es keinen Sieg. Und das passiert, wenn der Feind sich endlich ergibt. Dadurch werden die Pläne des Gegners zerstört, seine Pakte und Allianzen aufgelöst, seine Versorgungsrouten oder Wege unterbrochen und letztendlich der Gegner besiegt, ohne kämpfen zu müssen. Dabei macht Sun Tzu klar, dass es sich um ein Ideal handelt. Es gibt durchaus Fälle, in denen es sich lohnt zu kämpfen und Situationen, in denen man fliehen muss. Er erläutert dies anhand von Zahlenverhältnissen: „Die anzuwendende Strategie ist folgende: Wenn das Verhältnis zehn zu eins ist, wird der Feind von allen Seiten umzingelt, bei einem Verhältnis von fünf zu eins wird er angegriffen und bei zwei zu eins teile die Armee auf, und man kann den Feind in der Schlacht von zwei Seiten angreifen. Ist man in der Minderzahl, ist der Feind zu beobachten, und wenn man ihm nicht gewachsen ist, sollte man vor ihm fliehen. Eine kleine Gruppe Soldaten kann dem Feind zwar widerstehen, doch wird sie letztendlich von einer größeren feindlichen Streitmacht gefangengenommen." Friedrich der Große war gewiss kein Innovator, der neue militärische Methoden etabliert hat. Aber sein taktisches und strategisches Wissen war zu seiner Zeit unübertroffen. Als Anhänger des unaufhörlichen Angriffs setzte er immer seine vier Prinzipien durch, das Erbe, wie wir gesehen haben, von Sun Tzu: rigide Disziplin, Logistik, offensives Handeln und praktischer Sinn. Im Siebenjährigen Krieg (1756–1763) gelang es ihm, Feinde zu besiegen, die weitaus mächtiger waren als Österreich, wie beispielsweise Frankreich. Ein guter General muss wissen, wann er kämpft und wann er sich rechtzeitig zurückzieht. Er muss wissen, wie man die Anzahl der Einheiten verteilt. Manchmal sind mehr notwendig, manchmal sogar gar nicht. Wenn es um den Kampf geht, sucht er den richtigen Moment, den er erkennt, weil er alle Möglichkeiten durchdacht und die Geschichte studiert hat. Dann gilt es nur noch, den richtigen Zeitpunkt abzuwarten und die Schwachstellen des Feindes zu kennen. Sun Tzu beschließt das Kapitel, indem er sagt: „Wenn du andere kennst und dich selbst kennst, wirst du in hundert Schlachten nicht in Gefahr sein; wenn du andere nicht kennst, sondern dich selbst kennst, wirst du einen Kampf verlieren und einen anderen gewinnen; wenn du weder andere noch dich selbst kennst, wirst du in jedem Kampf in Gefahr sein." Wir sehen: Es geht Sun Tzu nicht darum, den Kampf oder die Schlacht um jeden Preis zu vermeiden. Es geht ihm darum, sich in eine Position zu versetzen, die einem auf jeden Fall den Sieg ermöglicht. Die Schlacht ist dazu allerdings nicht immer das ideale Mittel.

Die Aktivitäten im Cyberspace sind heute auch aus dieser Perspektive zu betrachten. Wie der Angriffskrieg von Russland auf die Ukraine zeigt, gehört die hybride Kriegsführung schon heute zur Normalität. Der Angriff auf die Kommunikationssysteme sowie das gezielte Lahmlegen von Regierungsseite war Teil der ersten Angriffswelle. Das heißt aber auch: Staaten, Organisationen und andere Akteure beschäftigen sich aktiv mit den Methoden, um den Cyberspace für kriegerische Zwecke einzusetzen. Überträgt man Sun Tzus These vom Angriff mit Strategie auf das heutige Szenario, dann bedeutet das, die eigenen Fähigkeiten zu kennen und auszubauen, um im entscheidenden Moment einschätzen zu können, wie man handeln kann und handeln sollte.

Lektion 4: Taktiken

„Im Krieg gibt es fünf Taktiken, die zu beherzigen sind:

- *die Abmessung des Terrains*
- *das Einschätzen der Kapazität der Bevölkerung*

- *die Anzahl der Soldaten*
- *der Vergleich zwischen den Armeen*
- *die Berechnung von Sieg und Niederlage. "*

Wie schon im Kapitel zuvor wird hier deutlich, dass *Die Kunst des Krieges* nach streng mathematischen Prinzipien bzw. Gleichungen vorgeht. „Die Elemente der Kunst des Krieges sind: Messung von Entfernungen, Schätzungen von Mengen, Berechnungen, Vergleiche und die Chancen des Sieges." Wenn das Terrain eines Landes abgemessen wird, ergibt sich daraus die Kapazität, das heißt die Bevölkerungszahl (und auch deren Ressourcen), woraus sich wiederum die Anzahl der Soldaten errechnen lässt, die mit der des Feindes zu vergleichen ist. Werden diese Faktoren berücksichtigt, ist laut Sun Tzu ein Sieg vorhersehbar. Das Wissen über die eigene Position der Stärke ist also eine entscheidende Zutat der Kriegskunst.

Was bedeutet also „Messung" speziell in unserer Zeit, in der wir über computergestützte Berechnungen verfügen? Wer ein Terrain erkennen will, muss herausfinden, auf welche Bedingungen er sich einlässt. Das heißt: Wenn du als Anwalt tätig sein willst, finde heraus, ob es in deiner Stadt bereits viele Anwaltskanzleien gibt. Wenn es viele Anwaltskanzleien gibt, dann finde heraus, welche Spezialisierungen sie haben und so weiter. Wenn es um die Bewertung geht, dann ist die Bewertung der zur Verfügung stehenden Optionen gemeint. Es wird in der Betrachtung erwähnt, dass es hier um eine Perspektive im wörtlichen und übertragenen Sinne geht. Die Messung eines Geländes hat also einen direkten Bezug auf den Blick des Strategen. Sobald wir die Messung und die Bewertung haben, muss ein guter General die Vor- und Nachteile, die zu verwendenden Ressourcen, die Anzahl der benötigten Truppen, die Zeit der Vorbereitung der Schlacht vor dem Handeln berechnen. Dann folgt der Vergleich. Die ersten drei Schritte führen unweigerlich zum Vergleich. Auch dabei wird neues Wissen zutage gefördert. Man muss den Ursprung des Konflikts vergleichen, wohin geht die eine Armee und woher kommt die andere? Was sind die moralischen und ethischen Neigungen der Kämpfer im Kampf? Was sind ihre Absichten und welche Motive führen sie dazu? Man sollte weiterhin die Kapazität ihrer Waffen mit den eigenen vergleichen und ihre Stärke in Bezug auf die eigene. Was sind ihre Schwächen in Bezug auf deine? Welchen Grad an Motivation hat die feindliche Armee verglichen mit der eigenen? Abschließend gilt es dann zu fragen, welche Rückschlüsse aus dem Vergleich zu ziehen sind und welche Vor- und Nachteile sich daraus ableiten lassen. Wenn all diese Schritte und Berechnungen mit Sorgfalt durchgeführt wurden, kann der strategische Plan nur zum Sieg führen, gerade weil man mit dem Wissen über die eigene Stärke in·den Kampf zieht. „Gute Strategen gewinnen leicht Schlachten, die leicht zu gewinnen sind. Sie gewinnen Schlachten nicht zufällig. Sie sind stärker und sie wissen es und sie nutzen diese Kraft intelligent."

Im Cyberraum ist es entscheidend, die unterschiedlichen Akteure so genau wie möglich zu kennen. Es ist ein großer Unterschied, ob ein Angriff nur von sogenannten „Script Kiddies" ausgeführt wird, sprich: Kindern oder Jugendlichen, die aus Spaß versuchen, Unternehmen oder Netzwerke zu hacken, oder ob ein Angriff von einer Hackergruppe aus Nordkorea ausgeht. Auch die Art der Angriffe gilt es genau zu unterscheiden und zu kennen. Ein APT („Advanced Persistent Thread", zu Deutsch: „Fortgeschrittene, andauernde Bedrohung") ist eine Attacke, bei der die Angreifer einen hohen Aufwand betreiben, um in ein Netzwerk einzudringen. Wer so einem Angriff ausgesetzt ist, muss alle Kräfte mobilisieren, um ihn abzuwehren. Das Wissen über die Motivation und die Möglichkeiten, die der Gegenseite zur Verfügung stehen, ist dabei von entscheidender Bedeutung.

Lektion 5: Kraft

„Ein Fels oder Baumstamm ist ungefährlich in der Ruhe, aber gefährlich, sobald er in Bewegung gerät. Eckiges kann aufgehalten werden, aber Rundes bewegt sich unentwegt weiter. Gute Kämpfer sind deshalb wie eine Geröilllawine, die unaufhaltsam den Berghang hinunterstürzt. Das ist Kraft."

Kraft ist angesammelte oder wahrgenommene Energie. Darum ist Kraft sehr veränderlich. Diejenigen, die diesen Zusammenhang mit großer Meisterhaftigkeit beherrschen, sind dazu in der Lage, einen Feind zu besiegen, indem sie eine für sie günstige Wahrnehmung schaffen und so den Sieg erringen, ohne dass sie ihre Kraft einsetzen müssen. Wie das aussehen kann, zeigt eine Episode aus der chinesischen Geschichte, die aus dem Jahr 341 v. Chr. datiert, also der bereits erwähnten Zeit der Streitenden Reiche. Damals lagen die beide Staaten Qi und Wei miteinander im Krieg. Es standen sich Tian Qi und Sun Bin – der Sohn von Sun Tzu und ebenfalls Verfasser eines Werks über Kriegskunst – und der General Pang Zhuan gegenüber, der persönliche Todfeind von Sun Bin. Der Legende nach sagte Sun Bin: „Der Staat Qi ist für seine Feigheit traurig berühmt, und deshalb verachtet uns unser Gegner. Laßt uns diesen Umstand zu unserem Vorteil nutzen." Darum überlegt er sich eine List. Als die gegnerische Armee die Grenze von Wei überschritten hatte, gab er den Befehl, am ersten Abend hunderttausend Feuer zu entzünden, am zweiten fünfzigtausend und am folgenden Abend nur noch zwanzigtausend. So sollte der Eindruck entstehen, dass sich die Armee auf dem Rückzug befindet.

Pang Zhuan nahm darum die Verfolgung auf. Sun Bin lockte seine Verfolger auf diese Weise zu einem Engpass, wo er einen Baum schälen und folgende Worte ins Holz ritzen ließ: „Unter diesem Baum wird Pang Zhuan sterben." Als es Nacht wurde, stellte Sun Bin in der Nähe dieses Hinterhalts eine starke Abteilung Bogenschützen auf und gab Befehl, sofort zu schießen, wenn sie ein Licht sahen. Als Pang Zhuan später zu diesem Ort kam, sah er den Baum und entfachte ein Licht, um zu lesen, was auf dem Baum geschrieben stand. Sein Körper wurde sofort von zahllosen Pfeilen durchbohrt und seine ganze Armee in Verwirrung versetzt.

Diese Kunst der Täuschung ist es, um die es Sun Tzu beim Spiel der Kräfte geht: „Das Chaos zu beherrschen ist auf vielerlei Weise möglich. Tapferkeit hinter Feigheit zu verstecken, ist ein Zeichen der inneren Kraft, Stärke hinter Schwäche zu verbergen, ist der äußere Schein, um den Feind zu täuschen." Ein Beispiel für ein Unternehmen, das dieses Kräftespiel nahezu in Perfektion beherrscht, ist Apple. Viele kennen das jährliche Ritual, bei dem ein neues Produkt auf den Markt gebracht oder eines der bestehenden Produkte verbessert wird, das den Markt bereits überrascht hat. Apple will seine Konkurrenten durch diese Taktik vor sich hertreiben und Stärke demonstrieren. Diese Positionierung ist ein Grundprinzip des Marketings, das dazu führt, dass es vor den anderen Unternehmen der Branche an vorderster Front steht. Ein Stück weit ist dies natürlich auch eine Täuschung, was ein direkter Vergleich von Produkteigenschaften unschwer zutage fördern kann. Aber die Illusion der Demonstration der Stärke hat Apple perfektioniert. Um dies zu erreichen, ist es notwendig und zwingend erforderlich, einen strategischen Plan zu entwerfen, der es Unternehmen wie Apple ermöglicht, sich immer wieder diese Positionierung zu sichern. Apples Taktik ist häufig die Überraschung.

Denn jedes Mal, wenn ein neues Produkt eingeführt wird, organisiert das Unternehmen ein spektakuläres Ereignis, das das Produkt in einen Star verwandelt. Der überraschende Effekt tritt damit in den Vordergrund. Zur Strategie von Apple gehört es auch, mit seinen Kunden so zu interagieren, dass diese beim Kauf des betreffenden Produkts das Gefühl bekommen, Teil der Apple-Familie zu sein und ein wichtiger und besonderer Teil davon zu sein. Und schließlich versucht das Unternehmen, immer neue Wege zu finden, um die Bedürfnisse zu erfüllen, von denen nicht einmal die Kunden wussten, dass sie sie hatten. Apple kontrolliert den Überraschungsfaktor zusammen mit der Geschwindigkeit des eigenen Handelns und greift mit sorgfältig studierten Geschäfts- und Marketingstrategien an, wenn es darum geht, ein neues Produkt auf den Markt zu bringen und macht aus Kunden Fans. Mit klaren Zielen und gut strukturierten Methoden führt das Unternehmen diese Strategien durch, was es zum bekanntesten und wichtigsten Technologieunternehmen seiner Branche und zum wertvollsten Unternehmen der Welt gemacht hat. Eine der Erfolgsstrategien, die Apple dafür nutzt, ist die Beherrschung der Konkurrenz durch die Demonstration der eigenen Stärke – oder wie Sun Tzu es beschreibt: „Wer sich darauf versteht, den Feind in Bewegung zu halten, nutzt den äußeren Schein, damit der Feind dieser Täuschung folgt."

Lektion 6: Schwächen und Stärken

„Die höchste Kunst des Kriegers besteht darin unsichtbar und formlos zu sein, sodass auch der feindliche Spion tief in den eigenen Reihen nichts ausspähen und der Klügste nichts ahnen kann."

In diesem Abschnitt der *Kunst des Krieges* vertieft und erweitert Sun Tzu seine Ausführungen über Taktiken und Strategien, die zum Sieg über den Feind führen. Und da wird es besonders aus heutiger Perspektive so richtig interessant. Denn es geht hier auch um Strategien, die funktionieren, wenn die Zahlenverhältnisse zwischen den Parteien, die sich gegenüberstehen, eine Position der Schwäche vermuten lassen. Aber es gibt eben auch Strategien, um aus der Position der Schwäche heraus den Sieg zu erringen. Sun Tzu gibt dazu einige ganz praktische Tipps: „Wenn der Gegner ausgeruht ist, sei in der Lage, ihn zu ermüden. Wenn er gut ernährt ist, hungere ihn aus. Wenn er rastet, bringe ihn dazu, sich zu bewegen. Erscheine an Plätzen, zu denen er hasten muss." An anderer Stelle schreibt er: „Greife die Stellen des Feindes an, die ungeschützt sind, und du wirst Erfolg haben. Der eigene Schutz muss stark sein, selbst dort, wo kein Angriff zu erwarten ist. Bei einem guten Angreifer weiß der Feind nicht, wo er sich verteidigen soll, und bei einem guten Verteidiger weiß der Feind nicht, wo er angreifen soll." Genau solche Überlegungen zu Angriff und Verteidigung und dem scheinbaren Missverhältnis von Stärke und Schwäche nutzen heutzutage Hacker aus. Diese greifen mitunter Unternehmen an, die ihnen in jeder Hinsicht überlegen sind. Von der Anzahl der Mitarbeiter, über die verfügbaren Ressourcen, die Infrastruktur und so weiter. Hacker wählen darum häufig den Weg des geringsten Widerstands, wenn sie ein Unternehmen angreifen. Sie suchen sich den schwächsten Punkt in der Verteidigung, um dort anzugreifen. Ähnlich wie Unternehmen handeln Hacker ökonomisch. Das heißt, sie bemühen sich um ein optimales Verhältnis von Kosten, Nutzen und Aufwand. Warum sollte ein Angreifer wochenlang versuchen, eine Firewall zu umgehen, wenn er doch nur eine einzige

überzeugende Phishing-E-Mail schreiben muss, in der er
einzelne Benutzer nach ihrem Login-Namen und dem
dazugehörigen Passwort fragen muss? Auch Sun Tzu rät
dazu, den direkten und aussichtslosen Kampf zu vermeiden, weil er angesichts des Verhältnisses von Stärke
und Schwäche sinnlos ist: „Nach meiner Berechnung
sind die Soldaten von Yüeh zwar zahlenmäßig überlegen, doch das entscheidet nicht über Sieg oder Niederlage. Der Sieg kann dennoch errungen werden! Wenn der
Feind zahlenmäßig überlegen ist, muss ein Kampf vermieden werden." Man darf natürlich nicht vergessen, dass
solche Taktiken auch zu Täuschungsmanövern eingesetzt
werden. Du Mu, ein chinesischer Dichter, der zur Zeit
der Tang-Dynastie lebte, berichtet in einem seiner Werke
von einer Kriegslist. Einer der berühmtesten Militär-
strategen Chinas, Zhuge Liang, ersann diese demnach
im Jahre 149 v. Chr., als er Yangping besetzt hatte. Kurz
vor dem Angriff der gegnerischen Armee ließ er plötzlich seine Banner einholen, das Trommeln einstellen und
die Stadttore öffnen. Hinter dem Tor waren nur einige
wenige Männer zu sehen, die den Boden fegten und
wässerten. Dieses unerwartete Vorgehen verfehlte nicht die
gewünschte Wirkung. Der gegnerische General vermutete
einen Hinterhalt. Also sammelte er seine Armee und zog
sich zurück.

Das bedeutet, kluge Strategen lassen also ihre Gegner
zu sich kommen, lassen sich aber keineswegs aus ihrer
Festung herauslocken. Wenn die Gegner kommen, um
jemanden herauszufordern, sollte man nicht um jeden
Preis mit ihnen kämpfen. Vielmehr lohnt es sich, eine
strategische Veränderung einzuleiten, um sie zu verwirren
und zu verunsichern.

Als Beispiel dafür, wie man meisterhaft mit den Unterschieden von Stärke und Schwäche umgehen kann,
können die Schlachten von Quatre Bras und von Ligny

herangezogen werden, zwei der drei Schlachten des Waterloo-Zyklus, in dem General Napoleon endgültig besiegt wurde. Beide Schlachten fanden gleichzeitig statt und waren nur wenige Kilometer voneinander entfernt. Doch von Anfang an: Am 15. Juni 1815 verließ General Napoleon sein Exil auf Elba und überfiel mit 128.000 Einheiten seiner Truppen nördlich von Charleroi die belgische Grenze. Es handelte sich um einen Überraschungsangriff, da der feindliche General, der Engländer Wellington, keinen Angriff auf Belgien in Betracht gezogen hatte. Wellington wurde dadurch in die Falle getrieben und war gezwungen, seine Truppen zu bewegen, um denen zu helfen, die versuchten, am Morgen des 16. Juni Marshall Ney an der Quatre-Bras-Kreuzung einzudämmen. Ney seinerseits beging eine grobe Fahrlässigkeit, indem er diese unverzichtbare strategische Position nicht mehr besetzte. Er vergrößerte seinen Fehler noch dadurch, dass er die Schlacht nicht am Morgen begann und dann seine 4000 Mann starke Kavallerie benutzte, um gegen die englische Infanterie vorzugehen. Offensichtlich kam jedoch die totale Katastrophe, als Ney diesen Fehler drei Tage später in Waterloo wiederholte: der Angriff gegen eine intakte Infanterie-Formation ohne eigene Unterstützung.

Ebenfalls am 16. Juni fand in Ligny der Großteil der Feindseligkeiten zwischen Napoleons Hauptarmee von 71.000 Einheiten und Blüchers 84.000 Preußen statt. Die verbündeten Österreicher hatten den schweren Fehler gemacht, das Gelände nicht vorher vermessen zu haben. Und so verstreuten sie sich schließlich in einem sumpfigen Gelände, obwohl auch die Bewegungen Napoleons nicht viel besser waren. Er verzögerte die Schlacht auf den Nachmittag, weil er so die Möglichkeit hatte, ohne Kampf zu gewinnen, da die feindlichen Truppen ihre Schwächen offenbart hatten, und startete einen wütenden Angriff, um die preußischen Linien zu vernichten und zu besiegen. Fast zwei Stunden lang gingen die wilden Kämpfe weiter, fast nie mit Distanzwaffen, sondern auf engstem Raum, mit Bajonetten und Schüssen aus nächster Nähe. Die preußischen Verluste erreichten 19.000 und obwohl Blücher das Feld verließ, verlor Napoleon auch 14.000 Menschenleben, nachdem er den ursprünglichen Vorteil verpasst hatte. Dann schickte er Marschall Grouchy, um den Rest der preußischen Armee mit 30.000 Soldaten zu jagen. Aber der Marschall hatte nicht die Entschlossenheit, die Befehle seines Generals gewissenhaft auszuführen und eine so leichte Verfolgung durchzuführen. Er konnte es sich aber leisten, nicht nach Hause zurückzukehren, sondern nach Westen zu gehen, wo Wellington auf ihn wartete. Sun Tzu sagt, dass Formationen wie Wasser sind: „Der Lauf des Wassers wird durch die Erdformation bestimmt, der Sieg über den Feind wird errungen, indem man ihn kontrolliert. Der Krieg passt sich den Situationen und Bedingungen an, so wie Wasser keine bestimmte Form hat. Wer sich dem Feind anpassen kann, ist in der Lage, sich den Sieg zu holen und hat den Geist des Krieges begriffen. Die fünf Elemente [laut Sun Tzu] bestehen stets nebeneinander und die vier Jahreszeiten lösen einander im Rhythmus ab. Es gibt kurze und lange Tage, und der Mond nimmt ab und zu." So hat auch eine Armee keine ständige Formation, so wie Wasser keine konstante Form hat. Darum wird auch die Fähigkeit, sich an den Feind anzupassen und sich ständig zu verändern, um den Sieg zu erlangen, als Geniestreich bezeichnet.

Kaum ein Gebiet eignet sich besser, um die eigenen Spuren zu verwischen, Identitäten zu verstecken, das Spiel der Verwirrung und der Täuschung zu spielen, als der digitale Raum. Schwerlich ist es möglich, Angreifer eindeutig zu identifizieren, da sie falsche Fährten auslegen können. Gleichzeitig können Akteure den Cyberspace nutzen, um größer zu erscheinen als sie in Wirklichkeit sind. Klicks oder Follower lassen sich kaufen oder manipulieren, sodass ein schwacher Gegner als stark erscheinen kann. Solche Taktiken ließen sich bei zahlreichen Wahlen beobachten, bei denen vermeintliche Außenseiter sehr schnell einen großen Zustrom von Zustimmung erfahren konnten. Der Fall von Cambridge Analytica, einem britischen Datenanalyse-Unternehmen, das im Zuge der US-Wahl von 2016 Bekanntheit erlangte und inzwischen Insolvenz anmelden musste, legt ein unrühmliches Zeugnis davon ab. Es wurde bekannt, dass das Unternehmen an mehr als 40 Kandidaturen sowie zahlreichen Wahlen auf der ganzen Welt beteiligt war. Das Unternehmen behauptete, über Daten zu verfügen, die es ihnen ermöglichten, Wählerinnen und Wähler gezielt zu beeinflussen. Sei es, um die Gegner gezielt zu verunsichern oder die eigene Seite größer und besser erscheinen zu lassen, als sie wirklich ist – das taktische Spiel mit den Stärken und Schwächen entscheidet bis heute über Sieg und Niederlage.

Lektion 7: Kampf um die Initiative, oder: Die Strategien des Direkten und Indirekten

„Dem gebührt der Sieg, der Krummes und Gerades zu nutzen weiß. So werden Schlachten geführt."

In diesem Kapitel beschäftigt sich Sun Tzu im Grunde mit der Frage: Wann ist der richtige Zeitpunkt für eine Aktion? Die Antwort auf diese Frage ist sehr stark abhängig davon, wie groß eine Armee ist, die in Bewegung gesetzt werden muss. Die Herausforderung der Mobilisierung ist eine der größten überhaupt. Die Lösungen dafür beschreibt Sun Tzu als die Strategien des Direkten und Indirekten. Ein Beispiel, das er nennt, lautet: „Das Schwierigste ist, aus einer gewundenen Route den direktesten Weg werden zu lassen und Unglück in Vorteil zu wandeln. Daher marschiere einen indirekten Weg und teile den Feind, indem du ihm einen Köder anbietest. Somit könnte man nach dem Gegner den Marsch beginnen und dennoch vor ihm am Ziel sein. Jemand, der in der Lage ist, so zu verfahren, versteht die Strategie des Direkten und des Indirekten." Wenngleich hier eher die Taktik gemeint sein müsste und nicht die Strategie.

Um die Wahl des richtigen Moments zu veranschaulichen, wird gerne auf eine Anekdote von Li Chuan, einem chinesischen Autor und Chronisten, verwiesen. Dieser berichtet von Cao Gui, einem Schützling des Fürsten Zhuang von Lu. Als dessen Staat angegriffen wurde und der Fürst sich sofort nach dem ersten Schlagen der feindlichen Trommeln in den Kampf stürzen wollte, hielt ihn Cao Gui davon ab. Er riet ihm dazu, die Trommeln noch zwei weitere Male schlagen zu lassen und erst dann den Befehl zum Angriff zu geben. Als sie dann miteinander kämpften, wurden die Angreifer vernichtend geschlagen. Nach der Schlacht wollte der Fürst von Cao Gui wissen, warum er ihm zu der Verzögerung des Angriffs geraten hatte. Seine Antwort lautete: „Im Kampf ist ein mutiger Geist alles. Das erste Trommelschlagen erweckt diesen Geist, doch beim zweiten schwindet er bereits, und nach dem dritten ist er ganz verschwunden. Ich griff an, als ihr Geist sie verlassen hatte und unserer auf dem Höhepunkt war. Deshalb siegten wir. Der Wert einer ganzen Armee – eines mächtigen Verbandes von einer Million Männer – hängt von einem Mann allein ab: Dies ist der Einfluss des Geistes."

Dass nicht nur eine Verzögerung des Angriffs die richtige Antwort auf die Frage nach dem besten Moment sein kann, beweist eine Episode, die fast 2000 Jahr später stattfand. Die Idee des Blitzkriegs entstand im Zweiten Weltkrieg. Adolf Hitler wollte am Anfang des Krieges Europa so schnell, effektiv und kraftvoll wie möglich erobern. Darum wurde zusammen mit seinen befehlshabenden Generälen eine militärische Strategie ausgearbeitet, die sich durch den Einsatz mehrerer Militärkolonnen gleichzeitig und an mehreren Fronten auszeichnete. Sie verfolgten das unmittelbare Ziel, nicht nur in feindlichen Gebieten, sondern auch in den Ländern, in die sie eindringen wollten, mehr irreversible und tiefere Schäden zu verursachen, um sie auf diese Weise sofort zu erobern. Aus diesem Grund wurden während des Blitzkriegs gleichzeitig Bodentruppen, Kriegsschiffe, Militärflugzeuge, Panzer und andere Fahrzeuge mobilisiert. Die Strategie sah zudem vor, in Form von Speerspitzen in die verschiedenen Gebiete vorzudringen, um sie in fulminanter Weise zu verwüsten. Damit diese Vorgehensweise wirklich effektiv sein konnte, mussten die Bewegungen schnell und synchronisiert sein. Daher kommt auch der Name des Blitzkriegs, der entschlossen und effizient agiert, um dem Feind keine Zeit zur Reaktion zu geben. Mit diesem taktischen Plan marschierte die deutsche Armee in Polen ein und eroberte das Land, was schließlich zu einem der wichtigsten Ziele des Reiches wurde. Der Schlüssel zum Erfolg des Sieges Hitlers in Polen liegt in dem oben genannten koordinierten Vorgehen. Deutschland besaß damals zudem die fortschrittlichste und effizienteste Waffenentwicklung, was es damals zur ersten militärischen Weltmacht machte – sogar noch vor England und Frankreich, den beiden Hauptfeinden des damaligen Deutschlands. Die Strategie des Blitzkriegs war im Übrigen so neuartig, dass das deutsche Wort ins Englische Einzug hielt, wo es bis heute diese Taktik beschreibt.

Interessanterweise ist der Text von Sun Tzu so offen geschrieben, dass diese Taktik des Blitzkriegs im Einklang mit dem ist, was in *Die Kunst des Krieges* folgendermaßen beschrieben ist: „Ein kluger Taktiker vermeidet den Kampf, wenn der Kampfgeist des Feindes noch ausgeprägt ist, er greift an, wenn er träge und abgeschlagen ist. Das ist der richtige Umgang mit dem Kampfgeist." Auch die Uhrzeit – der Überfall auf Polen startete bekanntlich in den frühen Morgenstunden – war so gewählt, wie Sun Tzu dies sicherlich auch empfohlen hätte. Denn: „Während des frühen Morgens wird die Moral der Truppe stark sein." Und: „Deswegen, wer erfahren im Krieg ist, vermeidet den Feind, wenn dessen Moral stark ist, und greift ihn an, wenn er schwach ist". Gleichzeitig wird deutlich, dass *Die Kunst des Krieges* auch ein Kind seiner Zeit ist. Wenn man heute liest, welche Schwierigkeiten beim Manövrieren Sun Tzu als Herausforderung beschreibt, dann wird deutlich, dass mit dem Fortschreiten von Technologie bestimmte Situationen einfacher zu meistern sind. Eine Mobilisierung in der Größenordnung, wie sie für den Blitzkrieg notwendig waren, war vor 2000 Jahren sicherlich noch kaum vorstellbar.

Lektion 8: Die neun variablen Faktoren

Selten ist Sun Tzu so eindeutig und so klar wie in diesem Abschnitt, sodass dieser manchmal fast ein wenig wie ein Ratgeber klingt. Zum Beispiel, wenn er die neun variablen Faktoren nennt, die für die Kriegskunst entscheidend sind:

„In tief liegendem Gelände sollte kein Lager aufgeschlagen werden.

In zusammenhängenden Territorien sollte man sich mit seinen Verbündeten zusammenschließen.

In verödetem Gebiet sollte man nicht zu lange verweilen.

In eingeschlossenem Gelände muss man seine Ressourcen schonen.

In totem Gebiet kämpfe.

Es gibt Straßen, denen man nicht folgen sollte und Truppen, die nicht angegriffen werden sollten.

Es gibt Städte, die nicht belagert werden sollten.

Es gibt Gelände, das man nicht versuchen sollte zu besetzten.

Es gibt Situationen, in denen die Befehle des Fürsten nicht zu befolgen sind.

Ein General, der umfangreiche Erfahrungen in den Vorteilen der neun variablen Faktoren hat, weiß, wie man eine Armee aufstellt."

Auch wenn es um die Auswahl des Personals für die Armee, genauer gesagt die Führungspersönlichkeiten geht, hat Sun Tzu ein paar überaus hilfreiche Tipps auf Lager:

„Es gibt fünf Eigenschaften, die im Wesen eines Generals gefährlich sind.

1. Wenn er rücksichtslos ist, kann er getötet werden.
2. Wenn er zu sehr am Leben hängt, kann er leicht gefangen genommen werden.
3. Wenn er aufbrausend ist, kann man ihn lächerlich machen.
4. Wenn er zu ehrgetrieben ist, kann man ihn verleumden.
5. Wenn er mitfühlend ist, kann man ihn schikanieren.

Diese fünf Charaktereigenschaften sind schwerwiegende Fehler für einen General und verhängnisvoll für militärische Operationen. Die Vernichtung der Armee und der Tod des Generals sind die unausweichlichen

Konsequenzen aus diesen Mängeln. Sie müssen gründlich überdacht werden."

Das heißt, es ist wichtig, das Terrain zu erkennen, in dem der mögliche Konflikt stattfinden wird, und den Ort, an dem die Truppen ins Lager gehen, angemessen zu wählen. Dieses Gelände muss für uns unter optimalen Bedingungen sein. Sie müssen gut kommuniziert werden, um bei Bedarf Einheiten mobilisieren zu können, der Zugang muss einfach sein, und grundlegende Ressourcen wie Wasser müssen vorhanden sein. Sowohl bei Angriff als auch bei Verteidigung muss sich der General an das Gelände, das Klima, alle Widrigkeiten, die sich dabei ergeben, anpassen, die Vor- und Nachteile von Verteidigung und Angriff gut berechnen und die Rentabilität der Bemühungen bewerten. Oft sind solche Entscheidungen nicht einfach. Denn es ist schwer, sich um des Sieges willen sicheren Verlusten auszusetzen. Aber es sind diese Entscheidungen, um den Schaden so weit wie möglich zu minimieren, die den Unterschied zwischen einem großen Strategen und einem mittelmäßigen ausmachen.

Die großen Führungspersönlichkeiten zeichnen sich dadurch aus, dass sie Verantwortung übernehmen, sie fest sind in ihren Entscheidungen und dass sie sich jeder Situation anpassen können – wie Wasser. Sie lassen sich nicht von ihren Gefühlen mitreißen, sondern von objektiven und plausiblen Kriterien. Die Messung der Umwelt, Rationalität bei Entscheidungen und das Ergreifen von Chancen entscheiden über Sieg und Niederlage.

Ein klares Beispiel für einen unfähigen General, der seine Armee in eine totale Katastrophe führte, liefert James Wilkinson während des Unabhängigkeitskrieges der Vereinigten Staaten gegen England. Als General der Armee war er ein Spion für seinen Feind, Spanien, gegen sein eigenes Land. Sein Codename für Spanien war *Agent 13* – was kann bei dieser Zahl schon schiefgehen!? – und er soll angeblich gute wirtschaftliche Gewinne mit seiner Spionagetätigkeit gemacht haben. Davor war er für die Logistik der U.S.-Armee verantwortlich. Einige spätere Zeugnisse deuten aber darauf hin, dass er sich als Stabschef zurückgezogen hatte, weil er auch in dieser Funktion Gelder in seine eigene Tasche leitete.

Darüber hinaus spricht seine strategische Vorbereitung als militärischer Kommandant für sich. Während der Invasion Kanadas im Jahr 1812 wurde seine viertausend Mann starke Truppe von weniger als zweihundert kanadischen Soldaten besiegt. Wenn er also auf dem Schlachtfeld und außerhalb des Schlachtfeldes nachweislich ungeeignet war, war die einzige Möglichkeit, General zu bleiben, seine Fähigkeit, ein korrupter, verräterischer und professioneller Intrigant zu sein. Er ging durch Kriegsprozesse, Kongressuntersuchungen und Untersuchungskommissionen, kam aber immer an die Spitze. Von ihm sagte der Historiker Robert Leckie: Er war ein General, der nie eine Schlacht gewonnen und nie einen Kriegsprozess verloren hat.

Lektion 9: Die Armee auf dem Vormarsch

> *„Ist der Feind nahe und verhält er sich ruhig, dann hat er keine Angst, weil er an einer strategisch guten Position steht. Ist der Feind fern und provoziert einen Kampf, dann will er, dass deine Truppen vorrücken, weil seine Stellung von Vorteil ist."*

Was können wir aus der Beobachtung des Verhaltens von anderen lernen? Die Antwort lautet klar: eine Menge.

Die Kunst, sich in andere hineinzuversetzen – sei es der Angreifer in sein Ziel als auch umgekehrt die Opfer in ihre Aggressoren – ist ein zentraler Aspekt, wenn es um das tatsächliche Kampfgeschehen geht. Diese Überlegungen spielten immer dann eine Rolle, wenn beispielsweise im Mittelalter Burgen belagert wurden. Die Frage war im Gegensatz zur ersten Intuition nicht, wie kann ich in eine Festung eindringen. Entscheidend ist vielmehr, sich in diejenigen hineinzuversetzen, die in der Festung sind und sich zu fragen, was deren Bedürfnisse sind. Denn auch, wenn man sich in einer Burg verschanzt, braucht man Wasser zum Trinken und Nahrung zum Essen. Das heißt, die Versorgungswege oder die internen Ressourcen, zum Beispiel Brunnen oder Tiere usw., sind die zentrale Schwachstellen, die es zu kontrollieren gilt. Neben solchen grundlegenden Überlegungen geht es in diesem Kapitel vor allem darum, herauszufinden, was die beste Position für die Angreifer ist. Wie wir eben gelernt haben, sind diese Hinweise ebenso wichtig für diejenigen, die sich gegen einen Angriff verteidigen wollen. Für Sun Tzu sind dies vor allem geografische Besonderheiten, die es bei Angriff und Verteidigung zu beachten gilt. So rät er: „Das Lager sollte auf erhöhtem Gelände, zur Sonne hin aus-gerichtet, aufgeschlagen werden", „Kämpfe immer bergab" oder „Greife niemals bergauf an." Militärische Manöver oder auch Angriffe von Hackern sind stets das Ergeb-nis von Plänen und Taktiken, die das Ziel verfolgen, auf die günstigste Weise zu gewinnen. Strategien und Pläne bestimmen die Mobilität und Effektivität der Truppen und das Vorgehen des Einzelnen. Einer der großen Strategen der Geschichte, Alexander der Große, liefert das beste Beispiel, wie Prinzipien einer effektiven Taktik für den Sieg aussehen können. Alexander der Große (356-323 v. Chr.), der König von Mazedonien, wurde wegen seiner strategischen Weisheit bewundert. Die Mazedonier regierten ganz Griechenland, als er im Alter von 20 Jahren mit seiner Herrschaft begann. Sie verfügten über unübertroffene militärische Prinzipien und strategische Basen. Der Sieg erfordert jedoch auch ein festes Ziel und einen Plan, wie man es erreicht. Alle militärischen Einheiten – von den mittleren Kommandanten bis hin zu den Soldaten im Dienst – müssen genau wissen, welche Rolle sie spielen. Alexanders Ziel war es, nicht mehr und nicht weniger als der Herrscher der damals bekannten Welt zu werden. Dazu musste er „nur" seine Feinde mit mehr Macht besiegen. Zu seiner Zeit waren das die Perser, befohlen von ihrem König Darius. Alexander teilte also seinen Generälen seinen Kampfplan und seine Strategie mit, sodass jeder wusste, welche Maßnahmen er ergreifen musste.

Napoleon Bonaparte sagte einmal, dass in der Defensive noch keine Schlacht gewonnen wurde. Um zu gewinnen, ist es notwendig, mit sorgfältig erforschten Taktiken für jede Truppenmobilisierung zu innovieren und neue, effektivere und verheerendere Waffen zu schaffen. Auch Alexander wusste, dass er die Perser nur im direkten Kampf besiegen konnte. Und tatsächlich: Die Generäle besiegen ihren Gegner, indem sie den Großteil ihrer Streitkräfte an einem präzisen Ort, zum richtigen Zeitpunkt und mit vordefinierten Bewegungen gruppierten. Sie griffen erst an, nachdem sie untersucht hatten, wie sie ihren Feind am besten angreifen können, und nachdem sie seine Schwachstellen gefunden hatten. Alexander tat es, indem er eine Lücke in den persischen Linien schuf.

Die effizienten Generäle sind in der Regel die Gewinner all ihrer Kämpfe und so wurde auch der Gegner besiegt. Ihr Vorgehen erfordert, stets flexibel zu sein, das Für und Wider jedes Moments abzuschätzen, jedes Terrain, auf dem sie sich bewegen, zu bewerten und entsprechend zu planen. Man muss bereit sein, von jeder Position aus

vorwärts, rückwärts und wie auf dem Schachbrett seit-
wärts zu gehen – sei es zum Angreifen oder Verteidigen,
zum Vorrücken oder zum Zurückziehen. Sun Tzu betont,
dass die Bewegungen in der Gruppe, mit ständiger Unterstützung untereinander, grundlegend sind. Alexander hatte
stets volles Vertrauen in seine Truppen, weil er sie selbst
zu den diszipliniertesten Soldaten der Welt ausgebildet
hatte. Es ist wichtig, die Teamarbeit, in der die Soldaten
die Armee als Teil von sich selbst betrachten, so zu
indoktrinieren, dass das übergeordnete Ziel zu ihrem wird.
Alexander nutzte darüber hinaus den Überraschungsfaktor, um feindliche Truppen zu schwächen. Denn es ist
notwendig, die Feinde mit den eigenen Bewegungen, mit
Täuschungsmanövern oder neuen Waffen, die noch nie
zuvor gesehen wurden, aus dem Gleichgewicht zu bringen.
Es gehört viel dazu, um eine Truppe gut zu führen oder
ein Team zu leiten. Die folgenden Sätze, die Alexander
dem Großen zugeschrieben werden, offenbaren seine
Weisheit bei der Führung seiner Armee:

„Es gibt nichts Unmögliches für denjenigen, der es versucht."

„Das Schicksal von allem hängt von der Verwirklichung
jedes Einzelnen ab."

„Ich habe keine Angst vor einer Armee von Löwen, die
von einem Schaf geführt wird; ich habe Angst vor einer
Armee von Schafen, die von einem Löwen geführt wird."

„Für mich habe ich das Beste hinterlassen: Hoffnung."

„Am Ende, wenn alles vorbei ist, zählt nur, was du
getan hast."

„Wenn wir jemandem unsere Zeit geben, geben wir tatsächlich einen Teil unseres Lebens, den wir nie wiederher-
stellen werden."

„Anstrengung und Risiko sind der Preis des Ruhmes,
aber es ist eine wertvolle Sache, tapfer zu leben und zu
sterben und einen ewigen Ruhm zu hinterlassen."

„Wenn ich warte, werde ich die Kühnheit und die Jugend verlieren."

„Wenn die Abgesandten des Feindes bescheidene Worte sagen, während der Feind seine Kriegsvorbereitungen erhöht, bedeutet das, dass er vorankommt. Wenn hochfliegende Worte gesprochen werden und man ostentativ voranschreitet, ist das ein Zeichen dafür, dass sich der Feind zurückziehen wird."

Eine Schlacht zu gewinnen, ist jedoch längst nicht alles: Sobald der Sieg errungen ist, muss man wissen, wie man ihn aufrechterhält. Es ist wichtig, die eigene Bewegung fortzusetzen, um den gewonnenen Vorteil zu nutzen. Der Feind wird versuchen, sich zu erholen und wird früher oder später von defensiven zu offensiven Aktionen übergehen, um verlorenes Terrain zurückzugewinnen, also müssen wir dem aufgestellten Plan konsequent folgen. Eine schmerzliche Erfahrung, die alle Angreifer machen mussten, die in den vergangenen hundert Jahren versuchten, Afghanistan mit militärischen Mitteln zu besiegen: Denn es ist eines, ein Gebiet einzunehmen, und etwas anderes, es auch länger zu halten.

Lektion 10: Terrain

> „Wir können sechs Arten von Terrain unterscheiden: zugängliches Gelände, behinderndes Gelände, ausgleichendes Gelände, enge Pässe, steile Anhöhen, Positionen, die weit vom Feind entfernt sind."

Wie wir bereits in den vorigen Kapiteln gesehen haben, sind bei Sun Tzu Überlegungen zum Gelände, zu den konkreten örtlichen Gegebenheiten wichtig. Ein zeitgenössischer Leser sollte stets eine Erweiterung im Kopf mitlesen, statt Felsen und Tal muss man überlegen, was ein digitaler Felsen oder digitales Tal sein könnte. Wie könnten solche Objekte also digital aussehen? Vorstellbar wäre etwa eine bestimmte Marktlage, ein Einflussbereich oder eine Vernetzung in andere Bereiche. „Ein bestimmtes Terrain kann bei einem Kampf durchaus hilfreich sein. Der oberste Feldherr muss den Feind einschätzen können, um zu siegen, er muss Gefahren und Risiken, Entfernung und Nähe in seine Überlegungen mit einbeziehen. Wenn er alle Risiken kennt und dann angreift, ist ihm der Sieg sicher. Berücksichtigt er dies alles nicht, ist ihm die Niederlage sicher. Wenn der oberste Grundsatz beim Krieg der Sieg ist, kämpfe, selbst wenn der Herrscher befiehlt, nicht zu kämpfen. Ist das Ziel nicht der Sieg, und der Herrscher befiehlt zu kämpfen, dann greife nicht an."

Aus diesem Grund ist die Feldstudie ein wesentlicher Anfangsfaktor, den man vor der Ausarbeitung der Strategie durchführen sollte. Abhängig von den Schwierigkeiten, auf die man dabei stößt, wirst du deine Bewegungen, deine Abnutzung auf Truppen und Ressourcen stützen und die Bedürfnisse, um die du dich entsprechend kümmern musst. Ein ähnliches Vorgehen wählen heute viele Angreifer beim sogenannten Social Engineering. Übersetzt: Die hohe Kunst der Manipulation von Menschen. Es handelt sich dabei um eine Praktik, die auch zu Angriffszwecken genutzt wird. Im Grunde genommen geht es darum, die Eigenschaften und Schwachstellen von Menschen auszunutzen, um sie für einen Angriff auf ein System zu nutzen. Ähnlich wie bei einer Feldstudie ist es auch dafür nötig, vorab einen möglichst genauen Einblick über die lokalen Gegebenheiten zu bekommen – angefangen bei den Abläufen in Firmen bis hin zu allen möglichen Informationen über die Mitarbeiter. Wer möglichst viel über die internen Zusammenhänge und die Menschen im Unternehmen kennt, kann diese Strukturen und deren eventuellen Schwachstellen ausnutzen.

Sun Tzu rät: „Wenn das Schlachtfeld leicht zugänglich ist, versuche, vor deinen Feinden dorthin zu gelangen und wähle die beste Position, um dich zu etablieren, einen Angriff zu starten und die Verteidigung zu positionieren, die richtigen Wege, Vorräte zu transportieren und Truppen zu bewegen. Es ist wichtig, diesen Vorteil gegenüber seinem Rivalen zu haben." Beim Hacking geht man manchmal genauso vor: Man greift an bzw. loggt sich ein, breitet das System für später vor und hinterlässt eine Backdoor, über die man zu dem Zeitpunkt dann den Zugang hat. Wenn das System bzw. das Gelände oder andere örtliche Gegebenheiten schwer zugänglich ist, geht der Vorteil im Prinzip verloren. Dann muss man nach Lösungen für schwieriges Gelände suchen. Auch hier entscheidet das Wissen über den Gegner: Man muss wissen, ob dieser kampfbereit ist oder nicht, ob seine Soldaten oder die Mitarbeiter motivierter sind als die eigenen, wie diese ausgebildet sind und so weiter. Wer diese Informationen hat, wird dazu in der Lage sein, eine alternative Lösung für den Sieg zu finden. Wenn man allerdings zum Schluss kommt, dass man immer noch im klaren Nachteil ist, erinnert Sun Tzu daran, dass der Rückzug die beste strategische Entscheidung sein kann.

Die berühmteste strategische Offensive, wenn man das Gelände und die Kunst der Täuschung der Geschichte betrachtet, ist wahrscheinlich die der Landung der alliierten Truppen in der Normandie im Juni 1944 während des Zweiten Weltkriegs. „Operation Overlord", so nannten die Verbündeten die Landeoffensive in der Normandie, einen See- und Luftangriff von der französischen Nordküste her, die sich bis dahin in den Händen der deutschen Truppen befand. Der 5. Juni war das von der alliierten Armee gewählte Datum für den größten amphibischen Angriff der Geschichte. Die Wetterbedingungen zwangen den Angriff jedoch zu einer

Verzögerung um einen Tag. Die Entscheidung zu dieser taktischen Veränderung ist genau das, wovon Sun Tzu in *Die Kunst des Krieges* spricht. Die Umwelt – und dazu gehört auch das Wetter – sind entscheidend für den Erfolg einer Operation. Und so landeten am 6. Juni 1944, heute bekannt als D-Day, etwa 156.000 amerikanische Truppen an der französischen Küste – der Rest ist Geschichte, wie man so schön sagt.

Der Plan für diesen Angriff begann jedoch ein Jahr zuvor, während der Trident Conference, auf der U.S. General Eisenhower und der britische Kommandant B. Montgomery die gesamte Organisation und Vorbereitung der Landung übernahmen, die die alliierten Truppen durch den Ärmelkanal nach Frankreich führen sollte. Hitler, der den Plan der Alliierten kannte, beauftragte Feldmarschall E. Rommel mit der Verteidigung der Strände der Normandie. Die Vorbereitung durch beide Seiten war entscheidend für das Ergebnis der Schlacht.

Die Deutschen bauten den sogenannten Atlantikwall auf. Dieser bestand aus Hindernissen und Hinterhalt-Fallen, sowohl an Land als auch auf See, um den Zugang der Streitkräfte zum Strand zu erschweren, Minen und Stacheldraht sowie Bunker und Maschinengewehr-Nester zur Verteidigung und eine Reihe von Gräben und Panzerabwehrgruben. Die Alliierten ihrerseits stützten ihre Strategie auf die Täuschung des deutschen Oberkommandos. Sie sendeten falsche Funkgespräche und Desinformationen über eine angebliche Landung im Gebiet von Calais, die sie in die Hände der deutschen Spione fielen ließen. Das war für den Sieg der Alliierten entscheidend. Diese Taktik der Täuschung und Verwirrung des Feindes war bereits zuvor von der britischen Armee mit General Montgomery während des Wüstenkriegs angewandt worden. Die Abwesenheit von Rommel auf dem Schlachtfeld und der Erfolg der falschen Informationen, die den Deutschen über die Landung in Calais gegeben wurden, destabilisierten die deutschen Truppen und führten zu einer nachteiligen Situation für sie. Hitler weigerte sich zudem in seinem Bestreben, Russland zu erobern, einen Teil der für die Ostfront bestimmten Truppen in die Normandie zu verlegen. All dies zusammen mit der effektiven Bombardierung der alliierten Flugzeuge führte dazu, dass die alliierten Truppen am Ende des „D-Days" die Normandie einnahmen und von dort aus ihren Vormarsch zur Rückeroberung des von den Nazis eingenommenen europäischen Territoriums fortsetzten. Der Beginn des Endes des Zweiten Weltkriegs war im Gange.

Übertragen auf den Cyberspace muss man bei solchen Szenarien unweigerlich auch an Netzwerkangriffe per DDoS (Distributed-Denial-of-Service) denken, um das Sicherheitszentrum zu testen bzw. abzulenken. Dabei wird ein System mit Anfragen geradezu überrannt, damit es überlastet wird und es letzten Endes ausfällt. Ursprünglich entstand diese Form des Angriffs aus Gründen des Vandalismus oder als Ausdruck von Protest. Heute werden diese Attacken gezielt eingesetzt, um systemrelevante Netze im Zuge eines Angriffs zu überlasten, oder auch, um wirtschaftlichen Konkurrenten zu schaden.

Lektion 11: Die neun Arten von Gelände

„Die Geländeformationen können einen Krieg günstig beeinflussen. Gebiet sich zu zerstreuen, leichtes Gebiet, Kampfgebiet, offenes Gelände, strategisch günstiges Gebiet, schwieriges Gebiet, gefährliches Gebiet, umschlossenes Gebiet, tödliches Gebiet sind dabei zu berücksichtigen."

Einmal mehr befasst sich *Die Kunst des Krieges* in diesem Kapitel mit dem Gelände. Genauer gesagt, mit den neun verschiedenen Arten von Gelände, die es laut Sun Tzu zu beachten gibt. Es ist kein Zufall, dass diesen Informationen ein so hoher Stellenwert eingeräumt wird. Sun Tzu vergleicht das Wissen, das man sich darüber aneignen kann, sogar mit der Fähigkeit, ein Bündnis zu anderen Fürsten abzuschließen zu können: „Ohne die Strategien der anderen Fürsten zu kennen, kann kein Bündnis geschlossen werden. Ohne Berge und Wälder, gefährliche Abgründe und unwegsame Salzsümpfe zu kennen, kann ein Heer nicht in Marsch gesetzt werden. Ohne einheimische Führer kann man sich die Vorteile des Terrains nicht zunutze machen. Wer auch nur in einem Punkt unachtsam ist, kann kein Feldherr eines Despoten sein."

Da die Geländetypen so einen entscheidenden Einfluss haben können, gehen wir sie der Reihe nach durch, um zu sehen, was sie bedeuten. Wenn sich lokale Interessen in einem Territorium gegenüberstehen, was beispielsweise bei Bürgerkriegen der Fall ist, dann nennt man dies „das Terrain der Zerstreuung". Diese Art von Gelände wurde von den Truppen von Fidel Castro in Kuba für den Sturz des Diktators Fulgencio Batista genutzt. Nach der Niederlage in Alegría del Pío zerstreuten sich die Aufständischen leicht und flüchteten in die Sierra Maestra, von wo aus sie sich zusammenschlossen und begannen, sich neu zu formieren – diesmal mit erfolgreichen Folgen, nämlich der kubanischen Revolution. Wenn man in das Territorium eines anderen Landes eindringt, es aber nicht in die Tiefe tut, nennt man das „Lichtgebiet". Alle Eroberungskriege beginnen in der Regel mit einem Nachbarland. Die Truppen können schneller dorthin bewegt werden und befinden sich immer noch in relativer Nähe des Armeestützpunktes, sodass sie effizienter vorrücken oder zurückkehren können. Das Gebiet, das einen großen Vorteil bringt, wenn man es nimmt, und vorteilhaft für den Feind, wenn er es besiegt, wird als „Schlüsselgelände" bezeichnet. Wie vorhin in einem früheren Beispiel erwähnt, erwies sich die Normandie als ein wichtiges Terrain für die Zukunft des Zweiten Weltkriegs. Ein unvermeidliches Schlachtfeld ist jede defensive Enklave oder jeder taktische Schritt. Ein Gebiet, das für Sie und andere gleichermaßen zugänglich ist, wird als ein „Terrain der Kommunikation" bezeichnet. Das Gebiet, das von drei rivalisierenden Territorien umgeben ist und als Erstes allen Menschen freien Zugang zu diesem Gebiet bietet, wird als „kreuzendes Gelände" bezeichnet. Es ist dasjenige, in dem die wichtigsten Kommunikationswege zusammenlaufen, indem sie miteinander verbunden werden. Darum kommt es bei solchen Gebieten darauf an, der Erste zu sein, der sie besetzt, weil die Menschen in der Regel dann auf dessen Seite stehen. Wenn man tief in ein fremdes Gebiet eindringt und viele Städte hinter sich lässt, wird dieses Terrain als schwierig bezeichnet. Es ist ein Gelände, von dem man nur schwer wieder zurückkehren kann. Wenn es sich um bewaldete Berge, steile Schluchten oder andere schwierige Übergänge handelt, spricht man von „ungünstigem Gelände". Der Dschungel in Vietnam wurde beispielsweise als ungünstiges Terrain für amerikanische Truppen angesehen. Letztlich bewahrheitete sich diese Kategorisierung, denn sie schafften es nicht, den Vorteil einer viel größeren Armee zu nutzen, um den Krieg einfach für sich zu gewinnen. Wenn der Zugang zu einem Gebiet eng ist und der Ausgang gewunden, sodass nur eine kleine gegnerische Einheit dich angreifen kann, auch wenn deren Truppen zahlreicher sind, nennt man das ein „eingezäuntes Gelände". Nur wer dazu in der Lage ist, sich gut anzupassen, kann dieses Gebiet durchqueren. Bei dieser Beschreibung muss man unweigerlich an die Schlacht bei den Thermopylen denken. Damals, um 480 v. Chr., standen sich zu Beginn des Zweiten Persien-Krieges auf der einen Seite das überwältigend große Heer von Xerxes, dem König Persiens, und auf der anderen Seite die zahlenmäßig sehr viel kleinere Streitmacht des hellenischen Bundes unter Führung von Leonidas gegenüber. Die Angaben zum persischen Heer stammen vom Geschichtsschreiber Herodot, demnach die Flotte über 500.000 Einheiten zählte, die Infanterie über 1.700.000 Mann und die Kavallerie 80.000 Pferde stark war. Demgegenüber standen lediglich die berühmten 300 spartanische Hopliten, 1000 Tegeaten und Mantineer, 120 Mann aus Orchomenos, 1000 aus dem restlichen Arkadien, 400 aus Korinth, 200 aus Phleius, 80 aus Mykene, 700 aus Böotien und Thespiai, 1000 aus Phokis und 400 Thebaner. Lange Aufzählung, kurzer Sinn: das hellenische Bündnis war chancenlos unterlegen. Doch auch wenn das Bündnis am Ende unterlag, waren die Verluste, die sie Xerxes' Armee zufügten, enorm. Allein die Beschaffenheit des Geländes sorgte dafür, dass immer nur eine kleine Anzahl von Kämpfern sich gegenüberstanden. Die zahlenmäßige Überlegenheit nutzte den Persern damit wenig. Erst als die Perser einen kleinen Umgehungspfad fanden, konnten sie die Verteidigung des hellenischen Bündnisses brechen.

Schließlich gibt es noch das Gebiet, in dem man nur überleben kann, indem man schnell kämpft, das nennt man „tödliches Gelände". Die Schlacht an der Somme während des Ersten Weltkriegs wurde zweifellos zu einem tödlichen Gebiet für die britische Armee. Die Schnelligkeit des Handelns ist dann der wesentliche Faktor sowie die Ausnutzung der Fehler der Gegner, unerwartete Manöver sowie der Angriff, wenn der Gegner nicht damit rechnet. Dies ist auch dann der Fall, wenn zum Beispiel kleine Hackergruppen gegen eine landesweite Absicherung wie etwa im Bereich der kritischen Infrastrukturen vorgehen. „Gelände" im digitalen Bereich umfasst alles – Luft, Land, Wasser und All – ohne Grenzen und topographische Herausforderungen. Nur wirkt sich das Gelände im Cyberraum zum Teil ganz unterschiedlich aus. Ein Satellit mag für einen Soldaten ein Ziel sein, das gefühlt unendlich weit entfernt ist. Für einen Hacker mit Laptop in Neuseeland auf der gegenüberliegenden Seite der Erde kann dies jedoch ein naheliegendes, schnell zu erreichendes Ziel sein. Das Gelände und damit zusammenhängende Maßstäbe, die sich auf Eigenschaften wie Schnelligkeit auswirken, müssen also im digitalen Zeitalter neu gedacht und neu bewertet werden.

Nach Sun Tzu liegt es am Ende aber in der Hand des Generals oder der Führungsperson, ruhig, zurückhaltend, fair und methodisch vorzugehen. Er mahnt: „Der Verlust einer dieser notwendigen Eigenschaften führt zu einer unaufhaltsamen Niederlage."

Lektion 12: Über die Kunst des Angriffs durch Feuer

> *„Es gibt fünferlei Arten des Angriffs mit Feuer: Bei der ersten verbrennt man Menschen, bei der zweiten werden die Vorräte, bei der dritten die Ausrüstung, bei der vierten die Lagerhäuser und Speicher und bei der fünften die Versorgungswege verbrannt."*

Besonders der letzte Punkt – der Angriff mit Feuer auf die Versorgungswege – ruft sofort Assoziationen an die bereits weiter oben erwähnte Gefahr hervor, die von Cyberangriffen auf kritische Infrastrukturen ausgehen. Nur würde heute kein Feuer mehr verwendet, sondern ein digitaler Flächenbrand ausgelöst werden.

Im Rahmen der neuen, hybriden Kriegsführung werden solche Erwägungen in Zukunft zum Standard gehören. Wenn es ganz allgemein um kriegerische Auseinandersetzungen geht, stellt sich an einem bestimmten Punkt immer die Frage nach dem Mittel, das gewählt wird, um einen Konflikt auszufechten. Nach Sun Tzu sind Waffen als Instrumente immer auch ein schlechtes Zeichen und Krieg an sich eine gefährliche Angelegenheit. Die Strategie ist es bekanntlich, die für ihn zählt, und wenn es einen besseren Weg zum Sieg gibt, sollten direkte Auseinandersetzungen vermieden werden. Auf diese Weise können auch katastrophale Niederlagen verhindert werden. Es sollte daher immer genauestens überlegt werden, ob es sich lohnt, eine Armee aus unerheblichen Gründen zu mobilisieren: Waffen sollten nur dann verwendet werden, wenn es kein anderes Mittel gibt. Wohin ein sinnloser Einsatz von Waffen führt, bei dem immer wieder die Gegenseite übertrumpft werden muss, zeigt der Abwurf der Atombombe über Hiroshima und Nagasaki. Seit der atomaren Aufrüstung während des Kalten Krieges gilt hier fortan die Logik: Wer als Erster auf den Knopf drückt, stirbt als Zweiter.

Worum geht es also beim Einsatz von Feuer, den Sun Tzu ausdrücklich lobt? Er schreibt: „Derjenige, der Feuer für einen Angriff nutzt, ist klug, wer Wasser für einen Angriff einsetzt, ist stark. Mithilfe von Wasser kann dem Feind der Weg abgeschnitten werden, aber mit Wasser kann man seiner nicht habhaft werden und ihn nicht berauben." Es geht also um Angriffe auf die Infrastruktur. Damit befinden wir uns inmitten von Szenarien, die unser Zeitalter betreffen. Eine der immer wieder auftauchenden Befürchtungen im Zusammenhang mit Cyberbedrohungen sind Angriffe auf kritische Infrastrukturen wie etwa das Stromnetz. Hier könnten Hacker ein „digitales Feuer" legen und dafür sorgen, dass ein Gegner empfindlich getroffen wird, ohne dass tatsächlich eine Kampfhandlung stattfindet. Genau das beschreibt Marc Elsberg in seinem Roman *Blackout* so eindrücklich. Dieser handelt von den dramatischen Auswirkungen eines europaweiten Stromausfalls. Dabei leiden die betroffenen Gebiete mehr an den Folgen von Anarchie und Plünderung als an kriegerischen Angriffen. Wie für andere Einsätze ist auch in diesem Fall die Taktik und das dahinter liegende strategische Ziel entscheidend. Denn auch die Verwendung von Feuer muss eine Grundlage haben und erfordert bestimmte Mittel. „Es gibt geeignete Zeiten für das legen von Bränden, insbesondere bei trockenem und windigem Wetter." Der Einsatz von Feuer muss mit Bedacht vonstattengehen. So sei es bei Brandangriffen unerlässlich, die durch das Feuer verursachten Veränderungen zu verfolgen. Denn wenn das Feuer beispielsweise durch den Wind angefacht wird, sollte man tunlichst aufpassen, ihm nicht in den Weg zu kommen. Feuer können unkontrollierbar sein und sollten mit diesem Bewusstsein eingesetzt werden. Das Gegensatzpaar von Kontrolle und Unkontrollierbarkeit sind die beiden Schlüsselbegriffe für Angriffe mit Feuer. Es ist ein bisschen so, wie man Kinder den Umgang mit Feuer lehrt: Wer mit dem Feuer spielt, kann sich die Finger verbrennen. Abgesehen von solchen äußeren Umständen ist das Feuer für Sun Tzu jedoch ein weiteres Mittel im Arsenal, das im Allgemeinen dazu benutzt werden kann, um beim Feind Verwirrung zu stiften und ihn so anzugreifen. Allerdings gilt es, sich ein Wissen anzueignen, wie man das Feuer als Mittel einsetzt. Mehr noch: „Es reicht nicht aus zu wissen, wie man andere mit Feuer angreift, es ist notwendig zu wissen, wie man verhindert, dass andere einen angreifen." Dieser Rat lässt sich direkt ins digitale Zeitalter übersetzen. Denn auch Viren, Schadprogramme oder DDoS-Attacken, bei denen unzählige Aufrufe von

Webseiten zu deren Absturz führen, können als Feuer eingesetzt werden, sprich: als Mittel, die beim Feind für Verwirrung sorgen. Insbesondere Viren verhalten sich wie ein digitales Feuer: Sie lassen sich zunächst kontrolliert verbreiten, können aber auch unkontrolliert mehr Schaden verursachen und sich netzwerkübergreifend ausbreiten. Umso wichtiger sind heute und in Zukunft die Mittel zur Verhinderung solcher Angriffe, zu denen auch die *Fire*wall gehört, die nicht durch Zufall diesen Namen trägt. Man könnte sagen, dass diese dazu dient, Systeme abzuschotten und somit als Brandschutz zu agieren.

Sun Tzu empfiehlt zudem in diesem Kapitel, die eigenen Emotionen aus der Kriegsführung herauszuhalten: „Ein General darf nicht den Kampf dazu verwenden, seine Verachtung für den Feind auszudrücken. Rücke vor, wenn dir Gewinn winkt, bleibe wo du bist, wenn es nichts zu gewinnen gibt. Zorn kann sich in Freude verwandeln und Verachtung in Glück." Eine Regierung sollte also eine Armee nicht aus Wut mobilisieren oder einen Krieg aus niederen Beweggründen heraus provozieren. Denn „Wut kann zu Freude werden und aus Freude kann Wut werden, aber ein zerstörtes Volk kann nicht wiedergeboren werden, und der Tod kann nicht zum Leben werden." Es ist interessant, dass Sun Tzu gerade in diesem Kapitel, in dem es um Feuer geht, auch über das Thema Wut und den Umgang mit Emotionen spricht. Der Einsatz von Feuer steht häufig im Zusammenhang mit Rache, Täuschungen sowie der Vernichtung von Beweisen. Im übertragenen Sinne kann man auch heute von der Wut als einem Flächenbrand sprechen, der sich in den Social Media und in vielen westlichen Gesellschaften ausgebreitet hat. Es ist ebenfalls kein Zufall, dass immer wieder die Vermutung laut wird, dass viele der Aktivitäten, die Wut schüren, auf die Machenschaften feindlicher Mächte zurückzuführen ist. Russland steht immer wieder im

Verdacht, als Drahtzieher und Geldgeber im Hintergrund zu agieren, wenn es um die Verbreitung von Fake News und die Verunglimpfung von politischen Gegnern in den sozialen Netzwerken geht. Man kann nur hoffen, dass die Verantwortlichen die Lehren von Sun Tzu verinnerlicht haben, und wissen, was passieren kann, wenn sie mit Feuer und Wut spielen.

Lektion 13: Über den Einsatz von Spionen

„Sie [Spione] sind der Schatz eines Herrschers."

Die letzte Lektion ist aus der Perspektive vieler Zeitgenossen sicher eine der umstrittensten. Denn Spionage hat in unserem Wertesystem keinen besonders hohen Stellenwert. Gleichzeitig ist auch in unserer Kultur eine gewisse Faszination für dieses Thema vorhanden. Denken wir nur an den berühmten Geheimagenten 007. Denken wir uns mal die ganze Action und das Weltretter-Pathos weg, dann ist James Bond im Grunde nichts anderes als ein Mitarbeiter eines Nachrichtendienstes. Für Sun Tzu ist die Sache klar: Geheimagenten und Spionage sind mitunter die wertvollste Einrichtung, die es gibt: „Einhunderttausend Mann auszuheben und mit ihnen über eintausend Meilen zu marschieren, kostet täglich eintausend Geldstücke, was die Taschen des einfachen Volkes lehrt und die Ressourcen der Staatskasse aufzehrt. Es sorgt für Unruhe im Lande und Ausland, die Menschen treiben sich auf Wegen und Straßen herum, und siebenhunderttausend Familien werden von der Arbeit abgehalten. Die Armeen stehen sich oft Jahre in ihren Stellungen gegenüber, mit der Aussicht eines Tages den entscheidenden

Sieg zu erringen. Wer es bedauert, einhundert Geldstücke dem Spion bezahlen zu müssen und deshalb den Feind und dessen Verhalten nicht kennt, verhält sich äußerst unmenschlich."

Dabei unterscheidet Sun Tzu fünf Arten von Spionen: die lokalen, die internen, die übergelaufenen, die todgeweihten und die überlebenden Spione. Wenn Spione am Werk sind, weiß im Idealfall niemand von ihrer Tätigkeit und ihren Verbindungen. Spione sind allen voran Agenten des Wissens. Ihr Hauptzweck besteht darin, Informationen über die Situation des Gegners zu beschaffen. Bis heute ist Spionage eine mächtige Waffe, mit der Rivalen ausgeschaltet werden können. Nehmen wir die Industriespionage als Beispiel für eine weitere Möglichkeit, den Feind ohne Kampf zu besiegen. Industriespionage ist die meist illegale Untersuchung eines konkurrierenden Unternehmens, um sich einen Vorteil bei der Einführung neuer Produkte zu verschaffen und den anderen vom Markt zu verdrängen. Das Ziel solcher Untersuchungen ist es, jedes Geheimnis oder jede Information zu stehlen, die von großem Wert für die Entwicklung einer Angriffsstrategie ist. Spione im wirschaftliche / industriellen Umfeld können Menschen sein, die in die Organisation eingeschleust worden sind, um sie auszuspionieren, oder jemand mit Kontakten im Inneren. Aber immer öfter handelt es sich heute auch um Hacker, die es schaffen, sich Zugang zu den Computersystemen der Konkurrenten zu verschaffen bzw. diese zu infiltrieren, um Informationen zu stehlen. Was „normale" Spionage im Bereich der Wirtschaft ist, zeigt der Industriespionage-Skandal des Volkswagen-Konzerns. 1993 verließen sieben Opel-Führungskräfte, darunter auch ihr Produktionsleiter, plötzlich das Unternehmen und wechselten gleichzeitig zu Volkswagen, dem direkten Wettbewerber. General Motors, die Muttergesellschaft von Opel, warf Volkswagen bald Industriespionage vor und behauptete, dass auf diese Weise seine Geschäftsgeheimnisse genutzt würden, um sich einen Vorteil zu verschaffen. Die Anklage führte zu einem vierjährigen Rechtsstreit, an dessen Ende Volkswagen zustimmte, General Motors 100 Mio. Dollar zu zahlen und einen Auftrag über mehr als eine Milliarde Dollar an Autoteilen zu erteilen.

Das Erstellen von Blaupausen, das Entwenden von Konstruktionsplänen und internen Memos, das Abhören von Videokonferenzen, das Mitlesen von E-Mails und anderen Formen der Kommunikation – das ist die Spielwiese der digitalen Spionage. Man muss aufgrund der digitalen Vernetzung heute keine Leute mehr vor Ort schicken und man muss niemanden mehr physikalisch beschatten lassen – dank Handy Tracking erledigen das viele heute selbst. Man könnte demnach sagen, dass Spionage im digitalen Zeitalter auf jeden Fall anders und in vielen Fällen sehr viel einfacher geworden ist.

Fazit: Die Essenz der *Kunst des Krieges*

Ich möchte jeden dazu ermutigen, sich *Die Kunst des Krieges* selbst vorzunehmen. Es ist eines der ältesten Werke der Welt und sollte allein deswegen Aufmerksamkeit finden. Selten wird man ein Buch finden, das die Weltgeschichte so geprägt hat wie dieses. Wenn man dennoch einen ohnehin zum Scheitern verurteilten Versuch unternimmt und eine Zusammenfassung von Sun Tzus Strategien und Taktiken erstellen will, kann man vielleicht sechs wesentliche Punkte nennen, die militärisch sowie wirtschaftlich zum Erfolg führen – hier wird jeder seine eigene Interpretation haben, das hier ist jedoch meine:

1. Man sollte für die gute Sache kämpfen
   Nur ein Anführer, der für eine gute Sache in den Krieg oder den Wettbewerb zieht, ist dazu in der Lage, seine Truppen zu motivieren und kann Loyalität einfordern.
2. Gute Führung heißt Orientierung bieten
   Wer sichergehen will, dass ihm das eigene Team oder die Truppe folgt, muss sich im eigenen Handeln stets weise und mutig, jedoch auch streng und wohltätig zeigen.
3. Auf die Umwelt bzw. die Umgebung achten
   Bei der Planung müssen die Umweltbedingungen genauestens analysiert und beachtet werden. Änderungen hierbei können jeden noch so guten Plan zunichtemachen.
4. Das Terrain bestimmt die Taktik.
   Unter guter Führung versteht man auch, dass der Anführer sich genauestens mit dem Terrain beschäftigt und dadurch jegliche Taktik darauf ausrichtet, damit die eigenen Truppen nicht durch einen Überraschungsangriff vernichtet werden.
5. Organisation und Disziplin entscheiden.
   Die eigene Truppe bzw. das Team muss stets gut organisiert und diszipliniert sein, um Chaos zu verhindern und die Konfrontation für sich zu gewinnen.
6. Einsatz von Spionage als Mittel zur Wissensbeschaffung
   Laut Sun Tzu ist es ohne Spionage unmöglich, zuverlässige Informationen und Erkenntnisse über den Gegner zu erlangen. Das Beschaffen von geheimen Informationen über den Feind, dessen Position, die Anzahl der Truppen, die Vorhersage von Bewegungen usw. sind von grundlegender Bedeutung für die endgültigen Folgen des Kampfes.
   Natürlich steht es jedem frei, diese Ratschläge, die in Sun Tzus Werk tradiert wurden, zu befolgen oder nicht. Im Idealfall zieht ein jeder seine eigenen Schlüsse

daraus. Sun Tzu sagt jedoch sinngemäß: Wer die eben aufgeführten Voraussetzungen vergisst oder ignoriert, riskiert, dass die eigene Armee besiegt wird oder das eigene Unternehmen in Konkurs geht. Wer jedoch alle in *Die Kunst des Krieges* aufgeführten strategischen Ratschlägen beachtet, wird sich den Sieg oder den Erfolg eines Unternehmens sichern.

2

Codes und geheime Botschaften: Von den antiken Ursprüngen der Steganografie und Kryptografie und ihrer Relevanz bis heute

„Geheime Operationen sind kriegsentscheidend."

Sun Tzu, Die Kunst des Krieges

Die Kunst des Krieges endet mit dem Kapitel über Spionage und den Einsatz von Geheimagenten. Über sie sagt Sun Tzu auch: „Sie sind der Schatz eines Herrschers." Auch wenn dieses Kapitel aus der *Kunst des Krieges* bei der Rezeption häufig nicht im Fokus steht, handelt es von einem der wichtigsten Themen überhaupt, wenn es um Kriegsführung und ganz allgemein kluges, strategisches Handeln geht. Denn die Fähigkeit, sich unbemerkt Wissen zu beschaffen und mit seinen Verbündeten zu kommunizieren, ohne dabei selbst entdeckt zu werden, ist tatsächlich von höchster strategischer Bedeutung und wird oft übersehen – was einen guten Grund hat, wie am Ende dieses Kapitels klar werden wird…

© Der/die Autor(en), exklusiv lizenziert an Springer Fachmedien Wiesbaden GmbH, ein Teil von Springer Nature 2023

P. Kestner, *Die Kunst des Cyberkrieges*, https://doi.org/10.1007/978-3-658-40058-3_2

Ungefähr zu der Zeit, in der Sun Tzu seine Gedanken zum Thema Spionage niederschrieb, also um 490 v. Chr., geschah 7000 km entfernt etwas, an das sich die Welt bis heute erinnert und das den Gang der Geschichte maßgeblich beeinflusste. Die Streitmacht Persiens erreichte gerade über den Seeweg die Bucht von Marathon, das etwa 40 km von Athen entfernt lag. Das antike Griechenland war damals ein mehr oder weniger loser Staatenverbund, in dem es immer wieder zu Konflikten kam. Athen war damals ein aufstrebender Stadtstaat, in dem wenige Jahre zuvor nichts weniger als die erste Demokratie der Weltgeschichte entstanden war. Eine Entwicklung, die nicht jedem zu dieser Zeit gefiel, weil sie einen radikalen Gegenentwurf zu der damals gängigen Herrschaftsform darstellte: der Alleinherrschaft, auch Tyrannis genannt. Dareios I., der Großkönig von Persien, wollte die griechische Halbinsel entsprechend zu einem Teil seines Reichs machen und entschied sich darum, Athen anzugreifen. Die Perser landeten in der Nähe von Marathon, weil sie hofften, dass dies in Athen zunächst unbemerkt bliebe und sie alle Truppen an Land bringen und ihre militärische Übermacht nutzen konnten. Nachdem die Athener von der Landung der Perser erfahren hatten, war die Not in der Tat groß und es stellte sich die Frage, mit welcher Taktik sie der persischen Überlegenheit beikommen konnten. Es wurde schnell klar, dass die Athener Unterstützung brauchten, und darum wählten sie das damals schnellste Kommunikationsmittel, um einen ihrer Bündnispartner um Hilfe zu bitten: einen professionellen Läufer, auch Tageläufer genannt. So wurde der Bote Pheidippides mit einer Botschaft ins 246 km entfernte Sparta geschickt. Diesen „Spartathlon" legte Pheidippides in zwei Tagen zurück und wurde mit der Nachricht, dass die Spartaner Athen im Krieg gegen Persien unterstützen würden, nach

Marathon zurückgeschickt. Als er zwei Tage später wieder in Marathon ankam, hatten die Athener das Unmögliche geschafft und bereits den Sieg über das persische Heer errungen. Darum wurde Pheidippides direkt mit der Botschaft über diesen Sieg nach Athen geschickt. Die Legende besagt, dass Pheidippides vor Erschöpfung starb, nachdem er nun auch noch diesen Marathon zurückgelegt hatte. Trotz dieses tragischen Endes des ersten Marathonlaufs erfreut sich diese Sportart heute größter Beliebtheit.

Was damals rund um die Schlacht zwischen Athen und Persien genau geschah, weiß die Geschichtsschreibung bis heute nicht. Zu unterschiedlich werden die Geschehnisse in den überlieferten Quellen dargestellt. Es gibt viele Ungereimtheiten, bei denen man sich fragen muss, warum sie von Geschichtsschreibern wie Herodot auf gerade diese Weise festgehalten wurden. Ob es beispielsweise den Athenern tatsächlich allein (bzw. ohne die Hilfe von mehreren Bündnispartnern) gelungen ist, das persische Heer zu besiegen, ist schwer zu sagen. Anders ausgedrückt: Es gab gute Gründe, die Legende in die Welt zu setzen, dass es Athen mehr oder weniger aus eigener Kraft gelungen ist, gegen die Übermacht Persiens zu siegen. Allein die Frage, ob es den Marathonläufer Pheidippides tatsächlich gegeben hat, gilt heute als nicht geklärt. Sehr wahrscheinlich ist er eine Erfindung der Geschichtsschreiber. Was zeigt, dass auch schon damals galt: Das erste Opfer eines jeden Krieges ist die Wahrheit.

Da wir also ohnehin nicht mit einhundertprozentiger Sicherheit sagen können, was damals genau passiert ist, wagen wir ein paar Gedankenexperimente. Allen voran in Bezug auf den Boten Pheidippides. Diese Art der Kommunikation brachte ein enormes Risiko mit sich. Stellen wir uns nur für einen Moment vor, was alles mit dem Läufer und seinen Botschaften hätte passieren können und gehen dabei vom Unwahrscheinlichen zum

Wahrscheinlichen. Auch als Profiläufer hätte er auf der großen Distanz, die er zurücklegte, einen Unfall haben können und sich beispielsweise ein Bein brechen können. Auch der Erschöpfungstod hätte noch vor dem Moment, zu dem er seine letzte Botschaft überbrachte, eintreten können. Kalkulierbare Risiken mit einer eher gering einzuschätzenden Wahrscheinlichkeit, aber im Bereich des Möglichen. Dass die Perser damit gerechnet haben könnten, dass Athen einen Läufer losschickt, ist im Vergleich dazu schon wahrscheinlicher. Sie hätten diesen auch abfangen können und durch einen von ihnen instruierten Läufer mit falschen Botschaften ersetzen können. Sie hätten Pheidippides alternativ auch gefangen nehmen und foltern können, um von ihm zu erfahren, was sein Auftrag war, und ihn anschließend dazu zwingen, eine andere Nachricht zu überbringen. Auch sein Tod wäre eine Möglichkeit gewesen, um die Kommunikation zwischen Athen und Sparta zu stören beziehungsweise zu unterbrechen. Einmal ganz abgesehen von der Tatsache, dass die Episode um Pheidippides letzten Endes nur eine Fußnote der Weltgeschichte ist – aus heutiger Perspektive ist es nur schwer auszumalen, wie der Gang der Geschichte sich weiterentwickelt hätte, wenn Athen nicht siegreich gewesen wäre. Vielleicht hätte es die gesamte Geschichte der Demokratie nicht gegeben. Wie anders würde unsere Welt heute aussehen – und all das aufgrund des Schicksals eines Läufers. Dieses Gedankenexperiment zeigt, welchen Stellenwert und welche Tragweite sichere Kommunikation haben kann. Wir werden auch sehen, wie innig dieser Themenkomplex mit den beiden Techniken des Tarnens und Täuschens verbunden sind. Es sind zwei Themen, die zwar bei Sun Tzu auch eine Rolle spielen – die sichere Kommunikation kommt jedoch in der *Kunst des Krieges* so nicht vor. Darum soll die historische Entwicklung dieser

Steganografie und der Kryptografie, die eine essenzielle Bedeutung für das digitale Zeitalter besitzen, hier anhand der wichtigsten Stationen nachgezeichnet werden.

Verborgene Botschaften: Die Erfindung der Steganografie

Blicken wir darum aus einer etwas anderen Perspektive auf die historischen Ereignisse. Rein kommunikativ betrachtet war der Lauf von Marathon nach Sparta, beziehungsweise von Sparta nach Athen, nichts anderes als die unverschlüsselte Übermittlung einer Botschaft. Stellen wir uns also aus diesem Anlass die Frage, welche Möglichkeiten es schon zu der damaligen Zeit gegeben hätte, um diese Kommunikationssituation zu verbessern. Eine gängige alternative Technik, die dazu hätte eingesetzt werden können, gab es im antiken Griechenland dieser Zeit bereits. Die Rede ist von der Steganografie. Der erste Teil des Wortes, ‚Stegano‘, leitet sich ab aus dem altgriechischen Wort στεγανός (steganós) für ‚verborgen‘ und der zweite Teil, ‚Grafie‘, von γράφειν (gráphein) für ‚schreiben‘. Also wörtlich übersetzt: verborgenes Schreiben, oder: Geschriebenes, das verborgen ist. Die Steganografie ist gewissermaßen eine Sammlung von Techniken, die dazu eingesetzt werden, um versteckt Botschaften zu übermitteln. Eine Art und Weise, wie dies gemacht wurde, war folgende: Man nahm dazu einen Menschen, genauer gesagt einen Sklaven, und rasierte seinen Kopf. Dann wurde die Botschaft, die es zu übermitteln galt, auf die Kopfhaut eintätowiert. Sobald die Haare wieder nachgewachsen waren, war die Botschaft nicht mehr zu sehen, und der Sklave konnte die verborgene Nachricht überbringen. In der damaligen Zeit lässt sich kaum etwas harmloseres oder weniger Auffälliges vorstellen als eine Reihe von Sklaven, die nur mit einem Lendenschutz bekleidet in der Gegend herumlaufen. Und selbst wenn sie aufgegriffen und untersucht würden, würde niemand die Botschaften entdecken können. Sobald der präparierte Sklave jedoch beim richtigen Adressaten angekommen war, wusste dieser was zu tun ist. Die Haare wurden schlicht wieder abrasiert und die Botschaft kam zum Vorschein.

Die Schwächen dieser Technik sind offensichtlich. Ein Sklave kann nur ein einziges Mal eingesetzt werden, um eine Botschaft zu übermitteln. Da ein Sklavenleben nichts wert war und sie in größerer Zahl verfügbar waren, stellte das kein unumgängliches Problem dar. Aber eine gewisse Einschränkung bedeutete dieser Umstand natürlich schon. Dazu gesellt sich ein weiteres Problem. Und zwar der Faktor Geschwindigkeit. Wenn es darum ging, eine dringende Botschaft zu übermitteln, eignete sich diese Technik ebenfalls nicht besonders, weil man schließlich warten musste, bis die Haare wieder gewachsen waren. Auch der Umfang der Nachricht, die übermittelt werden konnte, war durch die Fläche des rasierten Kopfes beschränkt. Dennoch handelte es sich damals um eine durchaus verbreitete und effektive Form, um versteckte Botschaften zu übermitteln.

Bestimmte Formen der Steganografie gibt es bis heute, und sie werden auch im Bereich der digitalen Übermittlung von geheimen Botschaften häufig verwendet. Beispielsweise lassen sich digitale Bilder nutzen, um darin Nachrichten zu verstecken. Anstatt Botschaften auf die Haut zu tätowieren, werden die Botschaften auf Pixel-Ebene in die Bilddaten eingeprägt. Man spricht in diesem Zusammenhang auch von sogenannten „digitalen Wasserzeichen". Diese können sowohl in Bilddaten als auch in Video- und Audiodateien oder Textdokumenten versteckt werden. Wer weiß, wo er danach suchen muss, wird auch diese versteckten Botschaften wieder zum Vorschein bringen können. Vor allem im Bereich der Spionage, wenn es also darum geht, unbemerkt Informationen außer Landes zu bringen, greifen Agenten gerne auf solche Mittel zurück. Niemand würde beim Anblick einer großen Menge von Urlaubsfotos auf der Festplatte eines Reisenden auf die Idee kommen, dass es sich hier um etwas Verdächtiges handelt.

In der Zeit um 500 v. Chr. gab es jedoch noch weitere Techniken, um geheime Nachrichten zu übermitteln. Eine davon ist bis heute bei Kindern immer noch sehr beliebt und könnte vor einem erstaunlichen Revival stehen: die unsichtbare Zaubertinte.

Neben vielen zivilisatorischen Errungenschaften ist das antike Rom auch für die zahllosen Verschwörungen, Morde, Intrigen und vergleichbare betrügerische Aktivitäten bekannt. Wenn es darum ging, die geheimen Pläne zu schmieden oder jemanden über eine geplante Aktion zu informieren, griff man gerne auf eine diese Technik aus dem Bereich der Steganografie zurück. Dazu brauchte man nicht mehr als eine Zitrone und ein Blatt Papier, beziehungsweise Pergament. Anstatt mit normaler Tinte schrieb man die geheimen Nachrichten einfach mit Zitronensaft – auch der Saft von Zwiebeln, Essig, Milch oder Urin lassen sich auf diese Weise verwenden. Sobald der Saft getrocknet ist, bleibt nichts davon übrig, außer einem Stück unbeschriebenen Papier. Das Geschriebene bleibt solange verborgen, bis man das Blatt beispielsweise über eine Kerze, Feuer oder eine andere Hitzequelle hält. Heutzutage funktioniert auch einfach ein Bügeleisen. Erst durch die Hitze wird die Geheimtinte sichtbar. Im Lauf der Geschichte wurden viele weitere unsichtbare Tinten entwickelt, die mit Hilfe von Säure oder UV-Licht sichtbar gemacht werden konnten. Auch wenn es sich heute

um keine weit verbreitete Methode zur Nachrichtenübermittlung handelt, wurden in den letzten Jahren immer
wieder Meldungen laut, dass Geheimdienste wie etwa der
chinesische an einer neuartigen Geheimtinte arbeiten, die
mit speziellen chemischen Verfahren sowohl sichtbar als
auch wieder unsichtbar gemacht werden können, aber
nicht auf Wärme oder UV-Licht reagieren. Eine erstaun-
liche Entwicklung, die aber durchaus sinnvoll ist. Gerade
im digitalen Zeitalter können solche Methoden wieder
interessant werden, die als längst vergessen oder über-
kommen gelten. Denn während alle Konzentration sich
auf die neuen, digitalen Übertragungswege richtet, geraten
die alten in Vergessenheit und könnten genau aus diesem
Grund unbemerkt eingesetzt werden. Schon alleine aufgrund der schieren Menge an Daten hat sich dieser Fokus
verschoben. Man versteckt heute praktisch Informationen
in der Masse, die in Gigabyte pro Sekunde übertragen
werden. Im Fall der neu entwickelten Tinte könnte jedoch
eine Packung Papiertaschentücher zum Träger geheimer
Botschaften werden und so unscheinbar daherkommen
wie vor zweieinhalbtausend Jahren ein paar Sklaven auf
dem Weg zum König.

Der heilige Gral der Steganografie

Eine Botschaft völlig unbemerkt zu übermitteln, ist
das höchste Ziel, das mithilfe der Steganografie erreicht
werden soll. Dieser Wunsch trieb die Erfindungskraft
der Menschen immer weiter an bei ihrer Suche nach
Methoden, um geheime Nachrichten zu übermitteln. Im
Zeitalter der Renaissance erfand der Universalgelehrte
Giambattista della Porta (1535–1615) gleich zwei verschiedene Techniken, mit deren Hilfe man Informationen

in Eiern verstecken konnte. Die erste Methode beschrieb er in seinem Werk „Magiae naturalis sive de miraculis rerum naturalium", das im Jahr 1558 erschien. Inzwischen wurde nachgewiesen, dass diese Methode tatsächlich von weiblichen Spioninnen in dieser Zeit angewendet wurde. Dass es zu dieser Zeit als unüblich galt, dass sich Frauen überhaupt politisch agierten, trug zu ihrer Tarnung bei. Dass sie jedoch so etwas Unauffälliges und Alltägliches wie Eier für Spionagezwecke benutzten, war geradezu genial. Um Nachrichten in den Eiern zu verstecken, mussten diese zunächst für einige Stunden in Essig eingeweicht werden. Dadurch wird die Schale weich und lässt sich vorsichtig mit einem Messer öffnen, um ein flach gefaltetes Papier in das Innere des Eis zu stecken. Danach legt man das Ei für einige Zeit in kaltes Wasser, wodurch die Schale wieder erhärtet. Danach sieht es aus wie ein gewöhnliches Ei. Legt man es in einen Korb neben viele andere Eier, unterscheidet es sich rein äußerlich in Nichts von den anderen. Damit das Geschriebene lesbar bleibt und vom flüssigen Eiweiß nicht verwischt wird, muss das Papier mit einer speziellen Tinte geschrieben werden. Della Porta empfiehlt dafür Eisengallustinte, die seit dem 3. Jahrhundert v. Chr. gebräuchlich ist und vorzugsweise in Verbindung mit Federn verwendet wird. Die zweite Technik von della Porta beschreibt er in seinem Werk „De furtivis literarum notis" aus dem Jahr 1563. Diese ist sehr viel einfacher und war entsprechend in der Zeit auch sehr viel stärker verbreitet. Die geheime Nachricht wird mit einer speziellen Tinte, die aus einem Gemisch von Alaun und Essig besteht, direkt auf die Schale eines gekochten Eis geschrieben. Danach können die noch sichtbaren Spuren auf der Außenseite entfernt werden, sodass scheinbar nicht mehr übrigbleibt als ein gekochtes Ei. Wird dieses jedoch geschält, gibt das Ei sein Geheimnis, also die Botschaft auf dem Eiweiß, frei.

Zwei Aspekte zeichnen die „Bio-Steganografie" aus, was sie so bedeutungsvoll und quasi zum heiligen Gral der geheimen Nachrichtenübertragung macht. Zum einen die Tatsache, dass jedes Ei aussieht wie das andere. Ganz gleich, ob es eine geheime Botschaft in sich trägt oder nicht. Die zweite Besonderheit hat mit der Unversehrtheit der Schale zu tun, wenn der Empfänger der Nachricht das Ei erhält. Denn er kann ohne jeden Zweifel wissen, dass die geheime Botschaft nicht abgefangen und/oder verfälscht wurde. Eine ähnliche Funktion übernimmt im Digitalen der Hashwert oder die Hashfunktion. Dabei wird einer bestimmten Datei oder Information ein eindeutiger numerischer Wert zugewiesen. Dazu werden die Inhalte aus einem Datensatz zunächst einem Schlüssel und dann einem kleineren Hashwert zugeordnet. Während die Schlüsselwerte unterschiedlich groß sein können wie beispielsweise die Worte „Steganografie", „Kunst" und „Löffelstil", bestehen die Hashwerte meist aus einer vorab festgelegten Zahlenfolge wie „01", „02" oder „03". Wie genau die Informationen zerteilt (engl. „to hash" bedeutet „zerhacken") werden, legt ein Algorithmus fest, der sog. Hash-Algorithmus oder auch Hashfunktion. Der Hashwert dient wie eine Art Fingerabdruck dazu, entweder die Echtheit einer Datei oder auch die Identität eines Absenders sicherzustellen. Die Hashwerte haben noch eine weitere, ganz praktische Funktion: Sie erleichtern das Suchen, weil sie eine Repräsentation der Inhalte darstellen. Gleichzeitig ist es so, dass die Hashwerte keinerlei Rückschlüsse auf die eigentlichen Inhalte zulassen.

Bis heute sind Alltagsgegenstände ein beliebtes Mittel von Agenten, um Informationen und Dokumente unbemerkt von A nach B zu befördern. Man denke beispielsweise nur an Edward Snowden, der 2013 durch Datenleaks die Überwachungstätigkeit der NSA öffentlich machte. Snowden verwendete einen zu den manipulierten Eiern ganz ähnlichen Trick. In seinen Memoiren erzählt er, dass er die Geheimdienstinformationen im Inneren von Zauberwürfeln (Rubik's Cube) an den Sicherheitsleuten vorbeischmuggelte. Dazu verschenkte er ein paar Wochen zuvor allen seinen Kollegen einen Rubik's Cube, die seitdem überall zu sehen waren und für die Wachen an der Schleuse zu den normalsten Dingen gehörten, die sie täglich sahen. Die entwendeten Daten speicherte Snowden auf kleinen Micro-SD-Karten, die leicht unter die Farbaufkleber der Zauberwürfel passten. Rein äußerlich sah jedoch ein Würfel aus wie der andere. Snowden gelang es also, mit einem jahrhundertealten Trick einen der größten Überwachungsskandale unserer Zeit aufzudecken.

In der Geschichte gab es noch viele weitere, trickreiche Erfindungen, um Botschaften versteckt zu übermitteln – doppelte Böden oder versteckte Fächer in Briefumschlägen oder Paketen, hohle Absätze in Schuhen oder Mikrofilme. Die Verfahren zum Verstecken von Botschaften haben jedoch ein gravierendes Problem: Sobald einmal bekannt ist, wie die Nachrichten verborgen werden, funktioniert der Trick nicht mehr. Darum lässt sich die Geschichte der Techniken zur geheimen Kommunikation nicht ohne die Kryptografie erzählen.

Die antiken Anfänge der Kryptografie

Die bislang beschriebenen Verfahren gehören zu der Reihe von Methoden, die der Steganografie zugeordnet werden. Wie gezeigt, ist das Entdecktwerden dabei die größte Gefahr und auch die eklatanteste Schwäche dieser Form der geheimen Nachrichtenübermittlung. Was wäre aber, wenn es gar kein Problem wäre, wenn die Nachricht entdeckt wird, weil niemand sie lesen kann? Was, wenn auf

dem rasierten Kopf stünde ‚oder die abgefangene Nachricht in Geheimtinte nur offenbarte: „Siebe zwei Wochen
nur Suppe beim Neumond". Mit rätselhaften Botschaften
wie diesen kommen wir zur Geschichte einer weiteren
Methode, mit der sensible Nachrichten bis heute sicher
übertragen werden: der Kryptografie. Auch die Kryptografie verfolgt das Ziel, etwas zu verbergen (das griechische
Wort *kryptos* bedeutet „verborgen"). Im Gegensatz zur
Steganografie, bei der die Existenz der Nachricht selbst
verborgen wird, geht es bei der Kryptografie um das
Verbergen des Sinns der Botschaft selbst. Während die
Steganografie schlicht und ergreifend auf einen Effekt aus-
gerichtet ist, nämlich dass Außenstehende gar nicht erst
mitbekommen sollen, dass zwei Kommunikationspartner
miteinander kommunizieren, spielt es bei der Kryptografie so lange gar keine Rolle, ob jemand mithört oder
liest, solange es dieser Person nicht gelingt, die eigentliche Botschaft zu entschlüsseln. Die wohl spannendste
Geschichte und vielleicht auch das bekannteste Beispiel
außerhalb der Expertenszene, das es in diesem Zusammenhang zu erzählen gibt, ist sicherlich das der Verschlüsselungsmaschine namens *Enigma,* die im Zweiten
Weltkrieg aufseiten der Nazis zum Einsatz kam. Um das
Verschlüsselungsprinzip der Enigma zu verstehen und
um die weitreichende Bedeutung der Geschichte der Entschlüsselung einordnen zu können, blicken wir an dieser
Stelle erst einmal auf die Anfänge der Kryptografie. Die
Geschichte der Verschlüsselung beginnt im Grunde schon
mit der Erfindung der Schrift. Schon bei den ältesten
Schriftkulturen, die wir kennen, lassen sich die ersten Versuche nachweisen, Bedeutungen in Texten zu verstecken
oder versteckte Bedeutungen zu entschlüsseln. Eingebettet
im religiös-mystischen Kontext finden sich beispielsweise
in der kabbalistischen Tradition die „Atbatsch-Methode",
mit der versucht wurde, versteckt gelaunte Bedeutungen

aus den heiligen Texten herauszulesen. Dabei wurden die Buchstaben des hebräischen Alphabets nach einem festen System miteinander ausgetauscht: der erste mit dem letzten, der zweite mit dem vorletzten, und so weiter. Daher rührt auch der Name der Methode. Der erste Buchstabe heißt „Aleph", der letzte „Taw", der zweite „Beth" und der vorletzte „Schin". Durch dieses Spiel mit den vertauschten Buchstaben sollten verborgene Bedeutungen in den Wörtern zum Vorschein gebracht werden. Gleichzeitig erhielt man dadurch eine Methode, um die Bedeutung in jedem beliebigen Texte zu verbergen.

Wie das konkret Anwendung finden kann, lässt sich veranschaulichen, wenn wir dazu noch einmal kurz zu Pheidippides, den ersten Marathonläufer, zurückkehren. Bereits weiter oben haben wir diese Figur zum Anlass genommen, um darüber nachzudenken, wie er seine Kommunikationssituation hätte verbessern können. Neben dem einfachen Verbergen seiner Botschaften mit den Techniken der Steganografie, hätte er auch eine verschlüsselte Nachricht übermitteln können. Der Vorteil: Selbst, wenn er abgefangen worden wäre, hätte niemand außer der Empfänger etwas mit der Nachricht anfangen können. Ja, nicht einmal er selbst hätte verstanden, was der Sinn der Botschaft wäre, die er mit sich trägt.

Um die verschiedenen kryptografischen Verfahren einordnen zu können, ist zunächst einmal festzustellen, dass es prinzipiell zwei verschiedene Möglichkeiten gibt, um geschriebene Nachrichten zu verschlüsseln: die Transposition und die Substitution. Wenden wir uns erst der Transposition zu. Bei dieser Form der Verschlüsselung werden die Zeichen in einem Wort oder innerhalb eines Satzes nach einem bestimmten Prinzip vertauscht, sodass das Ergebnis am Ende wie ein verwürfelter Buchstabensalat aussieht. Nehmen wir das einfache Wort *und*, dann lässt sich dieses auch wie folgt kombinieren: *dnu, dun, nud, ndu* sowie *udn*. Je mehr Zeichen beziehungsweise Buchstaben im Klartext vorhanden sind, desto größer wird die Anzahl an Permutationen. Um auf diese Weise verschlüsselte Nachrichten wieder zu entschlüsseln, müssen sich Sender und Empfänger im Vorfeld absprechen, mit welcher Prozedur der Klartext verschlüsselt wird. Ein systematisches Verfahren der Transposition erhält man beispielsweise, indem man immer zwei aufeinander folgende Buchstaben miteinander vertauscht. Aus dem Wort *Transposition* wird dann *Rtnapssotioin*. Der Kreativität sind hier keine Grenzen gesetzt und die Variationsmöglichkeiten sind so groß, dass am Ende ein Ergebnis auf dem Papier steht, in dem zwar alle Buchstaben des Klartextes – also der ursprünglichen Botschaft – noch vorhanden, aber dennoch unlesbar sind. Eine andere Methode der Transposition finden wir im antiken Griechenland.

Wenige Jahrzehnte, nachdem Pheidippides nach Sparta gelaufen war, um den Bündnispartner um Hilfe beim Krieg gegen die Perser zu bitten, lagen Athen und Sparta im Krieg miteinander. Der sogenannte Peloponnesische Krieg, der von 431 v. Chr. bis 404 v. Chr. dauerte und mit dem Sieg der Spartaner endete, ist auch für die Geschichte der Kryptografie interessant. Denn durch Funde und Berichte des griechischen Historikers Plutarch ist bekannt, dass die Spartaner in dieser Zeit eine Verschlüsselungstechnik entwickelt und erfolgreich in diesem Krieg eingesetzt haben. Diese Erfindung gilt als das älteste militärische Verschlüsselungsverfahren. Sender und Empfänger brauchten dazu lediglich einen Holzstab, der jeweils denselben Durchmesser hatte, Skytale genannt (von griechisch *skytálē* für „Stock" oder „Stab"). Die zu übermittelnde Nachricht wurde auf ein langes Lederband oder auch Pergament geschrieben. Wem es in die Hände fiel, fand darauf nur aneinandergereihte Buchstaben, die keinerlei Sinn ergaben. Wer jedoch im Besitz des entsprechenden Stabes war, konnte das Lederband wendelförmig um diesen herumwickeln, wodurch die Buchstaben sinnvoll aneinandergereiht wurden und der Klartext nach und nach die Worte lesbar wurde.

Ohne technische Hilfe, wie wir sie heutzutage etwa durch moderne Computer zur Verfügung haben, sind Nachrichten, die mithilfe von Transposition verschlüsselt wurden, nur sehr schwer zu knacken – wenngleich es nicht unmöglich ist, wie später noch erläutert wird. Besonders in der damaligen Zeit stellten sie demnach ein hochgradiges Maß an Sicherheit dar. Im Zuge des Peloponnesischen Krieges wurde darum genau diese Technik verwendet, um sensible Informationen zu übermitteln. Als etwa Persien einen Angriff auf Sparta vorbereitete und dies von Spionen entdeckt wurde, schickten sie eiligst fünf Boten mit dieser Nachricht nach Sparta, um vor dem drohenden Angriff zu warnen. Die Boten verwandten sogar noch einen weiteren Kniff aus dem Bereich der Steganografie und banden sich die Lederbänder mit der Schrift nach innen gewendet als Gürtel um den Bauch, sodass von außen gar nicht erkennbar war, was sie da mit sich trugen. Der Legende nach kam sogar nur einer der fünf Boten an und überreichte dem spartanischen Feldherrn Lysander seinen Gürtel. Nachdem Lysander diesen um seine Skytale wickelte und so von dem bevorstehenden Angriff erfuhr, konnte er sofort Gegenmaßnahmen einleiten, mit denen es den Spartanern tatsächlich gelang, den Überfall Persiens abzuwehren.

Die Cäsar-Verschiebung

Kommen wir nun zu der anderen Kategorie der Kryptografie: der Substitution. Wörtlich übersetzt handelt es sich um Verfahren, bei denen etwas „ersetzt" wird.

Anstatt die Buchstaben des Klartextes also neu anzuordnen, tauchen im verschlüsselten Text ganz andere Buchstaben auf. Eine einfache Art und Weise, um das zu erreichen, wäre, im Alphabet immer einen Buchstaben weiterzugehen. Anstatt *und* stünde dann in einem nach dem Prinzip der Substitution verschlüsselten Text: *voe*. Um zu demonstrieren und zu verstehen, wie mächtig dieses Verfahren der Kryptografie ist, müssen wir zunächst wieder in die Geschichte zurückspringen. Genauer gesagt bleiben wir im antiken Rom und tauchen in die Welt der Gallier und Römer ein. Eine der ersten substituierenden Verschlüsselungstechniken stammt nämlich von niemand geringerem als dem römischen Staatsmann und Feldherrn Gaius Julius Cäsar. Cäsar interessierte sich leidenschaftlich für Geheimschriften und die Verschlüsselung von Botschaften und verwendete sie häufig. Seine Motivation war klar: Weder unbefugte Dritte innerhalb des Reichs noch der Feind, in diesem Fall die Gallier, sollten mit den Nachrichten etwas anzufangen wissen. Nach ihm wurde die sogenannte „Cäsar-Chiffre", „Cäsar-Verschiebung" oder auch „Cäsar-Verschlüsselung" benannt, die der spätere römische Kaiser nutzte, um in verschlüsselten Botschaften mit seinen Heerführern zu kommunizieren. Die Cäsar-Verschiebung ist ein vergleichsweise einfaches Verschlüsselungsverfahren, bei dem alle Buchstaben aus dem Alphabet, mit dem der Klartext verfasst ist (das sogenannte „Klartext-Alphabet"), mit Buchstaben aus einem neuen Alphabet ersetzt werden, in denen der Geheimtext verfasst wird („Geheimtext-Alphabet"). Cäsar verwendete beispielsweise ein Alphabet, bei dem alle Buchstaben um drei Stellen nach rechts verschoben wurden. Zur Veranschaulichung sind hier zunächst beide Alphabete übereinander dargestellt:

Klartext-Alphabet	a b c d e f g h i j k l m n o p q r s t
	u v w x y z
Geheimtext-Alphabet	d e f g h i j k l m n o p q r s t u v
	w x y z a b c

Aus *und* wird *xqg;* oder aus *Angriff am Morgen* wird *Dqkumii dp Prukhq*. Wer nicht wusste, nach welcher Logik die Buchstaben des Klartextes ersetzt wurden, hatte keine Möglichkeit, den Geheimtext zu lesen. Und auch wenn es ohne Zuhilfenahme von technischen Geräten möglich ist, Mitteilungen zu ver- und entschlüsseln, wurden im Lauf der Jahrhunderte, in denen die Cäsar-Verschiebung verwendet wurde, Geräte entwickelt, die das Verfassen und Lesen von geheimen Botschaften vereinfachten. Die sogenannte Chiffrierscheibe, die aus zwei drehbaren Scheiben bestand, auf denen jeweils ein Alphabet eingeprägt war, vereinfachte den Vorgang erheblich.

Auch wenn die Cäsar-Verschiebung lange Zeit erfolgreich eingesetzt wurde, um Nachrichten zu verschlüsseln, handelt es sich um kein besonders sicheres kryptografisches Verfahren. Hat man den Mechanismus einmal verstanden, genügen maximal 25 Versuche, um den Code zu knacken. Die Cäsar-Verschiebung gilt darum heute längst als nicht mehr sicher. Ein Computer würde weniger als eine Sekunde benötigen, um eine solche Aufgabe zu lösen.

Doch mit der Zeit konnte dieses Verschlüsselungsverfahren mit recht einfachen Mitteln geknackt werden. Nicht erst in der Neuzeit wurden darum neuere und sehr viel komplexere Verfahren entwickelt, um Texte zu verschlüsseln. Mit der Cäsar-Verschiebung lassen sich wie gesagt lediglich 25 Geheimtext-Alphabete erstellen. Ganz anders sieht es aus, wenn anstatt einer linearen

Verschiebung, ein Geheimtext-Alphabet durch die zufällige Neukombination aller Buchstaben erzeugt wird.

Klartext-Alphabet: a b c d e f g h i j k l m n o p q r s t u v w x y z

Geheimtext-Alphabet: k c x e i o y z a n t l b m u d r w v f j p g h q s

Eine unglaubliche Zahl von 400 000 000 000 000 000 000 000 000 Rekombinationen der Buchstaben des Alphabets ist auf diese Art und Weise möglich. Nur wer im Besitz des Geheimtext-Alphabets ist, ist dazu in der Lage, damit verschlüsselte Texte zu lesen. Cäsar selbst griff während des Gallischen Krieges auf Geheimtext-Alphabete zurück, bei der alle Buchstaben des Klartext-Alphabets mit denen eines anderen, nämlich des griechischen, ersetzt wurden. Solche Verschlüsselungsmethoden, wie sie Cäsar erfand und benutzte, wie in diesem Fall das Ersetzen der Buchstaben des Klartext-Alphabets mit den Buchstaben eines anderen Alphabets, nennt man auch „Algorithmus". Der „Schlüssel", der zum Verschlüsseln und Entschlüsseln von Nachrichten nötig ist, besteht in der genauen Festlegung, wie viele Stellen im Alphabet verschoben werden. Wenn heute von Ende-zu-Ende-Verschlüsselung die Rede ist, zum Beispiel bei Chat-Apps, dann ist genau das gemeint. Jeder Teilnehmer verfügt über den Schlüssel, der die Nachrichten, die versandt werden, wieder entschlüsseln kann. Jeder, der sie zwischendurch abfangen würde, könnte nur ein Kauderwelsch lesen.

Wie wichtig verschlüsselte Nachrichten im Bereich der militärischen Kommunikation sind, zeigt auf tragische Weise der jüngste Krieg zwischen Russland und der Ukraine. Immer wieder hört man von Berichten, dass die russische Kommunikation über unverschlüsselte Kanäle stattfindet und einfach abgehört werden kann.

Heutzutage kommt noch erschwerend hinzu, dass sich eine Positionsbestimmung durchführen lässt, die den Sender eindeutig entlarven. Solche Nachrichten sind demnach stets unter Vorbehalt zu betrachten, da jeder Krieg immer auch ein Informationskrieg ist. Die wahren Hintergründe und Fakten werden ohnehin meist erst im Rahmen der Aufarbeitung nach ein paar Jahren und manchmal auch Jahrzehnten aufgedeckt. Daher ist es einfacher, historisch länger zurückliegende Beispiele heranzuziehen, da diese bereits mehrfach analysiert wurden. Aktuelle Ereignisse sind in der Regel geprägt von falschen Informationen, Täuschungen, Listen und auch Propaganda – sind also nur mit großer Vorsicht zu genießen. Ob und was an Meldungen dran ist, sollte darum immer hinterfragt werden. Gleichzeitig könnte es sich bei der unverschlüsselten Kommunikation auch um ein Täuschungsmanöver handeln, mit dem gezielt Falschinformationen an die gegnerische Seite übertragen werden soll. Dennoch mehren sich solche Aussagen von Augenzeugen, nach denen die abgefangenen Nachrichten tatsächlich dazu genutzt wurden, um den Standort der russischen Angreifer auszumachen und diese gezielt anzugreifen. Dieses Beispiel zeigt, warum erfolgreiche Feldherren wie schon Cäsar auf verschlüsselte Nachrichtenübermittlung gesetzt haben. Aus der Geschichte lässt sich aber noch sehr viel mehr lernen.

Die orientalischen Anfänge der Kryptoanalyse

Die Geschichte der Verschlüsselung ließe sich ohne die Geschichte der Entschlüsselung nicht erzählen. Beim Verschlüsseln und Entschlüsseln handelt es sich um ein ewiges Wettrennen. Manchmal hat die eine und dann wieder die andere Seite die Nase vorn. Auf beiden Seiten werden immer wieder neue Methoden und Techniken entwickelt, um selbst wieder einen Vorsprung zu haben. Daher ist die Ver- bzw. Entschlüsselung nach „heutiger, modernster Technik" immer nur so lange sicher, bis dieser Standard von der nächsten Technik geknackt wird und die andere Seite wieder mit Verbessern an der Reihe ist. Kehren wir darum noch einmal kurz zum Ursprung der Verschlüsselung zurück. Denn die Cäsar-Verschlüsselung markiert nicht mehr und nicht weniger als nur den Anfangspunkt einer langen Entwicklung, die über viele Jahrhunderte andauerte und noch immer andauert. Ein einfaches, zutiefst menschliches Motiv trieb die Fortschreibung dieser Geschichte voran: der Wille zu siegen bzw. der Wille letztlich zu überleben. Denn um nichts weniger ging es Cäsar mit seiner Vorliebe zu ver-schlüsselten Nachrichten. Der Informationsvorsprung entscheidet zumindest im Krieg über Sieg und Niederlage oder über Leben und Tod.

Eine ganze Weile schien es so, als wäre mit dem voll-ständig randomisierten Geheimtext-Alphabet ein Weg gefunden worden, um Nachrichten mit einem schier unknackbaren System zu verschlüsseln. Ver-schlüsselte Nachrichten haben jedoch im Vergleich zu mit steganografischen Methoden versteckten Bot-schaften einen ganz entscheidenden Nachteil: Man sieht ihnen sofort an, dass es sich um verschlüsselte Texte handelt. Und schon lange bevor es Hochleistungs-rechner gab, die zum Entschlüsseln von Chiffren genutzt werden können, setzten sich kluge Köpfe daran, Geheim-schriften zu entschlüsseln. Und just in dem Moment, in dem man glaubte, eine sichere Methode gefunden zu haben, gelang einer Reihe von Gelehrten aus dem Orient das scheinbar Unmögliche. Um zu verstehen, wie das gelang – und wie bis heute verschlüsselte Nachrichten geknackt werden – müssen wir einen Ausflug in die Blütezeit der islamisch-arabischen Kultur machen. Dass gerade hier die Kryptoanalyse erfunden wurde, ist alles andere als ein Zufall. Denn während des Kalifats der Abbasiden, das etwa 750 n. Chr. rund um Bagdad entstand und bis ca. 1250 Bestand hatte, florierten gleichermaßen die Künste und die Kultur, die Wissenschaft und Forschung sowie die Religion. Auch wenn es oft und gern vergessen wird, aber die Auswirkungen dieses goldenen Zeitalters der arabischen Kultur lassen sich bis heute in der abendländischen Kultur und Geschichte nachweisen. Viele Errungenschaften und Überlieferungen im Bereich der Medizin verdanken wir dieser Phase der orientalischen Geschichte. Der Umstand, dass wir beispielsweise in der Mathematik das arabische Zahlensystem und nicht etwa das römische verwenden, hat hier seinen historischen Grund. Begriffe wie Algebra und die damit verbundenen Methoden stammen aus dieser Zeit und der arabischen Sprache. Auch in vielen anderen Bereichen führen die Spuren hierher: Die Schriften von Aristoteles kennen wir beispielsweise nur, weil arabische Übersetzer seine Gedanken bewahrten und überlieferten.

Texte wurden aber nicht nur kopiert und in Bibliotheken aufbewahrt, sondern auch studiert und wissenschaftlich analysiert. Für die Entstehung der Kryptoanalyse war die Kombination von mehreren Disziplinen notwendig: der Mathematik, der Theologie und der Linguistik, also der wissenschaftlichen Untersuchung von Texten, allen voran von religiösen Schriften wie dem Koran. Die heilige Schrift des Islams geht bekanntlich auf die göttliche Offenbarung zurück, die der Prophet Mohammed erhalten hat. Allerdings sind die Suren und Verse, aus denen der Koran besteht, nicht etwa chronologisch oder nach bestimmten Inhalten angeordnet, sondern ihrer Länge nach sortiert, wobei die längste Sure am Anfang steht. Die Gelehrten interessierten sich nun damals dafür, welche Aussagen Gottes dem Propheten Mohammed aber wohl als erstes mitgeteilt wurden. Um das herauszufinden, analysierten sie jedes Wort, ja, jedes kleinste Zeichen und jeden Buchstaben so genau, wie es nur möglich war. Sie verglichen den Text des Korans mit anderen Aussagen und Sprüchen, die von Mohammed überliefert sind, und mit anderen Texten unterschiedlichen Alters. Dabei fiel ihnen beispielsweise auf, dass bestimmte Wörter in bestimmten Texten häufiger vorkommen als andere; dass manche Begriffe erst zu einer späteren Zeit erfunden oder verwendet wurden; und es fiel ihnen auf, dass nicht alle Buchstaben der arabischen Sprache gleich häufig verwendet werden. Mit diesen Indizien wurde nun einerseits versucht, den Koran zu historisieren (Analyse der zeitlichen und inhaltlichen Entstehung) und das Wort Gottes besser zu verstehen. Andererseits entstand damit ein linguistisches Wissen, dass die Gelehrten zu ganz anderen Dingen befähigte. Sie konnten damit unter anderem einzelnen Autoren bestimmte Stile zuordnen, indem sie persönliche sprachliche Vorlieben analysierten. Gleichzeitig legten sie damit die Grundlage für die Decodierung von verschlüsselten Texten. Eine der ältesten Abhandlungen zur Kryptoanalyse stammt vom Theologen und Philosophen Abu al-Kindi aus dem neunten Jahrhundert. In seiner *Abhandlung über die Entzifferung kryptographischer Botschaften* findet sich unter anderem die Grundlage der sogenannten „statistischen Häufigkeitsanalyse":

„Eine Möglichkeit, eine verschlüsselte Botschaft zu entziffern, vorausgesetzt, wir kennen ihre Sprache, besteht darin, einen anderen Klartext in derselben Sprache zu finden, der lang genug ist, um ein oder zwei Blätter zu füllen, und dann zu zählen, wie oft jeder Buchstabe vorkommt. Wir nennen den häufigsten Buchstaben den «ersten», den zweithäufigsten den «zweiten», den folgenden den «dritten» und so weiter, bis wir alle Buchstaben in der Klartextprobe durchgezählt haben. Dann betrachten wir den Geheimtext, den wir entschlüsseln wollen, und ordnen auch seine Symbole. Wir finden das häufigste Symbol und geben ihm die Gestalt des «ersten» Buchstabens der Klartextprobe, das zweithäufigste Symbol wird zum «zweiten» Buchstaben, das dritthäufigste zum «dritten» Buchstaben und so weiter, bis wir alle Symbole des Kryptogramms, das wir entschlüsseln wollen, auf diese Weise zugeordnet haben.“

Für die statistische Häufigkeitsanalyse brauchen wir also eine hinreichende Menge an Text – ein Umstand, der später im Zusammenhang mit der Enigma von großer Bedeutung sein wird – wir müssen wissen, in welcher Sprache der Klartext verfasst ist, und brauchen einen geeigneten Referenz-Text, über den wir bestimmen können, wie häufig bestimmte Buchstaben vorkommen. Im Fall des Deutschen ist es beispielsweise so, dass der Buchstabe „e“ am häufigsten vorkommt, danach folgen das „n“, das „i“ und dann das „s“. Mit dieser einfachen und eleganten Methode mussten nicht länger 400 000 000 000 000 000 000 000 000 Geheimtext-Alphabete durchprobiert werden, bis man zufällig das richtige gefunden hatte. Es genügte, die Häufigkeit der Buchstaben zu analysieren, bis man ein paar der verschlüsselten Wörter entziffert hatte.

Während die islamische Welt ihr goldenes Zeitalter erlebte, versank der europäische Kontinent gerade im Mittelalter. Nach Innovationen im Bereich der Kryptografie und Kryptoanalyse muss man hier nicht lange suchen. Erst in der Renaissance erstarkte das Interesse am Thema Verschlüsselung. Denn zu dieser Zeit konkurrierten zahlreiche Fürstentümer und

Adelsgeschlechter miteinander um die Macht. Die Folge war nicht nur ein reger Austausch auf diplomatischer Ebene, sondern – wie so häufig – Machtkämpfe, Intrigen und Komplotte. Man war also gut beraten, die Botschaften, die von Hof zu Hof oder zu anderen Stadtstaaten getragen wurden, zu verschlüsseln. Von einer gewissen Bedeutung ist in diesem Zusammenhang die Entwicklung der Chiffrierscheibe von Leon Battista Alberti, einem italienischen Universalgelehrten, der von 1404–1472 lebte. Dabei handelt es sich um zwei Metallscheiben, auf denen sich jeweils ein Alphabet oder andere Zeichen befinden und die gegeneinander verschoben werden können. Je nach Stellung der beiden Scheiben ergibt sich eine Kombination von Klartext- und Geheimtext-Alphabet. Albertis Erfindung machte die Verschlüsselung von Botschaften sehr viel praktikabler, wenngleich nicht unbedingt besser.

Seit dieser Zeit lässt sich ein zunehmendes Interesse an der Kryptografie feststellen. So wie sich auch die Kirche solcher Leute bediente, gehörten kryptografische Angestellte im Staatsdienst schon bald zum Standard. Sobald die Kryptoanalyse jedoch ihren Weg von der arabischen Welt nach Europa gefunden hatte, ging allerdings das kryptografische Wettrüsten los. Albertis Erfindung markiert dabei lediglich den Startpunkt der technischen Chiffrierung und Dechiffrierung, dem sich bald methodische Neuerungen zur Seite stellten. Denn über die einfache Mechanik der Scheiben kamen als Neuerung nur bislang unübliche Zeichen und Symbole auf der Seite des Geheimtext-Alphabetes zusätzlich zum Einsatz. Doch hielt diese Entwicklung den Methoden der statistischen Häufigkeitsanalyse nichts Wirkliches entgegen. Dies änderte sich erst, als ein paar einfache Tricks zum Einsatz kamen, um die Statistiker hinters Licht zu führen. Dazu wurden in den verschlüsselten Text einfach wahllos Zeichen eingefügt, von denen der Empfänger wusste, dass sie keine Bedeutung hatten. Jemand, der die verschlüsselte Nachricht abgefangen hatte und versuchte, sie mithilfe der Häufigkeitsanalyse zu entschlüsseln, hatte keine Ahnung, welche Zeichen Bedeutung hatten und welche nicht. Ebenso einfach und effektiv war es, Wörter einfach falsch zu schreiben. Auch damit erschwerte man den Codeknackern und Dechiffrierern das Handwerk, weil sich auch dadurch die Häufigkeiten änderten.

In den kommenden Jahrhunderten lieferten sich Kryptografen und Kryptoanalytiker geradezu filmreife Schlachten: Der Vatikan war dabei ohne Zweifel das Zentrum der Macht der damaligen Zeit. Kein Wunder also, dass gerade hier das Interesse an Kryptografie und Kryptoanalyse besonders hoch war. Schnell wurde der Vatikan zu einer Hochburg der Kryptografie und beschäftigte zahlreiche Kryptografen – allen voran Giovanni Battista Argenti und Matteo Argenti, die von 1585–1591 bzw. von 1591–1606 im päpstlichen Dienst für die Entwicklung von Geheimschriften zuständig waren. Ihre Expertise ist in dieser Zeit beispiellos und Informatiker, Linguisten und Historiker arbeiten bis heute daran, das immense Konvolut an verschlüsselten Nachrichten, die sich seit dem 16. Jahrhundert im Geheimarchiv des Vatikans (heute heißt es: Vatikanisches Apostolisches Archiv) zu stapeln begannen, zu entschlüsseln. Vor allem die päpstlichen Briefwechsel und die sogenannten Nuntiaturdepeschen (also die „Amtsnachrichten") wurden mit den von den Albertis erdachten Chiffren verschlüsselt. Um eine Vorstellung davon zu bekommen, wie die Dokumente in den Geheimarchiven des Vatikans aussehen, sei hier der Anfang eines bereits entzifferten Briefs wiedergegeben:

72 40 16 26 22 50 40 26 44 40 92 36 40 26 22 14 26
36 62 12 46 22 44 40 72 30 18 44 52 40 50 28 72 36 62

32 82 92 14 72 22 72 32 22 62 42 82 34 22 30 72 16 34
92 20 26 22 18 26 66 28 30 92 44 40 26 30 72 22 26 72
24 92 42 26 52 20 28 44 72 52 44 36 64 40...

Solche Zahlenreihen erstreckten sich zum Teil über viele Seiten. Die Kryptografen des Papstes haben gleich mehrere Kniffe angewendet, um das Entschlüsseln der Texte zu erschweren. Zum einen repräsentieren nicht alle Zahlen Klartext-Zeichen. Manche sind einfach zu Füllzwecken da und um die Statistik zu verfälschen. Zum anderen wurden häufige Wörter wie „und" oder „der/die/das" durch mehrere unterschiedliche Zahlen verschlüsselt. Und nicht zuletzt macht besonders eine Neuerung das Knacken der Codes bis heute zu einem schier unlösbaren Unterfangen.

Chiffre vs. Code: Die geheimen Nachrichten der Päpste

Wenn sich auch vieles im Lauf der Jahrhunderte verändert hat, eines war und ist immer gleich: Die Geheimnisse der Päpste sollen besonders gründlich bewahrt werden. Etwas aufwendiger, aber dafür umso wirkungsvoller war da schon die Einführung von Codes. Bislang ging es um Verschlüsselungsmethoden, bei denen der Klartext mit Zeichen eines Geheimtext-Alphabets ersetzt wurden. Sieht man einmal von dem eben genannten Trick ab, bei dem zusätzliche, bedeutungslose Zeichen in den Text eingestreut werden, dann hat der Klartext stets so viele Zeichen wie der Geheimtext. All diese Systeme zur Verschlüsselung werden auch Chiffre genannt. Texte lassen sich aber nicht nur verschlüsseln, indem man sie chiffriert, sondern auch, indem man sie codiert. Ähnlich wie im Fall der beiden Begriffe Taktik und Strategie, gibt es auch bei Code und Chiffre einen grundlegenden Unterschied. Heute werden die Begriffe Chiffre und

Code häufig synonym gebraucht – genauer gesagt, hat das das Wort Code in vielen Fällen die Chiffre ersetzt. Der Begriff Chiffre scheint in der heutigen Sprache etwas aus der Mode gekommen zu sein und das modernere Code ist schlicht an seine Stelle getreten. Schließlich spricht man auch beim Programmieren vom „Coden" und von Zugangscode oder Passcode. Auch werden Kryptoanalytiker und Hacker umgangssprachlich manchmal als Codeknacker bezeichnet.

Wenn aber ein Wort im ursprünglichen Sinn der Wortbedeutung codiert wird, dann wird es durch etwas anderes ersetzt: einen Code. Der geheime Code hat dadurch am Ende nicht mehr unbedingt dieselbe Anzahl von Zeichen wie der Klartext. Sender und Empfänger können beispielsweise vereinbaren, dass „A" für das Wort „Taxi" steht, „33" für „fahren", „v1" für „München" und so weiter. Der Satz „Fahre mit dem Taxi nach München" würde im Geheimcode „33 mit dem A nach v1" lauten. Würde dieser Satz verschlüsselt werden, könnten nicht nur statistische Methoden zu keinem sinnvollen Ergebnis mehr führen – selbst wenn es gelänge, den Text zu entschlüsseln, würde man nicht verstehen, was damit gemeint ist. Nur wer im Besitz eines Wörterbuchs ist, in dem alle codierten Begriffe stehen, könnte den eigentlichen Sinn entziffern. Die Stärken und Schwächen bei der Verwendung von Codes sind offensichtlich. Nur wer im Besitz von Code-Tabellen oder -Büchern ist, in denen alle Codes verzeichnet sind, wäre dazu in der Lage, die geheimen Inhalte ganz und gar zu verstehen. Bücher oder Notizen bringen immer das Risiko mit sich, dass sie gestohlen werden können, dass man sie verliert, sie verbrennen oder aus anderen Gründen unlesbar werden. Gleichzeitig bringt die Methode aber auch Vorteile, weil sich durch die Verwendung von Codes die Anzahl der verwendeten Zeichen zwischen Klartext und Geheimtext verändert. Dadurch wird es erheblich schwieriger, die geheimen Texte durch die statistische Häufigkeitsanalyse zu entschlüsseln.

Auch übertragen auf die heutige Zeit ist zu überlegen, welche Vor- und Nachteile die Verwendung von Codes mit sich bringt. Die Risiken, die mit der Verwendung von Büchern, Tabellen oder Heften einhergehen, sind dieselben wie zu früheren Zeiten. Wenn nur zwei Menschen sich über ein Thema, das nicht allzu komplex ist, austauschen möchten, können sie auch Codes miteinander besprechen und sich diese einfach merken. Das menschliche Gedächtnis bringt aber seine ganz eigenen Tücken mit sich, sodass das Erinnerungsvermögen nicht die beste Alternative ist. Gleichzeitig gilt: Je größer das Netzwerk ist, das sich mithilfe dieser Methode austauschen möchte, desto größer ist die Gefahr, dass es zu Missverständnissen und anderen Störungen kommt oder die geheimen Codes über andere Wege nach außen dringen. Geschieht dies auch nur einmal, sind alle Codes nutzlos und müssten durch neue ersetzt werden. Sind die Kommunikationspartner räumlich getrennt, kann dies eine geraume Zeit in Anspruch nehmen, bis ein neuer geheimer Kommunikationskanal etabliert ist. Bei papierbasierten Datenträgern wie Büchern wirkt sich die Menge der dort gespeicherten Codes zudem schnell auf den Umfang und das Gewicht aus. Und auch die digitale Speicherung von Code-Büchern bringt hier nicht die Lösung aller Probleme. Digitale Code-Bücher können gehackt und kompromittiert werden oder auf andere Weise verloren gehen. Insofern ist es nicht verwunderlich, wenn diese Methode heute kaum oder zumindest nur sehr selten Anwendung findet. Schon seit dem 16. Jahrhundert ist die Verwendung von Code-Büchern rückläufig.

Im Zusammenhang mit der Entschlüsselung der Enigma-Verschlüsselung wird gleich noch einmal verständlich werden, warum die Verwendung von Code-Büchern sich nicht in der Breite durchgesetzt hat. Wie wichtig eine ausreichende Verschlüsselung ist und was passiert, wenn man sich zu sicher ist, dass niemand die geheimen Nachrichten mitliest, belegt kaum etwas so eindrücklich wie das Schicksal von Maria Stuart.

Politiker aufgepasst: Das Drama um die verschlüsselten Briefe von Maria Stuart

Eines hat die bislang geschilderte historische Entwicklung klar gemacht: Der Bedarf nach einer wirklich sicheren Verschlüsselung stieg immer weiter an. Staatsgeheimnisse, militärisches Vorgehen, aber auch Komplotte und zum Teil staatstragende Intrigen wurden mithilfe von verschlüsselten Nachrichten übermittelt und durchgeführt. Wie sehr es bei verschlüsselten Botschaften um Leben und Tod gehen kann, belegt auch die tragische Geschichte von Maria Stuart.

Für alle, die sich nicht mehr an den Schulunterricht oder Friedrich Schillers Theaterstück *Maria Stuart* zurückerinnern, hier eine kurze Rückblende auf ihr Schicksal: Ohne zu übertreiben, kann man sagen, dass Maria eine schillernde Gestalt war. Kein Wunder, dass gleich mehrere Theaterstücke über ihr dramenreiches Leben entstanden. Ihr wurde zudem nicht nur ihre umwerfende Schönheit nachgesagt, sondern sie galt auch als vielseitig begabt und äußerst intelligent. Wenige Wochen nach ihrer Geburt verlor sie ihren Vater, Jakob V., den König von Schottland, und wurde bereits 1542 noch im Säuglingsalter als Maria I. zur Königin von Schottland gekrönt. Im Zentrum des Lebens von Maria stand stets der Kampf um Macht. Als „Kinderkönigin" wurde sie nach Frankreich gebracht, wo sie an der Seite des Thronfolgers Franz II. aufwuchs und nach ihrer Heirat zur Königin von Frankreich werden sollte. Auf diese Weise sollten Frankreich und Schottland vereint werden, was Schottland wiederum beim Machtkampf mit England helfen sollte. Allerdings war sie nur etwa ein Jahr lang Königin von Frankreich, da Franz mit 16 Jahren ebenfalls früh verstarb, sodass sie im Jahr 1561 als Witwe nach Schottland zurückkehrte. In den vielen Jahren, in denen sie in Frankreich gelebt hatte, hatte aber nicht nur sie sich verändert, sondern auch Schottland. Während sie mehr denn je dem Katholizismus anhing, war in Schottland der Protestantismus vorherrschend. Damals gab es vor allem zwei Wege, um Machtkämpfe auszutragen: Krieg oder strategische Eheschließungen. Immer wieder standen dabei die persönlichen Emotionen im Widerstreit zu den machtpolitischen Erwägungen. Weltberühmt wurde dieser Konflikt in Shakespeares *Romeo und Julia*. Vor diesem Hintergrund müssen die zahlreichen Versuche bewertet werden, Maria mit einem der anderen umliegenden Königshäuser oder Abkömmlingen aus anderen Adelsgeschlechtern zu verkuppeln. Umso mehr überrascht die überhastete Heirat zwischen ihr und ihrem Cousin Henry Stuart, dem Lord von Darnley, in den sie sich wohl Hals über Kopf verliebte. Schnell wurde Maria klar, dass Lord Darnley ein äußerst brutaler, eifersüchtiger und machthungriger Charakter war, der vor allem am Ausbau seines eigenen Einflussbereichs interessiert war. Spätestens als Darnley den Privatsekretär von Maria vor ihren Augen ermorden ließ, weil er befürchtete, dass die beiden ein Liebesverhältnis haben könnten, war Maria klar, dass sie Darnley wieder loswerden musste. Auch wenn es natürlich naheliegt, ist es bis heute nicht eindeutig geklärt, ob Maria aktiv an einem Komplott beteiligt war, das sich in der Folge abspielte. Denn auch eine Reihe von schottischen Adligen wollte Darnley loswerden und schmiedete den Plan für einen Anschlag. Zwar entkam

Darnley dem Sprengstoffanschlag knapp, wurde aber von den Verschwörern auf der Flucht erwürgt.

Marias nächste Ehe scheiterte ebenfalls grandios und brachte die schottischen Adligen vollends gegen sie auf. Sie kam ins Gefängnis und musste den Thron zwangsweise an ihren Sohn, der aus der gemeinsamen Ehe mit Lord Darnley hervorgegangen war, abgeben. Nach einem Jahr Gefangenschaft entfloh sie dem Gefängnis, versammelte ein 6000 Mann starkes Heer hinter sich und versuchte ein letztes Mal, ihren Thron zurückzuerobern. Auch dieser Versuch scheiterte kläglich. Als letzte Hoffnung schien ihr nur ihre Cousine, Elisabeth I., zu bleiben, zu der sie sich auf den Weg machte. Ein fataler Schritt. Diese sah in ihr nämlich vor allem eines: eine Konkurrentin. Maria war nämlich eine Nachfahrin des Tudor-Geschlechts und hatte insofern einen legitimen Anspruch auf den englischen Thron. Als Katholikin war sie zudem die geheime Favoritin der Anhänger der katholischen Kirche Englands, die ohnehin Elisabeth I. als illegitime Herrscherin ansahen, weil sie vom Papst exkommuniziert wurde. In England angekommen, landete Maria darum erneut im Gefängnis. Als Vorwand wurde ihre Verwicklung in den Mord um Lord Darnley angegeben, wenngleich klar war, dass das nicht der eigentliche Grund war.

Als wäre all das noch nicht genug, fängt die eigentlich tragische Geschichte allerdings hier erst an. Denn in Gefangenschaft versuchte Maria Stuart nun alles in ihrer Macht Stehende, um mit der Außenwelt in Kontakt zu treten und ihre verlorene Macht zurückzuerobern. Sie schreibt Briefe an ihren Sohn, der inzwischen auf dem schottischen Thron sitzt, die ihn jedoch nie erreichen. Auch all ihre anderen Briefe, die sie an unterschiedlichste Empfänger richtete, wurden abgefangen. Jahre vergingen. Um genau zu sein, befand sich Maria 18 Jahre in Gefangenschaft, als sie auf ihrem Tiefpunkt und dem

Zustand absoluter Verzweiflung angekommen war. Dann schien der Zeitpunkt gekommen zu sein, dass sich das Blatt für sie wendete. Denn auch in der Außenwelt regte sich das Interesse an der berühmten Gefängnisinsassin. Eine Verschwörung, rund um Anthony Babington (1561–1586), auch Babington-Komplott genannt – begann sich mit dem Ziel zu bilden, Maria Stuart aus dem Gefängnis zu befreien, Elisabeth zu ermorden, einen Aufstand zu organisieren und letztlich Maria als rechtmäßige Erbin auf den englischen Thron einzusetzen. Dieser Plan sollte jedoch nicht ohne Zustimmung von Maria Stuart selbst in die Tat umgesetzt werden. Darum suchte man nach einer Möglichkeit, um mit ihr in Kontakt zu treten. Da sie jedoch als Staatsfeindin Nummer eins stark bewacht und von der Außenwelt abgeschirmt wurde, gestaltete sich dies alles andere als einfach. Wie ein kleines Wunder musste es da gewirkt haben, als einer der Verschwörer, Gilbert Gifford, mit einem Brief von Maria Stuart ankam, in dem sie schrieb, dass sie von Babingtons Vorhaben erfahren habe und sich gerne mit ihm austauschen wollen würde. So etablierte sich ein geheimer Kommunikationskanal zwischen ihnen. Da sie wussten, wie sensibel die Inhalte waren, über die sie sich austauschten, überlegten sie sich eine Geheimschrift, mit deren Hilfe sie ihre Briefe verschlüsselten. Die Verschlüsselungsmethode, für die sich Maria Stuart und die Verschwörer rund um Babington entschieden, nennt sich Nomenklator. Dabei handelt es sich um ein System, das aus einer Kombination von verschiedenen Verschlüsselungstechniken besteht. Der Nomenklator von Maria Stuart bestand aus einer monoalphabetischen Geheimschrift, bei der jedoch drei Buchstaben fehlten, einer Reihe von 35 codierten Begriffen (einfache Wörter wie: „with", „is" und „there"), vier bedeutungslosen Zeichen, die nur zu Füllzwecken dienten, sowie einem Zeichen, das Doppelbuchstaben innerhalb eines Wortes signalisierte. Um es vorwegzunehmen: Es handelte sich um eine denkbar schwaches Verschlüsselungssystem, das selbst für die ersten Kryptoanalytiker keine große Herausforderung dargestellt hätte. Die statistische Wahrscheinlichkeitsanalyse genügte, um das Geheimtext-Alphabet zu knacken und die Code-Wörter waren schnell aus dem Zusammenhang zu erraten.

Was Maria und Babington nicht wussten: Bei dem Boten, der ihr die geheimen Nachrichten überbrachte, handelte es sich um einen Doppelagenten. Gifford war zwar offiziell auch Teil der Verschwörer rund um Babington, arbeitete aber gleichzeitig auch für Francis Walsingham, den Minister für Staatssicherheit von Elisabeth I., der sich durch eine besonders gerissene und gründliche Vorgehensweise auszeichnete. Bevor Gifford die Nachrichten zu Maria Stuart brachte, wurden sie von einem eigens für diesen Zweck angestellten Kryptoanalytiker entschlüsselt, kopiert, mit gefälschten Stempeln scheinbar wieder original versiegelt und an Maria Stuart weitergeleitet. Auf diese Weise sammelten sie über viele Wochen belastende Informationen. Aber anstatt das Komplott direkt auffliegen zu lassen, lasen die königlichen Sicherheitsbeamten immer weiter mit und warteten ab, welche Beweise sie aus dem Briefwechsel noch herausziehen konnten. Denn ihr Ziel war nicht nur die Verschwörung an sich aufzudecken, sondern auch die Mitschuld von Maria Stuart an den Umsturzplänen schwarz auf weiß beweisen zu können. Genau diesen Beweis lieferte sie, als sie in ihrem Brief vom 17. Juli schrieb, dass sie noch vor dem Attentat auf Elisabeth I. aus dem Gefängnis befreit werden wollte. Zu groß sei die Gefahr, dass sie von den getreuen Wachen noch in Gefangenschaft umgebracht werden würde.

An sich hätte dies schon genügt, um Maria des Hochverrats anzuklagen und zum Tode zu verurteilen. Doch auch das genügte Walsingham noch nicht. Er wollte die Namen aller Verschwörer herausfinden und griff darum zu einem Trick. Einer der Fälscher von Walsingham benutzte den ihnen ja bekannten Nomenklator und fügte dem Brief von Maria am Ende einen Absatz hinzu, in dem Babington um die Namen aller Verschwörer gebeten wurde. Angeblich, um ihm konkrete Ratschläge geben zu können. Auf diese Weise gelang es, alle Verschwörer zu identifizieren, das Attentat und den Aufstand zu verhindern und Maria Stuart vor Gericht als Mittäterin anzuklagen. Auch wenn sie jegliche Mitschuld von sich wies, gelangten die Richter zur Einsicht, dass sie Teil der Verschwörung war und empfahlen die Todesstrafe. Elisabeth I. unterschrieb das Urteil und am 8. Februar 1587 wurde es vollstreckt und Maria Stuart öffentlich enthauptet.

Der kardinale Fehler, der Maria Stuart unterlaufen war und den sie mit ihrem Leben bezahlen musste: Sie fühlte sich zu sicher. Sie war absolut davon überzeugt, dass niemand ihre Geheimschrift entschlüsseln könnte. Geschweige denn, dass jemand ihre Nachrichten mitliest und sogar in ihrem Namen Textpassagen hinzufügt. Heute nennt man eine solche Instanz „man in the middle". Die tragische Geschichte von Maria Stuart beweist auch eindrücklich, wie gefährlich eine zu schwache Verschlüsselung sein kann. Denn Gegner, die sie entschlüsseln, können sie ausnutzen und als Waffe gegen einen selbst einsetzen. Heute wäre dies sogar noch einfacher möglich als vor 450 Jahren. Denn Walsingham musste noch aufwendig die Handschrift von Maria Stuart fälschen lassen. Um eine zu schwach verschlüsselte E-Mail abzufangen und ihr ein paar Textpassagen hinzuzufügen, ist heute kein großer Aufwand mehr notwendig.

Und auch wenn heute in der Politik Fragen der Erbfolge keine entscheidende Rolle mehr spielen und zum Glück auch Morde und andere Grausamkeiten nicht mehr an der Tagesordnung sind, so gehören Intrigen, Verschwörungen und Komplotte trotzdem noch zum Repertoire politischen Handelns. An die Stelle der Blutsverwandtschaft sind Merkmale wie die Parteizugehörigkeit getreten, und jemanden politisch kaltzustellen, kann ganz ohne Blutvergießen geschehen. Insofern sollten die Lehren, die sich aus dem spektakulären Fall der Maria Stuart ziehen lassen, auch Zeitgenossen bekannt sein. Er ist relevanter denn je.

Die Vigenère-Verschlüsselung: Auf der Suche nach der unentzifferbaren Chiffre

Spätestens nach dem tragischen Ende von Maria Stuart war klar, dass die dringende Notwendigkeit für eine bessere Verschlüsselungsmethode bestand. Die größte Schwäche aller bis dato verwendeten kryptografischen Systeme bestand darin, dass sie der statistischen Wahrscheinlichkeitsanalyse keinen genügend großen Sicherheitsstandard entgegensetzten. Gerade zu dieser Zeit, Ende des 16. Jahrhunderts, fügte jedoch ein französischer Diplomat alle Puzzleteile zusammen, die sich in der Kryptografie bis zu diesem Punkt versammelt hatten, und schuf eine der für die Geschichte der geheimen Nachrichtenübermittlung bedeutsamsten Verschlüsselungsmethoden: die sogenannte Vigenère-Chiffre. Sie galt lange Zeit als absolut unknackbar. Ihre Bezeichnung geht zurück auf ihren Erfinder, den französischen Diplomaten und Gelehrten Blaise de Vigenère, der von 1523 bis 1596 lebte. Eine seiner diplomatischen Missionen führte ihn für zwei Jahre nach Rom, wo er Kontakt mit den Gedanken und Schriften der weiter oben erwähnten

Kryptografen aus der Renaissance im Umfeld des Vatikans hatte. Er studierte unter anderem auch die Schriften und Erfindungen von Leon Battista Alberti und Giambattista della Porta. Diese faszinierten ihn, und da ihm als Diplomat die Bedeutung einer sicheren Verschlüsselung bewusst war, widmete er seine ganze Anstrengung darauf, ein System zu entwickeln, das eine so noch nie dagewesene Stärke bieten sollte. Dabei lieferte besonders ein krypto-grafisches Standardwerk dieser Zeit die entscheidende Inspiration für sein System. In den *Sechs Büchern zur Polygraphie*   des deutschen Benediktinerabtes Johannes Trithemius (1462–1516) wurde erstmals ein „polyalpha-betisches" Substitutionsverfahren beschrieben, bei dem im Vergleich zu „monoalphabetischen" Verfahren mehrere Alphabete verwendet wurden (gr. *polys*=viel, mehrere). Diese Idee griff Vigenère auf und entwickelte sie weiter. Eines der Grundprinzipien, auf denen die Vigenère-Verschlüsselung basiert, funktioniert ähnlich wie die Cäsar-Chiffre – bis auf die Tatsache, dass sie eine sehr viel größere Komplexität aufweist. Anstatt nur ein Alphabet zu verwenden, werden bei der Vigenère-Verschlüsselung bis zu 26 Geheimtext-Alphabete verwendet. Jedes Alphabet ist dabei um eine Stelle weiter nach rechts gerückt als das vorherige. Für jeden einzelnen Buchstaben des Klartext-Alphabets stehen also 26 verschiedene Buchstaben aus den Geheimtext-Alphabeten zur Verfügung. Der Clou der Vigenère-Chiffre besteht nun in folgendem Kniff: Wie viele der 26 Alphabete zum Verschlüsseln jedoch genau verwendet werden, hängt von einem Code-Wort ab, das zwischen Sender und Empfänger vereinbart werden muss. Ein solches Code-Wort verwenden wir in einer vergleich-baren Funktion bis heute, wenn wir beispielsweise zur Verschlüsselung eines WLANs ein Passwort verwenden. Das Code-Wort, auch „Schlüssel" bezeichnet, wird im Fall der Vigenère-Chiffre anhand des „Vigenère-Quadrats" ausgewählt. Dieses besteht aus einer Tabelle, die alle verfügbaren Geheimtext-Alphabete darstellt:

		Klartext-Alphabet
		A B C D E F G H I J K L M N O P Q R S T U V W X Y Z
Schlüssel		Geheimtext-Alphabete
1	A	A B C D E F G H I J K L M N O P Q R S T U V W X Y Z
2	B	B C D E F G H I J K L M N O P Q R S T U V W X Y Z A
3	C	C D E F G H I J K L M N O P Q R S T U V W X Y Z A B
4	D	D E F G H I J K L M N O P Q R S T U V W X Y Z A B C
5	E	E F G H I J K L M N O P Q R S T U V W X Y Z A B C D
6	F	F G H I J K L M N O P Q R S T U V W X Y Z A B C D E
7	G	G H I J K L M N O P Q R S T U V W X Y Z A B C D E F
8	H	H I J K L M N O P Q R S T U V W X Y Z A B C D E F G
9	I	I J K L M N O P Q R S T U V W X Y Z A B C D E F G H
10	J	J K L M N O P Q R S T U V W X Y Z A B C D E F G H I
11	K	K L M N O P Q R S T U V W X Y Z A B C D E F G H I J
12	L	L M N O P Q R S T U V W X Y Z A B C D E F G H I J K
13	M	M N O P Q R S T U V W X Y Z A B C D E F G H I J K L
14	N	N O P Q R S T U V W X Y Z A B C D E F G H I J K L M
15	O	O P Q R S T U V W X Y Z A B C D E F G H I J K L M N
16	P	P Q R S T U V W X Y Z A B C D E F G H I J K L M N O
17	Q	Q R S T U V W X Y Z A B C D E F G H I J K L M N O P
18	R	R S T U V W X Y Z A B C D E F G H I J K L M N O P Q

		Klartext-Alphabet
19	S	S T U V W X Y Z A B C D E F G H I J K L M N O P Q R
20	T	T U V W X Y Z A B C D E F G H I J K L M N O P Q R S
21	U	U V W X Y Z A B C D E F G H I J K L M N O P Q R S T
22	V	V W X Y Z A B C D E F G H I J K L M N O P Q R S T U
23	W	W X Y Z A B C D E F G H I J K L M N O P Q R S T U V
24	X	X Y Z A B C D E F G H I J K L M N O P Q R S T U V W
25	Y	Y Z A B C D E F G H I J K L M N O P Q R S T U V W X
26	Z	Z A B C D E F G H I J K L M N O P Q R S T U V W X Y

Am Übergang zur Moderne: Wie aus antiken Algorithmen mithilfe der Mechanik die moderne Verschlüsselungstechnik wurde

Mit einer stärkeren Verschlüsselung gewinnt man also vor allem eines: mehr Zeit. Denn es erfordert einfach einen gewissen Aufwand, um herauszubekommen, mit welcher Methode eine Nachricht überhaupt verschlüsselt ist und wie diese entsprechend zu knacken ist. Je schneller das Übertragungsmedium wird und je schneller einer Information auch wieder veraltet, desto wichtiger wird dieser zeitliche Vorsprung, den man durch die Verschlüsselung bekommt. Dieser Umstand wurde überdeutlich, als Ende des 18. und Anfang des 19. Jahrhundert zwei technische Neuerungen die Kommunikation revolutionierten: zunächst die Erfindung der Telegrafie und kurz darauf die elektromagnetische Übertragung von Signalen, der Morse-Code. Das von Samuel Morse und seinen Mitarbeitern erfundene System ist im Grunde nichts weiter als die Übertragung des Alphabets in elektrische Signale, die am Ende akustisch wiedergegeben wurden. In Europa wurde das Morse-Verfahren 1851 zum Standard und wurde bald dazu genutzt, Nachrichten in Windeseile zu verbreiten. Auch im Bereich des Handels brachte das Telegrafennetz immense Vorteile, weil es die Pflege von geschäftlichen Beziehungen über große Distanzen enorm erleichterte. Das System hatte aber eine eklatante Schwäche: Um eine Nachricht übermitteln zu können, musste sie einem Telegrafisten übergeben werden, der sie umwandelte und über das Netz übermittelte. Dieser Umweg stellt natürlich ein Sicherheitsproblem dar, denn die Telegrafisten lasen automatisch alle Nachrichten, die sie übermittelten, mit. Sie konnten mit diesen wertvollen Informationen zu den Konkurrenten gehen, andere mit privaten Geheimnissen erpressen oder an Spione von verfeindeten Staaten verkaufen. Spätestens zu diesem Zeitpunkt setzte sich die Vigenère-Verschlüsselung als Standard im geschäftlichen Nachrichtenverkehr durch. Doch – ohne hier ins Detail zu gehen – auch die Vigenère-Chiffre wurde schon bald geknackt. Der britische Mathematiker Charles Babbage, der als erster die Idee zu einem programmierbaren mechanischen Rechner hatte, fand 1854 ein System, mit dem es möglich war, den Schlüssel aus einem mit der Vigenère-Methode verschlüsselten Text zu extrahieren.

Neben der elektronischen Übermittlung von Signalen prägte vor allem die Entwicklung von mechanischen Geräten den laufenden Wettstreit zwischen Kryptografie und Kryptoanalyse. Der nächste Meilenstein in der Geschichte der Kryptografie führt uns in die USA. Genauer gesagt zu Thomas Jefferson, einen der

Gründungsväter der Vereinigten Staaten von Amerika. In dieser heißen Phase war allen Beteiligten bewusst, dass es hier um etwas wahrhaft Bedeutendes ging: die Gründung eines Staates. Das rief nicht nur Begeisterung, sondern auch viele Feinde auf den Plan. Jefferson wusste, dass es wichtig war, bestimmte Informationen geheim zu halten. Er interessierte sich darum leidenschaftlich für Verschlüsselungsverfahren und erfand die nach ihm benannte Jefferson-Walze. Dabei handelt es sich um ein Gerät, das die Idee der Cäsar-Verschiebung auf ein völlig neues Niveau bringt. Zur Ver- und Entschlüsselung benötigt man ein mechanisches Gerät, das aus einem Stab und einer Reihe von Scheiben besteht. Sowohl der Sender als auch der Empfänger mussten erstens im Besitz einer solchen Walze sein, zweitens wissen, in welcher Reihenfolge die Scheiben auf dem Stab anzuordnen waren und um wie viele Stellen die jeweilige Scheibe verschoben werden musste, damit der Klartext wieder erschien. Allerdings setzte Thomas Jefferson die von ihm erdachte Chiffrierwalze tatsächlich niemals ein. Erst in der Zeit vor und während des Zweiten Weltkriegs nutze die US-Armee eine mechanische Chiffriermaschine, genannt M-94, die dieses Prinzip umsetzte. Die Schlüsselprozedur wurde täglich verändert, um ein zusätzliches Maß an Sicherheit herzustellen.

Der große Vorteil der mechanischen Verschlüsselung bestand in ihrer Alltagstauglichkeit. Mit einer Chiffriermaschine lassen sich Nachrichten sehr schnell ver- aber auch wieder entschlüsseln. In der frühen Moderne, die sich vor allem durch die zunehmende Geschwindigkeit in allen Lebensbereichen auszeichnete, war genau das der entscheidende Vorteil, der beispielsweise in der Kriegsführung über Sieg und Niederlage entschied. Der wahre Fortschritt, der uns nun mit der Enigma begegnen wird, besteht in einer Kombination von elektronischer und mechanischer Verschlüsselung. Zudem war die Bedienung der Enigma denkbar einfach – und das obwohl ihre Verschlüsselungsmethode äußerst komplex war.

Das Enigma-Prinzip und der unendliche Wettlauf gegen die Zeit

Im Grunde genommen hat der Cyberkrieg längst begonnen. Ohne, dass die Öffentlichkeit groß Notiz davon nimmt oder überhaupt viel von den Aktivitäten öffentlich wird, starten zahlreiche Staaten jeden Tag tausende von Angriffen und Abwehraktionen. Es gibt einen guten Grund, warum wir so wenig von diesem Krieg erfahren. Denn für die engagierten Hacker und staatlichen Cyberkrieger ist es essenziell, dass ihre Handlungen nicht öffentlich bekannt werden. Warum das so ist, erläutere ich im Folgenden anhand einer der spannendsten Episoden, die sich während des Zweiten Weltkriegs ereignete. Dabei dreht sich alles um die berüchtigte Enigma – eine Rotor-Schlüsselmaschine, die die Nazis während des zweiten Weltkriegs zur Verschlüsselung ihres Nachrichtenverkehrs einsetzten.

Da die Enigma historisch außergewöhnlich bedeutsam ist, möchte ich ein klein wenig in die technischen Details einsteigen, um zu erklären, wie die Enigma funktionierte. Die Enigma ist eine elektromechanische Chiffriermaschine, bei der sowohl mechanische Bauteile als auch ein batteriebetriebener elektronischer Schaltmechanismus dafür sorgen, dass der Klartext verschlüsselt wird. Mit ihr wurden alle Funksprüche verschlüsselt, die die Deutschen im Zuge des Zweiten Weltkriegs zur geheimen Kommunikation einsetzten. Auf den ersten Blick sieht eine Enigma aus wie eine Schreibmaschine, die zusätzlich zu den Tasten über ein weiteres Feld verfügt. Darauf sind noch einmal alle Buchstaben zu sehen, die durch ein darunter befindliches Lämpchen aufleuchten können. Um nun die Funktionsweise der Enigma zu verstehen, muss man sich drei verschiedene Mechanismen genauer ansehen: die Tastatur, die elektronische Verdrahtung (Steckbrett) und das Walzen-System. Beginnen wir mit den Walzen, die manchmal auch Rotoren genannt werden. Diese befinden sich im Inneren der Maschine und sind nur durch ein kleines Fenster auf der Oberseite zu erkennen. Die Walzen sind dafür zuständig, die Buchstaben nach einem variablen Prinzip zu vertauschen. Auf jedem Rad befinden sich 26 Zahlen – jede Zahl steht für einen Buchstaben des Alphabets. Hat sich eine Walze einmal um ihre eigene Achse gedreht, nimmt eine kleine Einkerbung, das darauffolgende Rad mit und bringt es in eine neue Position. Im Inneren jeder Walze befindet sich zudem eine Verkabelung, die dafür sorgt, dass die Buchstaben miteinander vertauscht werden. Ein elektronisches Signal, das bei der „1", also dem „A", ankommt, verlässt an einer anderen Stelle die Walze, vielleicht bei der „19", also dem „S". Mit jeder Eingabe auf der Tastatur drehen sich also die drei Walzen nach und nach und mit jeweils unterschiedlicher Geschwindigkeit weiter. Selbst einfache Wörter wie „Anna", was beispielsweise nach der Cäsar-Verschiebung „Dqqd" lauten würde und die doppelten Buchstaben in der Mitte erkennbar lässt, haben nach der Verschlüsselung mit der Enigma ihrer Struktur nach keine Ähnlichkeit mit dem ursprünglichen Wort. Nicht nur das. Selbst, wenn dasselbe Wort mehrfach im Satz auftaucht, würde es nur dank des Walzensystems an unterschiedlichen Stellen im Satz vollständig unterschiedlich aussehen. Ein Buchstabe, der mithilfe des Walzensystems verschlüsselt wird, ändert sich auf dem Weg durch die Walzen siebenmal. Das „A" könnte auf seinem Weg durch die erste Walze zu einem „Y" werden, bei der zweiten Walze zu einem „Z", bei der dritten zu einem „T". Am Ende der dritten Walze befindet sich eine Umkehrwalze, an der das Signal umgelenkt, verändert und erneut durch alle Walzen zurückgeschickt wird. Es könnte von einem „T" zu einem „R" werden, dann zu einem „K", was wieder zu einem „B" wird und am Ende zu einem „Q". Direkt nachdem ein Buchstabe durch das Walzensystem verändert wurde, dreht sich die erste Walze mit der Eingabe des nächsten Buchstabens eine Position weiter. Wäre der nächste Buchstabe erneut ein „A", würde am Ende ein anderer Buchstabe herauskommen als beim ersten Mal.

Kommen wir zum nächsten System, dem elektronischen Schaltmechanismus. Nachdem das elektronische Signal durch die Walzen gewandert ist und dort bereits mehrfach verändert wurde, gelangt es zu einem elektronischen Schaltersystem. Pro Buchstabe gibt es einen Stecker-Platz, der so ähnlich aussieht und funktioniert wie eine Steckdose. Jeder Buchstabe kann hier in jeden beliebigen anderen umgewandelt werden, indem ein Kabel, das an beiden Enden einen Stecker hat, in die dafür vorgesehenen Steckplätze eingesteckt wird. Allerdings werden hier nicht alle Buchstaben verändert. Bis zu 13 Buchstabenpaare werden auf diese Weise erneut miteinander vertauscht. Allerdings ist hier zu bemerken, dass das Steckbrett die Sicherheit der Enigma nicht wirklich erhöht hat. Nachdem „the bomb", um die es gleich noch in aller Ausführlichkeit gehen soll, die Verschlüsselung geknackt hatte, war das Steckbrett-Problem nur eine kleine Bremse. Zuletzt gibt es noch die Tastatur, die die ganze elektromechanische Prozedur in Gang setzt. Jedes Drücken einer Taste löst sowohl eine mechanische Bewegung aus – über eine Wippe, auf der die Tastatur sitzt, werden die Walzen weitergedreht – und schließt gleichzeitig einen elektrischen Kreis, bei dem der gedrückte Buchstabe variabel zwischen sieben und neun Mal verändert wird. Die genaue Anzahl der Änderungen ist abhängig von der Verkabelung des Schaltmechanismus. Soweit das Grundprinzip. Um das Ganze noch komplizierter zu machen, gab es nicht nur ein Modell der Enigma, sondern insgesamt 17 unterschiedliche. Vier verschiedene Modelle wurden von der Marine eingesetzt, eine für den Nachrichtenverkehr zwischen verbündeten Staaten, wieder eine andere vom Geheimdienst, und so weiter. Insgesamt verfügte das deutsche Militär zu Kriegsbeginn über 30.000 Enigmas und damit über das damals sicherste Fernmeldesystem der Welt.

Um eine Enigma in Betrieb zu nehmen, brauchten die Offiziere gleich mehrere Angaben, um die Maschinen auf die richtige Anfangsposition einzustellen. Jede Enigma-Maschine verfügte über insgesamt fünf Walzen. Der erste Schritt bestand darin, drei davon auszuwählen. In einem zweiten Schritt mussten diese drei Walzen in der richtigen Reihenfolge eingesetzt werden. In einem dritten Schritt mussten die drei – in späteren Versionen der Enigma waren es vier bzw. fünf – Walzen auf einen bestimmten Ausgangswert gestellt werden, also jeweils eine Zahl zwischen 1 und 26. Im vierten und letzten Schritt musste die Anzahl der Stecker für das elektronische Schaltsystem bestimmt und die Verbindung zwischen den Buchstabenpaaren hergestellt werden. Allein aus diesen vier Variablen ergeben sich 16.900 Walzenstellungen und 150.738.274.937.250 verschiedene Möglichkeiten für die Steckerverbindungen. Insgesamt gibt es damit 10^{23} Möglichkeiten, oder, um genau zu sein: 103 325 660 891 587 134 000 000 verschiedene Schlüssel, was einer Schlüssellänge von 76 Bit entspricht. Zum Vergleich: Die AES-Verschlüsselung, der aktuell sicherste Standard zur Datenverschlüsselung, basiert auf einer Schlüssellänge von 256 Bit. In der damaligen Zeit galt das

Verschlüsselungsverfahren der Enigma als extrem sicher, wenn nicht gar als für die damalige Zeit unknackbar. Und als wäre das noch nicht genug, änderten sich diese Schlüssel-Einstellungen jeden Tag. Dafür gab es zu jeder Maschine Schlüsseltafeln oder Schlüsselanleitungen in Form eines Buches, auch als Code-Buch bezeichnet. Die zuständigen Offiziere führten diese streng geheimen Dokumente immer mit sich, um daraus die Angaben für den jeweiligen Tag zu entnehmen. Wie unfassbar wichtig beides war, lässt sich auch daran erkennen, dass es strengste Vorschriften für den Umgang mit der Enigma und deren Code-Büchern gab. Schon von Kriegsbeginn an galten sowohl die Enigma-Maschine als auch die Code-Bücher als Geheimsache, die auf keinen Fall in die Hände des Gegners gelangen dürften. Darum mussten die Enigma-Maschine und die Schlüsselprozeduren vernichtet werden, wenn es einen schwerwiegenden Angriff beispielsweise auf ein Kriegsschiff gab. Sobald dieses getroffen wurde und die Möglichkeit bestand, dass es unterging oder die Besatzung gefangen genommen wurde, mussten sofort die Enigma-Maschine und die Anleitungen vernichtet oder über Bord geworfen werden. So kam es auch dazu, dass sich unter dem sogenannten Regenbogen-Befehl 222 U-Boote bei Kriegsende selbst in der Geltinger Bucht versenkten.

Angesichts eines solchen Aufwands, der auf der Seite der Deutschen betrieben wurde, um ihre Kommunikation abhörsicher zu machen, kann man verstehen, dass sie sich sehr sicher fühlten. Seit den 1970er-Jahren wissen wir aber, dass das nicht stimmte. Denn die Alliierten – allen voran die Briten – hörten mit. Wie kam es dazu? Angesicht der Beschreibung, wie die Enigma Nachrichten verschlüsselt, ist klar, dass es nicht ganz einfach ist, den Code der Enigma zu knacken.

Wer keine Information über die Funktionsweise der Enigma hätte und nur die mit ihr verschlüsselten

Funksprüche erhalten würde, stünde vor einem gigantischen Rätsel. Ein geübter Kryptoanalytiker würde natürlich zuallererst einmal prüfen, ob er mit dem bislang sehr effektiven Instrument der statistischen Wahrscheinlichkeitsanalyse weiterkommen würde. Weiter oben haben wir schon erfahren, dass dafür jedoch bestimmte Grundvoraussetzungen erfüllt sein müssen. Allen voran muss ein genügend langer Geheimtext vorliegen, um überhaupt zu sinnvollen statistischen Aussagen zu gelangen. Nun wussten das die Nationalsozialisten und hatten die Zeichenzahl pro Funkspruch auf maximal 250 Zeichen beschränkt. Einzelne Funksprüche, die mit Enigma-Maschinen verschlüsselt wurden, sind bis heute noch nicht geknackt, was zeigt, wie gut das Enigma-System ist. Selbst für erfolgreiche Versuche wurden oft Wochen oder Monate benötigt, was einerseits zeigt, wie stark die Verschlüsselung durch die Enigma tatsächlich ist, und dass sie ihr zentrales Ziel, Zeit zu gewinnen, bis heute erfüllt. Denn was nützt ein entschlüsselter Funkspruch über die genaue Position eines U-Boots, wenn die Information mehrere Wochen alt ist.

Nachdem nun das Funktionsprinzip der Enigma in groben Zügen umrissen wurde, stellt sich die spannende Frage: Wie gelang es überhaupt, so ein raffiniertes Verschlüsselungssystem zu knacken? Allein diese Erklärung erzählt sich wie ein Krimi.

Die Briten verfügten seit dem Ersten Weltkrieg über eine nachrichtendienstliche Abteilung, die ganz in der Tradition der Schwarzen Kammern lag. Im sogenannten Room 40 befassten sich die weltbesten Codeknacker mit dem Entschlüsseln geheimer Nachrichten. Seit 1926 jedoch gingen dort vermehrt Funksprüche ein, an denen all ihre Fähigkeiten scheiterten. Die ersten Enigmas waren in Betrieb genommen worden. Auch die Geheimdienste der anderen Nationen scheitern an der Enigma-Verschlüsselung. Die Alliierten hätten keine Chance gehabt, auch nur einen Funkspruch der Deutschen zu entschlüsseln, wenn nicht eine glückliche Verkettung mehrerer Ereignisse stattgefunden hätte. Erinnern wir uns zunächst noch einmal an das letzte Kapitel der *Kunst des Krieges* und die Bedeutung von Spionen, Doppelagenten und in diesem Fall auch deren Gegenstück: den Verrätern. Der ehemalige Militärmitarbeiter Hans-Thilo Schmidt verkaufte einem französischem Agenten für 10.000 D-Mark die ersten Informationen über die Enigma, die den Alliierten somit zum ersten Mal einen Anhaltspunkt gaben, wie die Funksprüche verschlüsselt wurden. Es waren lediglich zwei Seiten aus der Gebrauchsanweisung der Chiffriermaschine, sodass nach wie vor vieles unklar war. Doch nach und nach lieferte Schmidt ausreichend Informationen, damit die Alliierten einen ersten Nachbau der Enigma anfertigen konnten. Ein essenzieller Baustein zum Entschlüsseln der Nachrichten, die ja in eine Enigma eingegeben werden müssen, um sie wieder lesbar zu machen. Nun kam es zunächst dem polnischen Geheimdienst zu, die ersten wichtigen Schritte bei der Entschlüsselung der Enigma zu leisten. Polen hatte ein reges Interesse daran, den deutschen Funkverkehr mitlesen zu können, da sie wussten, dass sie in einer besonderen Bedrohungslage steckten. Sie waren quasi eingekesselt: Auf der einen Seite die Deutschen, die ihre Gebiete zurückhaben wollten, die sie nach dem Ersten Weltkrieg an Polen abtreten mussten. Auf der anderen Seite Russland mit seinem Bestreben, den Kommunismus auch auf die Nachbarländer auszubreiten. Polen wollte jedoch unbedingt seine Souveränität bewahren. Entsprechend unternahmen die Polen alles in ihrer Macht Stehende, um die Enigma zu knacken. Dieser Umstand führte dazu, dass die Polen einen Paradigmenwechsel bei

der Kryptoanalyse einläuteten. Die erfolgreichsten Code-
brecher in den vorangehenden Jahrhunderten befassten
sich stets mit der Sprache. Statistische Besonderheiten,
auffällige Wortformen, zufälliges Erraten von Wörtern
und so weiter – all diese Methoden griffen die verschlüsselten Nachrichten auf der Ebene der Sprache an.
Die Polen merkten schnell, dass diese Vorgehensweise bei
der Enigma sinnlos ist. Darum beschlossen sie, in diesem
Fall zur Lösung des Problems auf Naturwissenschaftler
und Mathematiker zu setzen. Damit ist die Aufgabe des
Codebrechens von den Linguisten auf die Mathematiker
übergegangen. Wie es der Zufall so wollte, rekrutierten
sie den auf Statistik spezialisierten Mathematiker Marian
Rejewski (1905–1980). Später sollte sich herausstellen,
dass er die Grundlagen zur Entschlüsselung der Enigma
legte. Seine Angriffsmethode war einfach wie genial und
nutzte eine der Schwächen bei der Handhabung der
Enigma durch die Deutschen aus. Denn zu Beginn jedes
Funkspruchs wurde ein sogenannter Spruchschlüssel übermittelt. Der Spruchschlüssel bestand aus zweimal drei
Buchstaben, die für eine Walzenposition stehen. Zum
Beispiel: TBJTBJ. Diese ersten sechs Zeichen wurden mit
dem Tagesschlüssel verschlüsselt übermittelt. Der Rest der
Nachricht wurde mit der Walzenausgangsstellung TBJ verschlüsselt. Wiederholungen gelten gemeinhin als Feind
der Geheimhaltung. Genau das nutzte Rejewski bei seiner
Angriffsmethode aus. Er analysierte täglich Dutzende
abgefangene Meldungen und erhielt so nach und nach
ein Bild davon, wie die Enigma jeweils zwei gleiche Buchstaben chiffrierte. Rejewski brauchte etwa ein Jahr, um
ein System zu entwickeln (auch Bombe genannt), das es
ihm am Ende tatsächlich ermöglichte, die Tagesschlüssel
aus den Funksprüchen abzuleiten und damit die Enigma-
Verschlüsselung zu knacken. All das leisteten die Polen
allerdings vor Ausbruch des Krieges. Sie überwachten

über viele Jahre lang den Funkverkehr, bis die Deutschen im Zuge der Kriegsvorbereitung die Schwierigkeitsstufe der Enigma erhöhten. Anstatt der drei Walzen, die bis 1938 verwendet wurden, gab es fortan fünf Walzen, aus denen ausgewählt wurde. Auch die Anzahl der Steckerverbindungen erhöhte sich von sechs auf zehn. Rejewskis Bomben versagten und er musste machtlos zusehen, wie Hitler den Blitzkrieg organisierte und Polen angriff. Der Einsatz der Enigma war dabei der Schlüssel, der den blitzartigen Überfall ermöglichte. Denn nur durch die schnelle und abhörsichere Abstimmung aller eingesetzten Kräfte war der militärische Erfolg möglich. Es ist dem Spürsinn des polnischen Chefs des Chiffrenbüros, Gwido Langer, zu verdanken, dass die bahnbrechenden Erkenntnisse im Zuge des deutschen Überfalls nicht verloren gingen. Wenige Monate vor dem Angriff bestellte er eine Reihe von französischen und britischen Diplomaten und Kryptoanalytiker nach Warschau ein und weihte sie in ihre geheime Errungenschaften ein. Da man zu diesem Zeitpunkt bereits ahnte, dass Polen in Gefahr war, entschloss man sich dafür, die Nachbauten der Enigma und Rejewskis Bomben den Alliierten zu übergeben. Nur zwei Wochen vor Kriegsbeginn gelangten diese über verschlungene Wege nach Paris und London.

Die Bedeutung von Polens Kryptoanalytikern kann gar nicht überschätzt werden. Er bestand vor allem darin, dass der Ruf der Enigma als der perfekten Verschlüsselungsmaschine dahin war. Ohne die Erfolge der Polen beim Knacken der Enigma hätten die alliierten Kräfte wohl niemals versucht, im Verlauf des Krieges weiter an der Entschlüsselung der deutschen Funksprüche zu arbeiten. Auch die Erkenntnis, dass nicht mehr unbedingt Linguisten, sondern vor allem Mathematiker an der Entschlüsselung der Enigma arbeiten sollten, war unschätzbar wertvoll. Im Fall Großbritanniens hieß dies, anstatt weiterhin im Londoner Room 40 Nachrichten zu dechiffrieren, wurde eine neue Abteilung zum Knacken der Enigma gegründet. Die neu rekrutierten Kryptoanalytiker arbeiteten fortan in Bletchley Park in Buckinghamshire, dem Sitz der Government Code and Cypher School (GC&CS). Ein großer Vorteil gegenüber Room 40 war, dass hier mehr Platz für die neuen Mitarbeiterinnen und Mitarbeiter war. Und dieser war dringend nötig. Denn der deutsche Funkverkehr explodierte von zwei Millionen übermittelten Wörtern pro Monat auf zwei Millionen Wörter pro Tag. Und so wuchs auch die Anzahl von Mitarbeitern von anfangs 200 auf über 7000. Diese große Menge an Menschen war vor allem deswegen nötig, weil es um Schnelligkeit ging. Immer um Mitternacht änderte sich der Tagesschlüssel. Wenn dieser bis zu diesem Zeitpunkt nicht geknackt war, musste die Arbeit von neuem beginnen. Schnell lernten die Kryptoanalytiker in Bletchley Rejewskis Bombe so anzupassen, dass sie auch die inzwischen zehnmal so schwere Verschlüsselung brechen konnten. Während der ersten Kriegsjahre erhielten die Briten auf diese Weise zahlreiche strategische Vorteile. Manchmal machten die deutschen Enigma-Chiffreure ihnen die Arbeit auch besonders einfach. Aus Faulheit, sich einen komplizierten Tagesschlüssel auszudenken, nahmen sie einfach drei Buchstaben, die nebeneinander lagen. Darum gingen die Kryptoanalytiker stets erst einmal diese einfachen Spruchschlüssel durch und hatten oft Erfolg damit. Auch die Verantwortlichen, die das Schlüsselheft erstellten, gingen nicht immer mit der größten Phantasie an die Sache heran. Anstatt die Walzenkombination durch das Zufallsprinzip immer neu und unvorhersehbar neu anzuordnen, verwendeten sie nur manchmal einfache Variationen und machten das Leben der Kryptoanalytiker dadurch leicht. Diese menschlichen Fehler auf Seite der Deutschen dürfen jedoch nicht darüber hinwegtäuschen, welche große Anstrengung und welche Dramatik sich auf der Seite der Alliierten abspielten.

Besonders ein Name verbindet sich mit der Entschlüsselung der Enigma: der des Mathematikers Alan Turing (1912–1954). Seine Aufgabe in Bletchley war unter anderem, sich darüber Gedanken zu machen, was passieren würde, wenn die Deutschen nicht mehr wie bislang den Tagesschlüssel zweimal am Anfang der Nachricht übermitteln würden, sondern nur noch einmal. Für diesen Moment wollte man vorbereitet sein, weil klar war, dass man dann wieder völlig im Dunkeln stehen würde, da alles bisher genutzten Angriffsmethoden wie die Bomben nutzlos wären. Darum ging Turing dazu über, sich alle bisher entschlüsselten Funksprüche genauer anzusehen. Dabei fiel ihm eine Besonderheit auf. Jeden Tag gab es immer zur selben Zeit einen Funkspruch, bei dem das tagesaktuelle Wetter übermittelt wurde. Da man sich auf die Gründlichkeit und Ordnung des deutschen Heeres verlassen konnte, war auch in Zukunft davon auszugehen, dass bei dem Funkspruch, der um kurz nach sechs Uhr morgens übermittelt wurde, das Wort „Wetter" enthalten würde. Da alle Wettermeldungen ähnlich aufgebaut waren, konnte man sogar ungefähr wissen, wo im Satz sich das Wort befand. Allerdings handelte es ich bei dieser Erkenntnis nur um einen kleinen Ansatzpunkt und nicht den Schlüssel zu einer Lösung. Denn anders als bei Rejewski konnte über ein einzelnes Wort keine allgemeingültige Aussage über die Walzenpositionen abgeleitet werden. Es bliebe nur vielmehr übrig, das Wort „Wetter" immer wieder in eine Enigma-Maschine einzugeben und jedes Mal die Einstellungen um ein Detail zu verändern, bis man die richtige Einstellung aller Elemente herausgefunden hätte. Um genau zu sein, müssten 159 000 000 000 000 000 000 mögliche Einstellungen durchprobiert werden. Die genaue Beschreibung von Turings Lösung dieser scheinbar unlösbaren Aufgabe würde hier viele Buchseiten umfassen. Seine Angriffsmethode war eine Weiterentwicklung von Rejewskis Methode und ohne dessen Erkenntnisse nicht möglich gewesen. Sie bestand letztlich darin, mehrere Enigma-Maschinen miteinander zu verkoppeln und sie über einen komplexen Stromkreis miteinander zu verbinden. Auf diese Weise konnte er die Anzahl möglicher Einstellungen drastisch verringern. Die Maschine, die nach seinen Überlegungen gebaut wurde, hatte riesige Ausmaße und maß zwei mal zwei Meter. Sie wurde in Anlehnung an Rejewski auch Turing-Bombe genannt. Nun spitzten sich die Ereignisse zu. Denn zu dem Zeitpunkt, an dem die Deutschen tatsächlich dazu übergingen, den Spruchschlüssel nur noch einmal am Anfang zu übertragen, am 10. Mai 1940, war die Arbeit an der Turing-Maschine bereits soweit fortgeschritten, dass der erste Prototyp bald geliefert werden sollte. Gerade vier Tage später, am 14. Mai traf die Victory getaufte Bombe in Bletchley ein. Die ersten Ergebnisse waren eine große Enttäuschung. Es dauerte bis zu einer Woche, bis die Bombe einen Schlüsselspruch herausfand. Also musste die Arbeit an der Maschine unter Hochdruck fortgesetzt werden. Es dauerte ganze vier Monate bis das neue, überarbeitete Modell gefertigt war. Man kann sich die Enttäuschung unter den Kryptoanalytikern, die bis zu diesem Zeitpunkt eine zentrale Rolle bei der britischen Kriegsführung gespielt hatten, vorstellen. Es gelang ihnen kaum mehr, eine Nachricht zu entschlüsseln und die Moral war an einem Tiefpunkt angelangt. Als die neue Bombe geliefert wurde – sie wurde Agnus Dei genannt – war die Erwartung entsprechend groß. Und sie funktionierte. Ende 1942 waren 49 Turing-Bomben in Betrieb.

Bei all dem Erfolg der Turing-Maschinen und all den entschlüsselten Funksprüchen war man allerdings stets darauf aus, dass man wenigstens ein Wort und dessen Position im Funkspruch kannte. Ohne einen solchen Ansatzpunkt war man verloren. Hinzu kam, dass es bestimmte Bereiche innerhalb des deutschen Militärs gab, die zusätzliche Sicherheitsmaßnahmen ergriffen, gegen die auch die Turing-Bomben nichts anrichten konnten. Dies wurde nirgendwo so deutlich wie in der Schlacht um den Atlantik. In den U-Booten der deutschen Marine kamen Enigmas zum Einsatz, die auf insgesamt acht Walzen auswählen konnten. Zudem war man hier so vorsichtig, dass es kaum zu menschlichen Fehlern kam wie in anderen Bereichen. Die Enigma-Chiffreure achteten beispielsweise penibel darauf, dass es keine Wiederholungen gab. Diese Vorsicht zahlte sich aus: Lange Zeit schien es so, als würden die Deutschen die Schlacht auf dem Atlantik und damit eventuell sogar den Krieg für sich entscheiden können. Umso mehr konzentrierten sich die Anstrengungen der Alliierten und insbesondere der Briten darauf, hier die Oberhand zu gewinnen. Es war klar, dass die Kryptoanalytiker in Bletchley ohne weitere Hilfe keine Chance hatten, die Funksprüche der U-Boot-Flotte zu knacken. Der scheinbar einzige Ausweg bestand darum darin, an die deutschen Schlüsselbücher zu gelangen. Es gab zahlreiche Pläne, um eines dieser wertvollen Dokumente zu stehlen oder anderweitig zu beschaffen. Trotz großer Mühen scheiterten viele dieser Versuche, bis schlussendlich ein paar waghalsige Überfälle auf U-Boote und kleinere deutsche Wetterbeobachtungsschiffe zum Erfolg führten. Auf diese Weise war man immer wieder für einige Monate mit Tagesschlüsseln versorgt und konnte langsam militärische Erfolge in der Schlacht um den Atlantik gewinnen.

Dabei musste man allerdings höchste Vorsicht walten lassen, und damit kommen wir zum zweiten und für den Zusammenhang dieses Buches entscheidenden Aspekt bei der Entschlüsselung der Enigma. Denn der enorme Aufwand, der in Bletchley betrieben wurde, und auch dessen Erfolge durften unter gar keinen Umständen an die Öffentlichkeit gelangen. Nicht einmal Alan Turings Eltern wussten, dass er als Kryptoanalytiker tätig war – in den dortigen Kreisen sogar als Genie galt – und sorgten sich zeitlebens um seine private und berufliche Karriere. Die strikte Geheimhaltung war allerdings absolut notwendig. Sobald die deutsche Heeresführung auch nur den leisesten Verdacht geschöpft hätte, dass die Enigma-Verschlüsselung nicht mehr sicher sein könnte, wären alle Anstrengungen und Mühen umsonst gewesen. Darum war es entscheidend, dass die Erkenntnisse, die über die Taktik der Deutschen im Atlantik in Bletchley gewonnen wurden, nicht zu einer Reihe offensichtlicher Siege durch die Alliierten führten. In jedem einzelnen Fall, in dem entschlüsselte Informationen genutzt wurden, musste zunächst ein Täuschungsmanöver ersonnen werden, das den Deutschen erklären würde, warum sie in genau diesem Fall eine Niederlage erlitten hatten. Dies geschah beispielsweise dadurch, dass zunächst Aufklärungsflugzeuge an eine Position geschickt wurden, von der man wusste, dass sich dort deutsche Kriegsschiffe befanden. Erst danach wurde ein Angriff ausgeführt. Auch angebliche U-Boot-Sichtungen wurden gefälscht und als Funkspruch in den Äther geschickt.

Bei einem Manöver missglückte ein solcher Täuschungsversuch jedoch. Über einen entschlüsselten Funkspruch wusste man von neun deutschen Versorgungsschiffen und deren genauen Position. Da sich durch deren Zerstörung ein großer Vorteil versprochen wurde, einigte man sich in der alliierten Heeresführung darauf, die Gruppe zwar anzugreifen, aber nicht alle zu versenken – die beiden Schiffe *Gadania* und die *Gonzenheim* sollten verschont werden. Man ging davon aus, dass ein zu großer Erfolg auf der deutschen Seite Misstrauen erregen würde. Mit dieser Annahme sollten die Alliierten Recht behalten. Denn im Eifer des Gefechts entschlossen die Offiziere auf dem Zerstörern der Royal Navy, dass es ihre Pflicht sei, diese Gelegenheit nicht verstreichen zu lassen und alle Boote anzugreifen und zu versenken. Tatsächlich wurde in Berlin eine Untersuchung dieses Vorfalls eingeleitet, auch mit dem Ziel herauszufinden, ob die Enigma entschlüsselt worden sein könnte. Im Untersuchungsbericht wurde darüber spekuliert, dass es einen englischen Spion geben könnte, der sich in die deutsche Marine eingeschleust hatte und die Position der Versorgungsschiffe verraten haben könnte. Auch wurde der Gegenseite pures Glück als weitere Möglichkeit eingeräumt. Der Fall jedoch, dass die Enigma geknackt worden sein könnte, wurde als unmöglich ausgeschlossen. Die Deutschen gingen bis zum Endes des Krieges davon aus, dass der Code der Enigma nicht geknackt war. Auch nach dem Krieg bewahrten die Briten ihre Fähigkeiten für sich und nutzten sie für ihre Zwecke aus. Sie verteilten zahlreiche vom deutschen Kriegsverlierer erbeutete Enigma-Maschinen in ihren ehemaligen Kolonien. Selbstredend ließen sie die neuen Nutzer im Glauben, dass es sich um das abhörsicherste Kommunikationssystem der Welt handele und hörten über viele Jahre deren Nachrichtenverkehr ab. Die vielen Männer und Frauen, die in Bletchley auf ihre Weise für den Sieg der Alliierten kämpften, ganz entscheidend zur Verkürzung des Krieges beitrugen und zahllose Menschenleben retteten, wurden nach Kriegsende entlassen und erfuhren keinerlei militärische oder gesellschaftliche Ehrung. Erst in den 1970er-Jahren, als die Commonwealth-Länder die Enigma nicht mehr zur Kommunikation nutzten, erklärte sich die britische Regierung und deren Geheimdienst bereit, das Geheimnis um die Entschlüsselung der Enigma zu lüften.

Gerade die Geheimhaltung von Errungenschaften auf dem Bereich der Kryptoanalyse ist jedoch eine der wichtigsten Lektionen, die meiner Ansicht nach aus der Geschichte der Entschlüsselung der Enigma gezogen werden kann.

Eine andere Geschichte von den Kryptowährungen

Blicken wir nun von dieser Perspektive aus auf einen Teil unserer postmodernen Welt, in der die Kryptografie eine große Rolle spielt. Denn heute haben kryptografische Techniken eine Bedeutung, die weit über den Bereich der militärischen und geheimdienstlichen Kommunikation hinausweist. Angefangen bei (im Idealfall) verschlüsselten WLAN-Netzen bis hin zu abhörsicheren Messenger-Diensten auf dem Smartphone ist die Kryptografie im alltäglichen Leben angekommen. Die Kryptografie steht heute sogar im Zentrum des Geld- und Bankensystems. Dass dies so ist, erklärt sich ausschließlich aus der historischen Entwicklung der Verschlüsselungstechniken. Es ist nämlich die Logik des Überbietens, die letztlich dazu führte, dass wesentliche Aspekte des monetären Systems, die bislang durch Institutionen erfüllt wurden, sich durch eine Technologie ersetzen lassen. Dazu müssen wir kurz fragen, warum Geld überhaupt einen Wert hat. Eine scheinbar triviale Frage, deren Antwort jedoch komplex ist. Denn genau besehen hat Geld in keiner seiner Formen einen intrinsischen Wert. Das Metall von Münzen steht in keinem Verhältnis zu deren Geldwert. Dass wir heute Gold eine hohe Bedeutung zumessen, Muscheln oder Eisen aber nicht mehr, zeigt, dass es ein gesellschaftlicher Konsens ist, Gold als wertvoll zu begreifen. Bedrucktes Papier ist im Fall von Geldscheinen zwar fälschungssicher, aber letzten Endes entsteht daraus noch kein Wert. Ebenso sieht es mit Plastikkarten mit Magnetstreifen und digitalen Zahlen auf Computerbildschirmen aus. Woher kommt also der Wert des Geldes? Wie schon so häufig geht es auch hier vor allem um Macht.

Was im Lauf der Geschichte zu Geld geworden ist, hat häufig kulturhistorische Ursprünge und viel mit Konventionen zu tun. In der frühen Stammesgeschichte und der Antike hat sich Geld meist aus kultischen sowie religiösen Zusammenhängen heraus entwickelt. Bestimmte Gegenstände wie Muscheln oder Münzen wurden in der Folge als Tauschobjekte zu zirkulierendem Geld. Ihr Wert war jedoch immer auch zurückgebunden an die ausgebenden Stellen: den Priester oder den Tempel, in dem sie geprägt wurden. Viele Jahrhunderte später begann ab der Renaissance das moderne Geldsystem zu entstehen, in dem vor allem Banken und Staaten Geld ausgaben und den Wert des Geldes verbürgten. Dabei spielte die Buchführung, also die schriftlichen Belege darüber, wem wie viel Geld gehört oder wer wem wie viel Geld schuldet, eine bedeutende Rolle. Die Banken bürgen dafür, dass diese Informationen wirklich stimmen und nicht gefälscht oder an Unbefugte weitergegeben werden. In der Moderne hat der Staat dann das Geldmonopol an sich genommen. Das heißt, dass der Wert des Geldes sowohl staatlich garantiert ist, aber gleichzeitig auch alle anderen Formen von Geld nicht als Geld akzeptiert werden. Daher kommt es auch, dass in vielen Ländern das Vernichten von Geld als eine Straftat bewertet wird.

Die im 20. Jahrhundert immer häufiger werdenden Wirtschafts- und Währungskrisen haben aber Risse in der Vorstellung aufkommen lassen, dass der Staat ein wirklich verlässlicher Garant für den Wert des Geldes ist. Ein zentrales Datum in diesem Zusammenhang ist 1971. In diesem Jahr wurde vom US-Präsident Richard Nixon der

sogenannte „Goldstandard" aufgehoben. Bis zu diesem
Zeitpunkt war der Wert des Münz- und Papiergeldes an
den Wert von Gold gekoppelt, also feste Wechselkurse
zwischen allen Währungen und Gold. Diese Auflösung
führte zu einem Schock in der Geld-, Wirtschafts- und
Außenpolitik – man spricht auch vom „Nixon-Schock".
Zudem hat dieses Ereignis zu einem massiven Umdenken
geführt, das bis heute andauert. Immer häufiger stellten
sich Menschen Fragen wie: Wie sicher ist das Geld in
Banken wirklich? Sind Banken in ihrer Funktion unersetz-
lich? Gibt es Alternativen zum staatlichen Geldmonopol?
Diese Frage beantworteten die oder der Erfinder des
Bitcoin und anderer Kryptowährungen ganz eindeutig:
Banken kann man nicht vertrauen und es gibt Alter-
nativen zur sicheren Speicherung von Informationen.
Diese beiden Annahmen stehen am Anfang der Erfindung
der Kryptowährungen. Wie ihr Name schon sagt, handelt
es sich dabei um kryptografisch abgesicherte Währungen.
Mit einem asymmetrischen Verschlüsselungsverfahren
wird dabei für jeden Nutzer ein öffentlicher und ein
privater Schlüssel erzeugt („public key" und „private key").
Diese sind allerdings nicht im Besitz einer Institution.
Der öffentliche Schlüssel ist öffentlich einsehbar, wie die
Bezeichnung nahelegt, und dient wie eine Adresse oder
IBAN-Nummer. Der private Schlüssel ist ausschließlich
im Eigentum des Besitzers und beweist damit, dass er der
Eigentümer ist und gewährt ihm den Zugang dazu. Geht
er verloren, gibt es keinen Telefon-Support, den man
anrufen und um Hilfe bitten könnte. Der private Schlüssel
besteht aus einer 256-Bit-Zahl, die in der Regel als Reihe
von 64 Zeichen dargestellt wird. Sie besteht aus Buchstaben von A-F und den Ziffern 0–9. Ein fiktives Beispiel
für einen privaten Schlüssel könnte wie folgt aussehen:
F14B2A2BC6D87F1BBA1A5773A3C389FF453212201
DA91F80BF66FCA43AB28900.

Jeder, der bereits einmal Erfahrung mit dem Kauf und Besitz von Währungen wie Bitcoin gemacht hat, weiß, dass es eine weitere sicherheitstechnische Maßnahme gibt, die den Zugriff bzw. die Rekonstruktion des privaten Schlüssels ermöglicht. Die sogenannte „seed phrase" besteht aus zwölf Begriffen. Auch diese sollte man sich unbedingt merken, da auch diese von niemandem gespeichert wird. Bei dieser Seed-Phrase handelt es sich um eine Repräsentation des privaten Schlüssels, der von Menschen sehr viel leichter erinnert werden kann als eine willkürliche Aneinanderreihung von 64 Zeichen. Diese Seed-Phrase sichert daher den Eigentümern von Kryptowährungen ebenfalls den Zugang zu ihren Tokens und erlaubt ihnen den Handel damit. Das Level an Sicherheit, das diese zwölf Begriffe (bei manchen Kryptowährungen sind es sogar noch mehr) bieten, gilt Stand heute als unknackbar. Wenn wir nun aber eines aus der Geschichte der Kryptografie gelernt haben, dann ist es doch: Gerade wenn es um Macht und Geld geht, wird sehr viel Zeit und Energie darauf verwendet werden, um eine auch als noch so sicher geltende Verschlüsselung zu knacken. Im Fall der Enigma durfte der Bau nur einer einzigen Turing-Bombe den britischen Steuerzahler 100.000 Pfund kosten. Die Geschichte von der Entzifferung der Enigma hat uns ebenfalls gelehrt, dass Errungenschaften auf dem Feld der Kryptoanalyse geheim gehalten werden. Es wäre also alles andere als eine Selbstverständlichkeit, dass wir davon wüssten, wenn es bereits möglich wäre, diesen höchsten Standard der aktuellen Kunst der Kryptografie zu brechen. Wenn ein Staat oder ein Unternehmen bereits über einen ausreichend leistungsfähigen Computer verfügen würde, der dazu in der Lage wäre, den aktuellen Standard der Kryptografie zu knacken, würde alles dafür getan werden, dass diese Information nicht an die Öffentlichkeit gerät. Dabei muss es sich nicht zwangsläufig um einen sogenannten Quantencomputer handeln, wenngleich man diesem nach dem momentanen Stand der Technik die größten Chancen einräumt, diese Aufgabe zu lösen.

Gleichzeitig ist die Wahrscheinlichkeit, dass ein Kampf gegen Kryptowährungen wie Bitcoin geführt wird, sehr hoch. Sowohl ein Blick in die Gegenwart als auch ein Blick in die Geschichte können uns lehren, wie Staaten reagieren, wenn ihnen die Hoheit über das Geld strittig gemacht wird. Nehmen wir zunächst das heutige China und analysieren, wie der post-kommunistische Staat bislang mit dem Bitcoin umgegangen ist. Nach unzähligen Versuchen, alle Kryptowährungen im Land zu verbannen, hat China sein eigenes digitales Zentralbankgeld herausgebracht. Die chinesische Führung weiß, dass die Beherrschung von Geld gleichzeitig Macht und Kontrolle bedeutet. Das Verhalten Chinas scheint den Verdacht nahezulegen, dass es für Staaten nichts Schlimmeres gäbe, als wenn die Währung in den Händen der Bürger liegt. Wenn sich also ein Staat wie El Salvador freiwillig für den Bitcoin und gegen den Dollar entscheidet, zeigt dies, welches Signal damit an die USA ausgesendet wurde. Denn noch nie in der Geschichte haben Staaten gerne und freiwillig von sich aus Macht abgegeben. Das zeigt auch das Beispiel vom Wörgler Schwundgeld. In der kleinen österreichischen Stadt wurde im Zuge der Wirtschaftskrise von 1929 ein Experiment gestartet, über das schon damals Zeitungen in ganz Europa berichteten und das dem Ort einen Platz in den Büchern der Ökonomen gesichert hat. Wie viele andere Regionen litt auch Wörgl unter den Folgen der Deflation. Die Arbeitslosigkeit war hoch, der Stadt fehlten die Steuereinnahmen und die Schulden wuchsen. Selbst für das Notwendigste fehlte das Geld. Jeder, der noch Geld hatte, sparte es lieber auf dem Konto, als es auszugeben. Da kam dem Bürgermeister Michael Unterguggenberger eine Idee. Er erinnerte sich an die Lektüre eines Textes von Silvio Gesell (1862–1930), einem Anhänger der Freiwirtschaftslehre, in dem er von der Idee des Freigeldes erfahren hatte. Er schlug der Gemeinde vor, ein Geldexperiment durchzuführen. Unterguggenbergers Vorschlag war einfach: Die Leute hatten entweder kein Geld oder gaben es nicht aus. Also musste der Staat ihnen einfach Geld geben. Allerdings wollte der den Wörglern kein herkömmliches Geld geben, sondern eben Freigeld bzw. Schwundgeld. Beim sogenannten Freigeld handelt es sich um eine Währung, die zum Ziel hat, stets im Umlauf zu bleiben. Wer also Freigeld hortet, muss damit leben, dass es immer weniger Wert wird – daher auch der Name „Schwundgeld". Im Fall des Wörgler Schillings wurde dies mit Klebemarken sichergestellt, die auf die Scheine geklebt wurden, wenn sie zirkulierten. Gleichzeitig lebt das Schwundgeld auch davon, dass es in einem begrenzen Raum gültig ist. Dadurch soll die lokale Wirtschaft belebt werden. Freigeld ist in der Regel eine Währung, die parallel zur herkömmlichen Währung verwendet wird. Auch heute findet sich in manchen Städten lokal gütiges Geld, meist Taler genannt. In Wörgl konnten mit dem Schwundgeld unter anderem auch Steuerschulden beglichen werden, was dazu führte, dass immer mehr Menschen und Geschäfte den Wörgler Schilling akzeptierten. Der Erfolg des Experiments war so enorm, dass damals schon vom „Wunder von Wörgl" die Rede war. Denn Wörgl erlebte ein kleines Wirtschaftswunder: Die Menschen gaben das Geld aus, die Arbeitslosigkeit sank und die Steuereinnahmen stiegen kräftig an. Erst als die Österreichische Nationalbank von dem Geldexperiment hörte, das in der Zwischenzeit zahlreiche Nachahmer gefunden hatte, sah sie sich in ihrer Macht angegriffen. Nachdem Unterguggenberger der Aufforderung der Nationalbank, den „Unfug zu unterlassen", nicht nachkam, verklagte man ihn. Am 18. November

1933 beendete der österreichische Verwaltungsgerichtshof das Experiment und urteilte, dass das Schwundgeld gegen das Gesetz verstoße. Wirft diese Geschichte auch einen Schatten auf die junge Geschichte der Kryptowährungen voraus? Auch diese sind mit der Vision angetreten, den Bürgen das Geld ein Stück weit zurück in ihre Hände zu geben und der staatlichen Macht zu entziehen. Die Kryptografie spielt in diesem Zusammenhang eine neue, ganz entscheidende Rolle, die auch den Ausgang dieses Experiments offen lässt.

Überlegungen wie diese lassen uns sicherlich immer ein Stück weit auch im Unklaren zurück. Denn jeder Akteur muss sich in diesem Bereich die Frage stellen, ob es sich überhaupt lohnt, große Summen an Geld, Zeit und Energie in die Entwicklung beispielsweise von Quantencomputern zu stecken. Selbst wenn es sich dabei im Moment noch um Geheimprojekte von Militär und Unternehmen handeln sollte, kommt irgendwann der Punkt, an dem unweigerlich bekannt wird, dass der nächste Entwicklungsschritt im Bereich der Kryptoanalyse erreicht ist. Im Umkehrschluss bedeutet das jedoch nur, dass der schwarze Peter wieder bei der Gegenseite liegt und es eine Frage der Zeit ist, wann die nächste, noch bessere Verschlüsselungstechnik vorgestellt wird.

Ausblick: Ein Wettrüsten ohne Ende?

Die Geschichte der Verschlüsselungstechniken zeigt, dass es sich um einen Wettlauf zwischen Kryptografen und Kryptoanalytikern bzw. Codeknackern handelt. Ein Resultat dieser Dynamik ist ein technologisches Wettrüsten, das nie ein Ende hat. Was bei Cäsar mit dem Verbergen von Informationen über die Kriegsführung begann, führte über die elektrolowerCybermechanische

Verschlüsselung von Chiffren zu dem Punkt, an dem wir heute stehen, wenn wir Nachrichten via Computer oder Smartphone verschlüsseln und versenden bzw. dechiffrieren. Die entscheidende Frage, die sich mit dem Blick auf die Geschichte der Verschlüsselung stellt, lautet: Wissen wir, wo wir im Hinblick auf die Ver- und Entschlüsselung von Codes stehen? Wissen wir es und ist die derzeit verwendete Verschlüsselungstechnik sicher, können wir getrost darauf vertrauen, dass unsere Nachrichten und Informationen sicher sind. Wissen wir es nicht und ist es bereits jemandem gelungen, den Code beispielsweise mithilfe eines Supercomputers zu knacken, sollten wir uns Gedanken darüber machen, wo und wie wir Informationen speichern und versenden. Je mehr sich unser Leben ins Digitale verlagert, desto wichtiger wird die Beantwortung dieser Frage. Denn das Entschlüsseln von codierten Daten und Informationen hat heute einen Stellenwert, der von vielen Beobachtern nach wie vor unterschätzt wird. Auch wenn es immer wieder zu lesen ist, dass Daten das neue Öl sind, ist ihr eigentlicher Wert nach wie vor nicht richtig greifbar. Zudem eröffnet der Einsatz von Künstlicher Intelligenz oder Quantenkryptografie neue Spielräume zum Beispiel im Bereich des Social Engineerings durch die sogenannten Deep Fakes. Dabei handelt es sich um künstlich erzeugte Akteure, die auftreten, als handele es sich um echte Menschen. Aber auch Viren und Trojaner werden immer besser und könnten in Zukunft selbst die besten Verschlüsselungstechniken unsicher machen. Ganz gleich an welchem Punkt des unendlichen Wettrüstens wir uns heute befinden, zahlt es sich aus, immer am Ball zu bleiben. Nur weil sich Alan Turing viele Jahre im Voraus mit der Frage beschäftigt hatte, wie man die Enigma knacken könnte, wenn die Spruchschlüssel nicht mehr doppelt übermittelt werden, konnten die Alliierten ihren Vorsprung bewahren.

Bevor wir aber weiter in Richtung Gegenwart und Zukunft des Cyberkrieges voranschreiten können, müssen wir noch einmal zurück in die Zeit des Mittelalters gehen. Denn die Geschichte der Steganografie und der Kryptografie hat zwei Dinge gezeigt. Zum einen die Relevanz der Vergangenheit: Auch die modernste Verschlüsselung basiert auf den „alten" Prinzipien wie denen der Transposition und Substitution. Und zum anderen, dass die Entwicklung von Technologien eine ganz entscheidende Rolle spielt, wenn es um neue Taktiken und Strategien geht. Darum steht im nächsten Kapitel die Technikgeschichte im Fokus.

3

Stuxnet und der vergiftete Brunnen: Was das Mittelalter mit der Cyberwelt verbindet

Nachdem in den beiden vorangegangenen Kapiteln die chinesischen und antiken Ursprünge der klassischen Kriegsführung sowie ihre Entwicklung und Relevanz für die Jetztzeit dargestellt wurden, soll es im Folgenden noch um die Kriegstechniken und Taktiken des Mittelalters gehen. Wenn man Mittelalter hört, kommen den meisten Menschen Ritter, Burgen und martialische Waffen in den Sinn. Und alle drei Beispiele können für die heutige Analogie in der Cybersecurity herangezogen werden. Eine wichtige Abwehrfunktion mittelalterlicher Festungen übernahmen beispielsweise die massiven Mauern. Analog dazu nutzen wir im digitalen Zeitalter eine Firewall als eine der wichtigsten Schutzbastionen eines Systems, um Angreifer von außen abzuhalten. Solche Wehranlagen waren selbstverständlich schon im Mittelalter sehr viel komplexer und auch technische Systeme und IT-Netzwerke weisen in der Regel umfassende Schutzmaßnahmen auf. Der springende Punkt dabei ist jedoch, dass die

© Der/die Autor(en), exklusiv lizenziert an Springer Fachmedien Wiesbaden GmbH, ein Teil von Springer Nature 2023
P. Kestner, *Die Kunst des Cyberkrieges*,
https://doi.org/10.1007/978-3-658-40058-3_3

Ähnlichkeiten nicht mit der Metapher von der Mauer enden. Vielmehr lassen sich die Prinzipien, Funktionsweisen und Methoden der jahrhundertealten Anlagen in modernen Sicherheitsarchitekturen wiederfinden.

Die Burg als Sinnbild der mittelalterlichen Verteidigung

Kaum etwas steht derart sinnbildlich für die mittelalterliche Verteidigung wie die Burg. Die mittelalterlichen Burgen waren die Zentren der Macht. Und da auch damals viel um die fünf eingangs vorgestellten, typischen Treiber von Konflikten – Macht, Ruhm, Reichtum, Ehre und Lust – gekämpft wurde, mussten sie besonders sicher gebaut werden. Noch bevor der erste Stein auf den anderen gesetzt wird, beginnt die Sicherheit bei der Wahl des Standorts. Und auch damals galt schon: Lage, Lage, Lage! Eine erhöhte Lage oder ein Gebiet, das von einem Fluss durchquert wird, bot, wie bereits Sun Tzu wusste, zusätzlichen Schutz vor Angreifern. Betrachtet man den Aufbau von Burganlagen aus der Vogelperspektive oder in Form von Grundrissen, dann zeigt sich eine weitere Auffälligkeit. Wenn es sich um vollständig gebaute Strukturen handelt, die nicht mit örtlichen Gegebenheiten wie Flüssen oder Felsen als natürlichen Barrieren arbeiten, dann sind diese zentralistisch aufgebaut. Das heißt, im Zentrum befinden sich die Burg sowie die dazugehörigen Gebäude, Türme, Häuser und Plätze. Rund um dieses zu schützende Areal herum folgen meist mehrere geschlossene Schutzwälle, Mauern, Gräben oder andere Befestigungsanlagen. Diese können ringförmig, kreisförmig oder auch in Form einer Zitadelle, also als regelmäßiges Vieleck, aufgebaut sein. Die Vorläufer für diese Grundform finden sich zum Beispiel in Jerusalem, das schon in der

Zeit um 1400 v. Chr. von einer Ringmauer umgeben war. Da Jerusalem viele Male angegriffen, belagert, zerstört und wiederaufgebaut wurde, könnte man ein ganzes Buch nur über die Entwicklung der Befestigungsanlagen schreiben. Für diesen Zusammenhang soll der Hinweis genügen, dass die mittelalterlichen Baumeister, die allesamt mit der heiligen Stadt und deren Bauwerken vertraut waren, hier zahlreiche Anregungen gefunden haben. Das falsche, jedoch weit verbreitete Vorurteil vom „dunklen" Mittelalter führte dazu, dass die Bauformen der damaligen Zeit lange Zeit unterschätzt wurden. Dabei wurde insbesondere das Bauen von Burgen im Mittelalter geradezu perfektioniert. Die damals erdachten Lösungen erfüllten damalige neueste Sicherheitsstandards und dienen darum zum Teil bis heute als Vorbild. Betrachtet man beispielsweise die Sicherheitsvorkehrungen, die rund um das Münchner Oktoberfest getroffen werden, kann man leicht Parallelen zum Aufbau mittelalterlicher Burganlagen finden. Seit einigen Jahren wird das Gebiet rund um die Theresienwiese von der Polizei in drei, manchmal auch fünf Sicherheitszonen aufgeteilt, auch „Sicherheitsring" genannt. Im äußeren Ring sind keine Autos erlaubt, in der zweiten Zone können die Exekutiven die Identität der Besucher überprüfen und erst in der dritten Zone ist man letztlich angekommen. Für zusätzliche Sicherheit sorgt ein Bauzaun, der während der Aufbauphase rund um die Wiesn errichtet wird. Diskutiert wurde auch der Bau einer Brücke, die über das Gelände führen sollte. Das Sicherheitskonzept wird jedes Jahr neu diskutiert und angepasst. Auf die provisorischen Beton-Pfeiler folgten 180 fest installierte, versenkbare Hochsicherheits-Poller, die man durchaus mit Zugbrücken oder Falltoren in Verbindung bringen kann. Genau solche Sicherheitsringe oder -zonen finden sich auch im Cybersecurity-Bereich.

Auch hier sind es meist drei Zonen, die vor den sensiblen, privaten Bereich geschaltet sind. Der äußerste Bereich entspricht dem öffentlich zugänglichen Internet. Die erste Sicherheitszone besteht aus den von dort aus erreichbaren Diensten bzw. Rechnern. In der zweiten Sicherheitszone, der Isolierungsschicht – auch DMZ, also Demilitarisierte Zone genannt –, gibt es zahlreiche technische Maßnahmen, die die Zugriffsmöglichkeiten beschränken. Beispielsweise durch die Überprüfung von Identitäten, die im digitalen Raum durch die Vergabe und Prüfung von Zertifikaten erfolgt, weitere Firewalls oder die Nutzung von kabelgebundenen Netzwerkverbindungen (LAN). Erst in der inneren Zone befinden sich dann sensible Daten oder Anwendungen wie die Kronjuwelen in der Zitadelle.

Die eben erwähnten DMZs finden sich bereits in Festungen in arabischen Gebieten oder in Jerusalem. Anlagen, die mehrere Ringe hatten, nutzten den Raum, der dazwischen entstand, als Verteidigungszone. Drangen die Angreifer in diesen Bereich vor, konnten sie von den Verteidigern von beiden Seiten aus angegriffen werden. Wie ausgefeilt jedoch die mittelalterlichen Wehrburgen waren, macht ein direkter Vergleich mit den römischen Verteidigungsanlagen deutlich. Die Römer verwendeten zum Schutz ihrer Marschlager schlicht Holzzäune oder vergleichbare Pfahlkonstruktionen. Dauerhaft genutzte Festungen, Kastelle oder andere militärische Standorte waren in der Zeit ab 100 n. Chr. zwar auch mit Steinmauern befestigt, wiesen jedoch meist eine quadratische Grundform auf. Mit der Finesse mittelalterlicher Burgen können diese vergleichsweise einfachen Mauern allerdings kaum mithalten. Sicherheitserwägungen spielten bereits bei der Auswahl des Standorts eine Rolle. Darum stehen Burgen vorwiegend auf landschaftlich erhöhten Stellen, die eine weite Sicht und frühzeitige Identifikation von

Angreifern ermöglichten. Rund um die Burg befanden sich wie bereits erwähnt die ringförmig angelegten Wehranlagen mit Mauern, Burggräben oder Verteidigungsmechanismen wie Türmen, Falltoren oder Pechnasen. So manches, was einem ungeübten Auge als bauliche Mängel erscheinen könnte, wurde bewusst so konstruiert: Burgmauern, die unten breiter und nach oben hin dünner werden, sind etwa nicht über die Jahrhunderte wie der Schiefe Turm von Pisa in eine Richtung abgesackt, sondern wurden so gebaut. Diese Bauform erschwerte es nicht nur Eindringlingen, daran hochzuklettern, sondern verlieh den Mauern eine hohe Standfestigkeit. Burgmauern sind jedoch nicht nur geneigt, sondern häufig auch geschwungen. Auch das lag nicht am Metkonsum der damaligen Erbauer, sondern verlieh den Mauern eine Elastizität. Der Schaden, den der Einschlag einer Kugel auf eine gerade Mauer hat, wie diejenigen, mit denen die römischen Kastelle umwehrt waren, ist sehr viel größer als bei runden und abgeschrägten Mauern. Diese federn die Angriffe mit einem Rammbock oder Katapulten viel besser ab. Dafür sorgt nicht nur die geschwungene Bauform, sondern auch eine zusätzlich eingebaute Pufferzone. Burgmauern bestehen häufig aus zwei Mauern: eine Steilmauer innen und eine außen. Dazwischen liegt ein Pufferbereich, der mit Schotter aufgefüllt wurde. Auch dadurch wird die Mauerkonstruktion insgesamt elastisch. Prallt eine Kugel darauf, kann die Mauer nachgeben, ist nicht so schnell durchdringbar und fällt auch nicht sofort ein. Der tiefere Grund für das gewölbte Mauerwerk ist also die damalige Kriegstaktik.

Auch der Zugang zu Burgen wurde erschwert. Hinein und hinaus gelangt man häufig über Zugbrücken, mit Falltoren geschützte Durchgänge oder unterirdische Geheimgänge. Je sicherer die Architektur der Anlagen wurde, desto kreativer mussten Angreifer und Spione werden. Man denke nur an die geheimen Botschaften, die in Eiern versteckt sein können. Steganografische Methoden kann kein noch so schweres Falltor abhalten, wenn etwas so Unscheinbares wie ein Ei in einem Korb hindurch getragen wird. Auch wenn es auf Anhieb nicht sofort evident ist: Die Versorgung mit Lebensmitteln stellt eine massive Schwachstelle für die Verteidigung einer Burg dar. Auch hier fängt es wieder mit der Lage an: Wenn es um die Wahl des perfekten Standorts für eine Burg ging, durften nicht nur die Erwägungen eine Rolle spielen, die oben im Bezug auf die Verteidigung eine Bedeutung haben. Eine gute Lage für eine Burg zeichnet sich auch dadurch aus, dass die Versorgung gesichert ist. Zwar wäre eine Burg, die sich auf dem Gipfel eines 5000 m hohen Berges befindet, nur sehr schwer einzunehmen – allerdings wäre es auch fast unmöglich, sich regelmäßig mit Wasser und Nahrungsmitteln zu versorgen. Das gilt auch für die Moderne: Eine eigene Strom- und Wasserversorgung bei nötiger Kühlung oder im Brandfall kann auch die Sicherheit von technischen Systemen enorm erhöhen. Und wenngleich ein Berggipfel nicht unbedingt als vorteilhafter Standort für Rechenzentren gilt, so befindet sich doch in den Tiefen eines Schweizer Bergmassivs des Kantons Uri eines der sichersten Cloud-Rechenzentren überhaupt. Dabei handelt es sich um einen umfunktionierten und ehemals hochgeheimen Bunker des Militärs, der zur Flugabwehr genutzt wurde. Ein paar Details zur Ausstattung: Panzertüren und Schleusen, die von Sicherheitspersonal kontrolliert werden, halten unerwünschte Besucher fern, die Server werden durch eine natürliche Wasserversorgung gekühlt und eine eigene Luftzufuhr schützt vor Angriffen mit chemischen oder biologischen Waffen.

Wenn man sich die mittelalterliche Burg als ein idealisiertes Bild vorstellen müsste, dann würde sie sich auf einer Insel befinden, mit vier Türmen umgeben sein, die ein Alarmsystem nach allen Himmelsrichtungen darstellen, und einer Fallbrücke als einzigem Zugang. Im Zentrum der Burg würden sich die Kronjuwelen innerhalb eines Baus in der Zitadelle befinden. Darauf folgen zunächst ein erster innerer Ring sowie ein äußerer Ring, die jeweils aus doppelwandigen Burgmauern bestehen. All diese Schutzmechanismen müssten die von weitem sichtbaren Angreifer überwinden, um an den Schatz des Königs zu kommen. Eine direkte Übernahme dieses idealisierten Systems findet sich beispielsweise im Bereich der IT-Sicherheit. Der sogenannte „Kronjuwelen-Schutz" bezeichnet die Maßnahmen, die ergriffen werden, um besonders sensible Daten vor dem Angriff durch Hacker zu bewahren. Die Kronjuwelen sind in diesem Fall die wertvollsten Informationen, die ein Unternehmen oder eine Organisation hat – das können Kundendaten sein, aber auch Geschäftsgeheimnisse wie Patente, strategische Pläne oder Erkenntnisse aus dem Bereich Forschung und Entwicklung. Ist ein IT-System wie eine mittelalterliche Burg aufgebaut, lagern solche Daten schon einmal auf gar keinen Fall im Bereich der ersten Verteidigungslinie. Diese bilden alle Rechner, die direkt mit dem Internet verbunden sind und damit offensichtliche Angriffsziele darstellen. Auch in dem dahinter liegenden Bereich, dem sogenannten Backoffice-Netzwerk, das nur zu internen Zwecken genutzt wird, sind optimaler Weise noch keine sensiblen Daten zu finden. Ähnlich wie bei Burgen gibt es auch innerhalb von IT-Systemen (im Idealfall) sowohl Mauern (Firewalls) als auch so etwas in der Art wie Beobachtungstürme. Sei es mithilfe von technischen Systemen, die Angriffe erkennen können, und/oder durch den Einsatz eines Security-Teams – es gilt, das aktuelle Geschehen stets im Blick zu behalten und im Ernstfall sofort zu reagieren. Analog zur Zugbrücke gibt es technische Möglichkeiten, den Zugang zu Systemen von außen kurzerhand zu unterbinden, oder zum Beispiel durch Zero-Trust-Policys (Fallgatter) den Zugang allen zu verwehren, die sich nicht eindeutig identifizieren können. Früher lagerten die echten Kronjuwelen in der Zitadelle, also eine kleine, in sich abgeschlossene Festung. Heute gibt es für diese Zwecke Server-Safes oder HSMs (Hardware Security Modules), die sowohl durch physische Schutzmaßnahmen wie Videoüberwachung, Schutzpersonal, abgeschottete Gebäude als auch Software-Tools und IT-Systeme sowie eine komplexe Sicherheitsarchitektur, über die der Zugang verwaltet und geregelt wird, abgesichert werden.

Allerdings gilt auch in diesem Fall: Man sollte sich nicht dazu verleiten lassen, sich diesem Bild von der Burg und dem damit vermittelten Gefühl von Sicherheit hinzugeben. Denn ein Blick in die Geschichte genügt, um zu sehen, wie sich parallel zu der Weiterentwicklung der Bauformen auch die Taktiken verändert haben. Als sich die Steilburgen mit Burggraben verbreiteten, wurde eine Kriegstaktik erforderlich: die Belagerung. Mit dieser neuen Taktik war es möglich, die Stärken der Burg zu umgehen. Denn ab einem gewissen Punkt wusste man, dass man die Mauern nicht zerstören konnte. Doch anstatt zu versuchen, die Mauern aus Steinen zu zerstören, schoss man mit Katapulten tote Tiere darüber. Auf diese Weise entstanden und verbreiteten sich innerhalb der Burgen Seuchen, oder man traf mit etwas Glück den Brunnen. Sobald der Brunnen vergiftet war, konnte man die überlebenswichtige Wasserversorgung unterbrechen und die Burginsassen dazu bringen, die Tore zu öffnen, um die Burg auf der Suche nach neuen Vorräten zu verlassen.

Stuxnet und eine Lektion aus dem Mittelalter

Einer der bedeutsamsten, ausgefeiltesten und zugleich einer der aufwendigsten Cyberangriffe, den es in der Geschichte bislang gab, wurde mit der Schadsoftware Stuxnet durchgeführt. Ein Wurmprogramm verbreitet sich, indem es unbemerkt Kopien von sich selbst erstellt, sobald es einmal ausgeführt wurde. Im Zuge des Angriffs wurden auf diese Weise etwa 30.000 Computer im Iran infiziert. Größtenteils unbemerkt, da Stuxnet auf diesen Rechnern keinen großen Schaden anrichtete. Denn das eigentliche Ziel des Schadprogramms war extrem zugespitzt. Es zielte auf Gaszentrifugen der Firma Siemens, die die Angreifer bis ins Detail gekannt haben müssen. Diese werden in Anlagen zur Urananreicherung verwendet. Genau solche Siemens-Zentrifugen kamen auch in den beiden iranischen Urananreicherungsanlagen in Natanz und Buschehr zum Einsatz. Die Wirkung von Stuxnet war hochspezifisch: Das Programm zielte auf eine physikalische Schwachstelle der Zentrifugenrotoren ab. Diese drehen sich mit einer hohen Geschwindigkeit sowie unter hohem Druck, nahe dem Vakuum – also eine äußerst fragile Angelegenheit. Der Angriff erfolgte in zwei Stufen. Der erste Schritt bestand darin, den Druck in den Zentrifugen zu erhöhen. Dadurch nahm die Belastung der Rotoren zu, wodurch sie sich verformten. In einem zweiten Schritt wurde dann die Drehgeschwindigkeit der Rotoren erhöht, um sie zu überdrehen und weiter zu deformieren.

Was sich in wenigen Sätzen beschreiben lässt, ist in der Realität eine hochkomplexe Aufgabe. Denn um überhaupt erst an Ort und Stelle zu gelangen, musste Stuxnet es gelingen, alle Sicherheitsvorkehrungen der

involvierten IT-Systeme zu überwinden. Sehr wahrscheinlich gab es einen Insider oder einen unvorsichtigen Mitarbeiter, der einen USB-Stick in einen Rechner steckte,
der mit anderen Netzwerken verbunden war oder den
USB-Speicher weitergab. Nach und nach verbreitete
sich so das Schadprogramm bis zu dem Punkt, wo es
sich letztlich auf die Steuerungseinheit der Gaszentrifugen kopieren konnte. Jedes Mal, wenn es Stuxnet
gelungen war, sich erfolgreich auf einen weiteren
Computer zu kopieren, schickte es den Angreifern aller-
hand Daten über das gekaperte System. Erst nachdem es
dem Programm gelungen war, sich bis zu den Anlagen in
Natanz und Buschehr zu verbreiten, konnte der tatsächliche Angriff erfolgen. Aber auch das ist alles andere als
einfach. Schließlich musste das Programm es schaffen, die
Steuerung der Siemens-Zentrifugen tatsächlich unbemerkt
zu manipulieren. Und schließlich der dritte und schwerste
Schritt überhaupt: Es musste gelingen, durch diese
Manipulation der Steuerung die Rotoren zur beschädigen.

Dass Stuxnet bestimmte Sicherheitsbarrieren überwinden konnte, lag auch an der besonderen Situation,
in der sich das iranische Atomprogramm befand. Die
internationalen Sanktionen verhinderten, dass sich der
Iran State-of-the-Art-Equipment für seine Urananan-
reicherungsanlagen beschaffen konnte. Darum wurden
viele Notlösungen und Überbrückungen von Sicherheitsvorkehrungen standardmäßig verwendet. Gaszentrifugen fielen auch vor dem Stuxnet-Angriff ständig aus
und Rotoren mussten repariert werden. Das Perfide an
Stuxnet war jedoch, dass selbst als das Schadprogramm
bereits die Kontrolle über die Steuerung der Zentrifugen
übernommen hatte, den Mitarbeitern vor Ort nichts
auffiel. Das lag daran, dass der legitime Code weiter-
läuft, aber quasi von der echten Steuerung abgekapselt

wird. Stuxnet zeichnet dafür zunächst einige Sekunden normale Aktivität auf und füttert diese in Endlosschleife an das isoliert laufende Steuerungsprogramm, das jedoch scheinbar weiterhin Sensorsignale aufzeichnet und an den Bediener im Leitstand übermittelt. Da sich Stuxnet zwischen den Steuercode und die Aktoren/Sensoren positioniert, spricht man auch von einem „Man-in-the-middle-Szenario".

Als Stuxnet entdeckt und analysiert wurde, war der Schock über dessen Fähigkeiten immens. Nicht nur wurde der Programmcode weltweit in hunderten Industrie-anlagen gefunden. Schnell wurde auch klar, wozu er in der Lage war. Ohne dass es die Operateure merken würden, könnte er den Druck in Atomreaktoren erhöhen oder Pumpen in Bohrtürmen deaktivieren. Und das alles mit einem Programmcode, der gerade mal 500 Kilobyte groß ist. Hier sind ein paar Zeilen daraus:

```
else if (DB8063.state==6)
{
FC6065(); //manipulate outputs
FC6079(); //replay recorded input image
FC6057(0×1F7F#84034020, 0×0000#87000230, var60.2);
if(var60.2==1)
FC6078(1, var50, 0×1F7F##84034020);
var56=var58=-1;
SFC41(var56); //disable alarm interrupts
if(var56 !=1)
        DB8063.error_flag=1;
SFC27(0, var2, var4); // update process outputs
(electrical) SFC42(var58); //enable alarm inter-
rupts
if(var58 !=0)
        DB8063.error_flag=1;
if(var2 !=0) DB8063.error_flag=1;
if(DB8063.timer4 >=6m58s)
```

```
{
DB8063.state=7;
FC6078(2, var50, 0x1F7F##84034020);
        }
}
```

Die Analyse des Stuxnet-Codes dauerte viele Jahre an und ist bis heute relevant. Denn es handelt sich um die weltweit erste Waffe, die ausschließlich auf Programmcode basierte. Zudem kann dieser Code umgeschrieben, angepasst und weiterentwickelt werden. Darum ist es wichtig, den genauen Hergang zu rekonstruieren, um daraus zu lernen und sich für vergleichbare Situationen vorzubereiten.

Was war also das Ziel von Stuxnet? Das politische Ziel war ganz klar, das iranische Nuklearprogramm zu behindern. Auf einer technischen Ebene war es die Störung der Gaszentrifugen, um die Urananreicherung zu verhindern. Im Gegensatz zu vielen anderen Cyberangriffen wurden im Fall von Stuxnet keine Daten gelöscht, geklaut oder verändert. Auch ging es nicht um die Erpressung von Geld. Das Endziel war sicherlich die Zerstörung der Anlage ohne Rückschlüsse auf die wahre Ursache und den Angreifer natürlich. Da wir bis heute nicht mit hundertprozentiger Gewissheit wissen, wer dahinter steckte, gibt es auch mehrere Varianten der Erzählung des genauen Tathergangs. Für das taktische Gelingen des Angriffs war es jedoch wichtig, dass der Anschein erweckt wurde, dass die Steuerung der Anlagen einwandfrei funktionierte. Es handelt sich quasi um das klassische „Tarnen und Täuschen", denn bei einer folgenden Zerstörung wäre ein „technischer Defekt" schuld gewesen und kein Staat oder andere Dritte.

Stuxnet ist aber noch aus verschiedenen anderen Gründen bemerkenswert. Zum einen, weil es gelang, ihn in eine hochsichere Umgebung einzuschleusen. Zum anderen, weil mit dem Angriff der Beweis erbracht wurde, dass mit einem Computerprogramm ein signifikanter Schaden an einer physischen Infrastruktur verursacht werden kann. Bis zu diesem Zeitpunkt stand die Machbarkeit eines solchen Angriffs immer wieder infrage. Denn es gilt als eine der schwierigsten Herausforderungen, mithilfe einer Software einen physischen Schaden hervorzurufen. Ich würde aber sagen, dass es noch einen weiteren Grund gibt, der diesen Angriff auszeichnet und der bislang kaum erkannt oder gewürdigt wurde. Und zwar zeichnet Stuxnet das taktische Vorgehen seiner Macher aus. Denn sie griffen letztlich auf eine mittelalterliche, von vielen vergessene Vorgehensweise zurück. Aus vertraulichen Gesprächen mit dem Entwickler von Stuxnet ist bekannt, dass dieser tatsächlich die Geschichte als Vorbild für seine Angriffstaktik auf die iranischen Urananreicherungsanlagen herangezogen hat. Das historische Beispiel, das als Vorbild für den Angriff mit Stuxnet gilt, ist die sogenannte Brunnenvergiftung. Weiter oben haben wir ausführlich dargestellt, warum Burgen so sehr schwer einzunehmen waren. Das Sicherheitssystem dieser Anlagen musste also auf irgendeine Art und Weise umgangen werden. Das Ziel dabei lautete, im Inneren der Burg einen so großen Schaden anzurichten, dass deren Bewohner gezwungen waren, die Tore zu öffnen, um die Burg zu verlassen und so ihre Niederlage eingestehen mussten. Einer dieser Wege bestand in einer der weiter oben beschriebenen Angriffsmethoden, der Brunnenvergiftung.

Sowohl die Brunnenvergiftung als auch die Stuxnet-Attacke haben eine weitere Gemeinsamkeit: Der Angriff läuft zeitverzögert ab. Wenn es gelingt, den Brunnen heimlich zu vergiften, weiß niemand von den Bewohnern, dass sich gerade etwas Schlimmes zusammenbraut, während sich die Angreifer längst vorbereiten können. Bei Stuxnet kam durch die zeitliche Verzögerung ein weiterer Vorteil hinzu: Es war nicht einfach möglich, den Angriff auf eine Einzelperson, eine Institution oder einen Staat zurückführen. Nur ein verbautes Teil einer Komponente eines Atomkraftwerks anzugreifen, hat darüber hinaus den Vorteil gehabt, dass niemand etwas in die Hochsicherheitsanlagen hineinschmuggeln musste. Darum gilt Stuxnet bis heute als einer der gefährlichsten Cyberangriffe der Geschichte. Und auch wenn heute vieles an Informationen über den Programmcode zu finden ist und es zahlreiche Berichte über den Angriff gibt, gibt es von offizieller Stelle keinerlei Kommentar über den Ursprung, die Zielsetzung oder die an der Durchführung beteiligten Akteure, sondern nur viele Spekulationen. Aus politischen Gründen scheute man sogar davor zurück, einen Verantwortlichen zu benennen. Umso wichtiger ist es, das historische Wissen lebendig und im Bewusstsein zu behalten, denn daraus lässt sich ausreichend lernen, um mit den Risiken und Gefahren solcher Angriffe umzugehen: Sowohl im Fall der iranischen Urananreicherungsanlagen als auch in mittelalterlichen Burgen musste mit anderen Mitteln ein Weg in die gesicherten Systeme gefunden werden. Von Heinrich dem Löwen wird erzählt, dass er im Jahr 1168 bei der Belagerung der auf einem Bergkegel gelegenen Burg Desenberg bei Warburg, Bergleute aus dem Harz anwarb. Von diesen ließ er einen Stollen in den Berg treiben. Dieser habe angeblich den Brunnenschacht der Burg getroffen, sodass die Angreifer den Brunnen verstopfen konnten. Daraufhin mussten die Verteidiger aufgeben. Jedes System hat also Schwachstellen. Und da es kein vollkommen in sich geschlossenes System gibt und es an irgendeiner Stelle Abhängigkeiten oder Verbindungen nach außen gibt, können diese Punkte für einen Angriff genutzt werden. Sei es bei einer mittelalterlichen Burg oder einem Hochsicherheitsbau wie den Anreicherungsanlagen im Iran. Sich unbemerkt Zugang zu einem solchen zu verschaffen, ist auch heute eine weit verbreitete Taktik im Cyberraum. Auch wenn manchmal in der Berichterstattung das Vorgehen der Stuxnet-Macher als innovativ bezeichnet wurde, ist dies alles andere als zutreffend. Vielmehr ist diese Form des Angriffs viele Jahrhunderte alt. Der Gedanke, jemanden von innen her anzugreifen, ist ein zutiefst mittelalterliches Thema. Damals wurden tote Tiere ins Wasser geworfen, heute eine Schadsoftware ins Innere eines Industriegeräts geschmuggelt. Dieses Beispiel zeigt damit einmal mehr, wie eng die Vergangenheit und die Gegenwart miteinander verbunden sind.

Gebaute Verteidigung

Wie sehr die Architektur dazu in der Lage ist, auf extreme Situationen vorzubereiten, kann man auch an der berühmten indischen Grabstätte, dem Taj Mahal, sehen. Das Mausoleum, das 1648 fertiggestellt wurde, ist von vier Außentürmen, den Minaretten, umgeben. Was nicht unbedingt auf den ersten Blick auffällt: Die vier Minarette sind ganz leicht nach außen geneigt. Warum? In dem Gebiet, in dem das Taj Mahal errichtet wurde, kann es Erdbeben geben. Sollte eines so stark sein, dass es die Türme zum Einsturz bringen könnte, würden diese nach außen fallen und das Mausoleum nicht beschädigen. Bei vielen mittelalterlichen Burgen ist das ähnlich. Da fällt der Turm nach außen – darum sind viele Spitzen nach außen geneigt. In anderen Worten handelt es sich um eine gebaute Sicherheitsstruktur, die das wertvolle Innere der Anlage schützt. Dieses Prinzip findet sich auch heute in Bereichen, in denen höchste

Sicherheitsstandards unumgänglich sind, wie etwa beim Militär. Viele kennen bestimmt aus Büchern und Filmen wie dem *Da Vinci Code* Konstrukte wie das „Kryptex", ein kleines Gerät, das als Geheimversteck für geheime Nachrichten dient. Es ist durch eine Zahlenkombination gesichert. Versucht man jedoch das Kästchen mit Gewalt aufzubrechen, dann zerbricht man eine kleine, mit Säure gefüllte Ampulle, die das Schriftstück zerstört, das im Inneren des Kryptex versteckt ist. Vergleichbare mechanische sowie elektronische Mechanismen können Festplatten bzw. die darauf befindlichen Daten zerstören, sobald sie aus Gehäusen herausgeschraubt werden. Alternativ gibt es die Möglichkeit, Festplatten mit kleinsten Mengen Sprengstoff auszustatten, der für die Zerstörung aller Daten (und wahrscheinlich ein bisschen mehr) sorgen, wenn nicht innerhalb einer vorgegebenen Zeit eine bestimmte Tastenkombination eingeben wird. Auch eine geografische Variante ist hier denkbar. Mithilfe von Geofencing und eingebautem GPS-Chip lässt sich die Nutzung für bestimmte Daten auf ein vorab definiertes Gebiet beschränken. Versucht jemand einen Computer zu entwenden oder verlässt dieser aus einem anderen Grund den Bereich, werden die Daten auf der Festplatte und im Arbeitsspeicher gelöscht. Auch das Kappen der Stromversorgung kann einen hardwareseitigen Schutzmechanismus in Form eines BIOS-Schutzes auslösen. Bei Techniken wie diesen handelt es sich freilich in den seltensten Fällen um Standardlösungen für den Otto Normalverbraucher, sondern vielmehr um spezielle Entwicklungen, die von Geheimdiensten und Militär eingesetzt werden.

Ein weiteres Merkmal des Verteidigungsapparats von mittelalterlichen Burgen sind die Zinnen. Rein praktisch gesehen dienten sie als Versteck für Bogenschützen, hinter dem die Verteidiger einer Burg in Deckung gehen konnten. Die Lücken zwischen den

Zinnen wiederum erlauben den dort postierten Soldaten, auf die Angreifenden zu schießen. Über diesen Zweck hinaus haben sie einen hohen symbolischen Wert, weil es als Privileg galten, den eigenen Sitz verteidigen zu dürfen. Sie standen damit letzten Endes für Macht und sind darum auf zahlreichen Wappen zu finden. Eine ganz ähnliche Funktion erfüllen Pechnasen, über die flüssiges heißes Pech auf die Angreifer gegossen wurde, oder Schießscharten, die zunächst eine enge Öffnung haben und sich nach innen hin weiten, damit der Schütze zwar alles sehen kann, der Angreifer aber einen kleinen Schlitz treffen muss. Elemente wie diese stehen am Übergang zwischen der wehrhaften Architektur mittelalterlicher Burgen und den Protagonisten der mittelalterlichen Kriegsführung: den Rittern.

Der Untergang der Ritter

Der Inbegriff für die mittelalterliche Kriegsführung ist der Ritter. Die Ritter in ihren Rüstungen waren lange Zeit unbesiegbar. Das normale Fußvolk hatte mit seinen primitiven Waffen keine Chance, mit ihnen zu konkurrieren. Das wäre fast so, als würde man heute versuchen, mit einer Steinschleuder gegen einen Panzer anzutreten. Es genügte aber im Grunde nur eine einzige technische Erfindung, die den Untergang der Ritter bedeutete: die Armbrust. Auch wenn die Urform der Armbrust bereits in China und dem antiken Griechenland nachweislich bekannt war, ging dieses Wissen nach dem Untergang der ersten Hochkulturen verloren. Erst die Normannen im mittelalterlichen Frankreich entdeckten um 1000 n. Chr. diese Waffenform neu und entwickelten sie zu einer effektiven Kriegswaffe weiter. Funde und bildliche Darstellungen belegen, dass die Normannen in der

Schlacht von Hastings im Jahr 1066 Armbrüste gegen ihre Gegner, die Angelsachsen, einsetzten. Die Bedeutung der Armbrust kann – zumindest für die Kämpfe auf den heimischen Schlachtfeldern – nicht unterschätzt werden. Sogar das Abwehrsystem der Burgen brauchte nach der Erfindung der Armbrust und anderen Schusswaffen wie Kanonen ein Update. Die bereits erwähnten Zinnen sind ein besonders sichtbares und symbolisch aufgeladenes Merkmal. Andere allerdings dürften – sofern sie sich erhalten haben – dem heutigen Betrachter verborgen bleiben. Das liegt daran, dass sie genau so erdacht waren. Es handelt sich um Abstandssteine, die in regelmäßigen Abstand in der Landschaft so versteckt wurden, dass sie wie zufällige Bestandteile der Natur wirkten. Von der Burg aus waren sie jedoch gut sichtbar und erfüllten ihren Zweck. Rückten Angreifer auf die Burg vor, kannten die Bogen- und Armbrustschützen dank der versteckten Markierungen deren genaue Entfernung. Da sie im Vorfeld die Flugparabel berechnet hatten, konnten sie mit ihren Bögen exakt die Winkel anpassen und die Angreifer abwehren. Alle Stärken, die eine Rüstung im direkten Zweikampf haben könnte, waren damit eliminiert. Und auch ein noch so großes Heer von Rittern nützte nichts mehr gegen eine Burg, auf der Menschen mit Armbrüsten postiert waren. Ganz im Gegenteil. Die Rüstung wurde den Rittern gar zum Nachteil, weil sie dadurch zu schwerfällig wurden und den schnellen Pfeilen nicht ausweichen konnten. Eine der wichtigsten Erkenntnisse, die die mittelalterlichen Zeitgenossen erlernen mussten, lautet demnach: Ein neues Waffensystem kann von heute auf morgen die gesamte Kriegsführung verändern und macht eine Taktikänderung nötig.

Letzten Endes war der Untergang der Ritter natürlich ein etwas komplexerer Prozess, der nicht nur mit ihrer Unterlegenheit auf dem Schlachtfeld zu tun hatte, sondern auch mit einem wirtschaftlichen und politischen Niedergang einherging. Insbesondere der Umstand, dass muslimische Truppen im Jahr 1291 Palästina eroberten und die christlichen Ritter aus Jerusalem und dem Heiligen Land vertrieben, gilt als empfindliche Niederlage, die zum Machtverlust der Ritterschaft insgesamt beitrug. Auch die Pest, die ab den 1340er-Jahren in Europa wütete, hinterließ ihre Spuren. Nicht unbedingt, weil die Pest auch hier ihre Opfer forderte, sondern weil sie den Höfen und Burgen die wirtschaftliche Grundlage entzog. Die Ritter, die selbst nichts erwirtschafteten, waren vom Ertrag bzw. den Abgaben der Bauern abhängig, die ihre Felder bestellten. Doch trotz all dieser parallelen Ereignisse darf die Bedeutung, die die Durchschlagskraft der Armbrust hatte, nicht unterschätzt werden. Von ihr ging eine so große Bedrohung aus, dass das Verwenden von Bögen und Armbrüsten bei Kämpfen zwischen Christen von Papst Innozenz II. beim 2. Konzil von Lateran bereits im Jahr 1139 verboten wurde. Argumentiert wurde sowohl mit der Reichweite als auch der Durchschlagskraft, die diese Waffen gegen die Rüstungen hatten. Darum galten sie fortan als unritterlich, wenngleich sie weiterhin gegen Heiden und Andersgläubige eingesetzt werden durften. Auf dem Schlachtfeld wurden sie jedoch trotz des Verbots weiter verwendet und so starb Richard Löwenherz 1199 durch einen Armbrustbolzen.

Übrigens brauchte man nicht unbedingt überlegene Waffentechnik, um gegen Ritter zu kämpfen. Wenn einem solche Techniken wie die Armbrust nicht zur Verfügung stehen, kann man sich auch mithilfe von Sun Tzu einen Vorteil verschaffen, sprich: mit Taktik. Wer sich einem Heer von Rittern gegenüber sieht, kann diese beispielsweise dazu bringen, durch Matsch zu laufen. Dazu muss man freilich eine Kenntnis des Geländes und des Wetters mitbringen. Wem dies jedoch gelingt, hat eine hilflose, bewegungsunfähige und schwerfällige Mannschaft vor sich stehen, die man wie Käfer auf den Rücken werfen und einfach besiegen kann.

Doch zurück zur Technikgeschichte. Genauso wie die Erfindung der Armbrust durchschlagenden Erfolg hatte, war auch die des Schießpulvers bahnbrechend. Konstantin Anklitzen, so lautete der bürgerliche Name eines Mannes, der der Legende nach nichts weniger als den Gang der Menschheitsgeschichte verändert hat. In vielen christlichen Ordensgemeinschaften ist es üblich, dass Menschen, die in diese Gemeinschaften eintreten, im Rahmen einer Zeremonie ihren Namen ändern. So war es auch bei Konstantin Anklitzen, der im 14. Jahrhundert in den Franziskanerorden eintrat. Von diesem Tag an trug er den Namen Berthold Schwarz. Mehr oder weniger durch Zufall im Rahmen der alchemistischen Experimente, die er durchführte, entdeckte er im Jahr 1359 das nach ihm benannte Schwarzpulver. Er vermischte Salpeter, Schwefel und Holzkohle miteinander und stellte das Gemisch in einem Gefäß auf einen Ofen. Zum Glück verließ er den Raum anschließend und wurde nicht direkt Zeuge der Explosion des Schießpulvers, das er in diesem Moment erfunden hatte.[1]

Darauf reimt sich gewissermaßen die Erfindung des Dynamits im Jahr 1866 durch Alfred Nobel, dem schwedischen Chemiker, der später den Nobel-Preis stiftete. Auch wenn er es selbst abgestritten hat, verdankt sich die Entdeckung der Formel für den Sprengstoff sehr wahrscheinlich ebenfalls einem Zufall. Das

---

[1] Auch wenn Schwarz nichts davon gewusst haben mag, datiert die eigentliche Erfindung des Schießpulvers in das 9. Jahrhundert zurück. Bereits im chinesischen Kaiserreich um 1000 n. Chr. finden sich schriftliche Belege für salpeterhaltige Brandsätze.

Nitroglycerin, der explosive Grundstoff, ist eine sehr zähflüssige Substanz mit einer verheerenden Wirkung. Sie ist sehr viel gefährlicher als Schwarzpulver, weil die Sprengkraft um ein Vielfaches größer ist. Bevor Nobel es gelang, ein stabiles Mischungsverhältnis zu finden, das sich kontrolliert zünden ließ, forderte die Erforschung, die Förderung und der Transport sowie der ungeübte Einsatz von Nitroglycerin zahlreiche Todesopfer. Bei Versuchen sprengte Nobel sogar sein eigenes Haus in die Luft. Dabei kamen sein Bruder sowie vier Mitarbeiter ums Leben. Um den hochexplosiven Stoff fortan sicher von A nach B zu bringen, verwendeten Nobel und seine Mitarbeiter ein Mehl, das aus fossilen Kieselalgen hergestellt wird, als Polstermaterial (sog. „Kieselgur"). Als ein Transportgefäß dennoch zu Bruch ging, floss etwas vom Glycerin aus, wurde aber von dem Kieselgur aufgesogen und explodierte nicht. Nobel hatte damit eine Möglichkeit gefunden, das Sprengöl zu verwahren und fügte als chemischen Stabilisator noch Soda hinzu. Alles zusammen füllte er in eine zylinderförmige Schutzhülle und 1867 ließ er sich das Mischverhältnis patentieren, das ihm zu unfassbaren Reichtum verhelfen sollte. Das Dynamit veränderte die Welt. Im Positiven, weil dadurch massive Bauprojekte wie der Panama-Kanal oder der Gotthard-Tunnel überhaupt erst möglich wurden. Aber auch im Negativen, weil damit terroristische Anschläge möglich wurden. Mit Dynamit wurden zahlreiche Attentate verübt – allein im Jahr 1892 waren es mehr als 1000. Diese Form des Angriffs war so „beliebt", dass sogar eigens ein Begriff für Attentäter erfunden wurde, die Nobels Erfindung nutzten: Dynamitarde. Das wohl prominenteste Opfer eines Dynamitarden war der russische Zar Alexander II. im Jahr 1881. Nobel selbst war von diesen Konsequenzen, die seine Erfindung hatte, erschüttert und wurde zum Pazifisten. Er sah das gefährliche Potenzial einer Waffe, mit der es möglich ist, seinen Gegner in Sekundenbruchteilen zu töten.

Solche Angriffe, wie sie das Dynamit ermöglicht, finden sich auch im Cyberraum. Wenn es um den Effekt und den Ablauf einer kontrollierten Explosion geht, könnte man beispielsweise an Logikbomben denken. Dabei handelt es sich um einen Computervirus, dessen „Detonation" an vorab bestimmte Rahmenbedingungen gekoppelt ist. Eine Voraussetzung könnte sein, dass sich eine ganz bestimmte Person zu einer gewissen Uhrzeit in einem System anmeldet, dann eine spezielle Anwendung startet oder eine Transaktion vorbereitet. Auch der Schaden, den eine Logikbombe anrichten kann, wird in der Regel vorab definiert und kann sowohl sehr zielgerichtet, aber auch enorm groß sein. Angefangen beim Abfangen und Löschen aller Daten über die Verschlüsselung des Systems bis hin zur Erpressung von Lösegeld.

Vom Mittelalter in die Zukunft und von der Armbrust zur Cybertruppe: Eine kurze Technikgeschichte des Cyberspace

Die Geschichte des Mittelalters lässt sich demnach auch als Technikgeschichte erzählen. Ohne eine entsprechende Infrastruktur (Burgen) und Waffentechniken (Armbrust, Schwarzpulver) wäre die Macht und Herrschaft des Rittertums nicht erklärbar. Aus der mittelalterlichen Geschichte lernen wir also, dass die Entwicklung neuer Techniken nicht nur kriegsentscheidend sein kann, sondern mit dem Aufstieg und sogar dem Untergang ganzer Völker und Kulturen einhergehen kann. Ein Geschichtsschreiber aus dem Jahre 2500 könnte ebenso gut auf unsere Zeit blicken und schließen, dass ohne die Erfindung einer bestimmten Infrastruktur (Internet) und bestimmten Waffentechniken (Computerviren, Trojaner etc.) die Blüte und vielleicht auch der Untergang bestimmter Nationen und Länder nicht verständlich wäre. Betrachten wir darum aus dieser Perspektive den Cyberspace, seinen Ursprung, seine Entwicklung und seine Bedeutung.

Von den ersten Anfängen haben wir bereits im Zusammenhang mit der Enigma gehört. Auch wenn es schon frühere Vorläufer und Systeme gab, markiert das Jahr 1837 den Startpunkt der Entwicklung einer technischen Kommunikations-Infrastruktur, die das Wesen unserer modernen Welt ausmacht. Durch die Erfindung der Telegrafie im Verbund mit der Morsetechnik verfügten wir Menschen erstmals über ein System, das es uns ermöglichte, in zumindest angenäherter Echtzeit über weite Distanzen miteinander zu sprechen und Informationen auszutauschen. Erinnern wir uns kurz zurück an die Strapazen von Pheidippides, den ersten Marathonläufer, oder denken wir an die Risiken und den Zeitaufwand beim Versenden von Briefen, die mit Pferd und Postkutsche durch die Lande befördert wurden, dann wird schnell ersichtlich, welchen Vorteil es bedeutete, in Minutenschnelle eine Nachricht über mehrere hundert Kilometer versenden zu können. Diese Entwicklung machte das zwar nicht von heute auf morgen möglich. Als es aber im Jahr 1866 beispielsweise das erste funktionierende Unterseekabel gab, das den europäischen Kontinent mit den USA verband, konnten bereits pro Minute 50 Buchstaben übertragen werden. Es dauerte bis ins Jahr 1870, bis dann weite Teile der ganzen Welt auf diese Weise miteinander verbunden waren. Im Jahr 1900 konnte man bereits auf 14 Kabellinien zugreifen, um von Berlin nach Peking zu telegrafieren. Spätestens ab diesem Zeitpunkt war es im

Prinzip möglich, innerhalb eines überschaubar kurzen Zeitraums Nachrichten von einem Ende der Welt zum anderen zu befördern. Von hier bis zur Entwicklung des Internets war zwar noch ein sehr weiter Weg, aber man kann doch schon von einer Art Proto-Internet sprechen. Aus diesem Grund wurde das Telegrafie-Netz später auch als „Viktorianisches Internet" bezeichnet, denn es weist – ungeachtet der Topologie – ähnliche grundlegende Eigenschaften wie das Internet auf. Beide ermöglichten eine weltweite kommunikative Vernetzung durch ein interaktives Medium. Auch die Effekte, die beide Netze auslösten, sind ähnlich: Der globale Informationsaustausch bildete die Grundlage für die Intensivierung des Austauschs im Bereich der internationalen Beziehungen, ein Aufblühen des internationalen Handels und eine Steigerung des Börsengeschehens. Bis heute gibt es die Bezeichnung des „Börsentickers", die auf ein telegrafisches Gerät zurückgeht, das im Jahr 1867 erfunden wurde. Der Telegrafenoperator E.A. Calahan entwickelte den ersten Tickerapparat, der aktuelle Börsenkurse auch außerhalb des Börsengebäudes zugänglich machen sollte. Der Apparat stellte eine Kombination aus telegrafischem Empfangsgerät und Drucker dar, der mithilfe von zwei Druckwalzen permanent die aktuellen Börsenkurse auf einem fortlaufenden Papier ausgab. Unter einem typischen lauten Rattern und Ticken wurden auf dem einem Endlos-Band Zahlen ausgegeben und auf dem anderen Buchstaben. Aufgrund der begrenzten Darstellungsform bürgerten sich damals die Abkürzungen mit drei bis vier Buchstaben ein. Diese Form der Darstellung der Kurse wird bis heute verwendet. Der Börsenticker stellte eine kleine Revolution im Börsenhandel dar, denn mit ihm war es möglich, aktuelle Kurse der New York Stock Exchange an kleinere Börsen ohne wesentlichen Zeitverlust zu übermitteln. Auf diese Weise wurden die

unterschiedlichen Börsenplätze kommunikativ zusammen-
geschlossen, wodurch lokale Preisschwankungen
zunehmend ausgeschaltet wurden. Der Börsenticker
stellt damit das erste Echtzeit-Massenmedium dar, da er
Informationen maschinell vervielfältigte und die Börsenkurse einem großen Adressatenkreis verfügbar machte.
Die Erfindung des Börsentickers ist aber auch aus einem
anderen Grund bedeutsam, da dieser nicht einfach nur die
Kommunikation effizienter machte. Es geht wieder einmal um Macht: Bevor es den Börsenticker gab und dieser
Informationen zu den Kursen einer breiteren Öffentlichkeit zugänglich machte, gab es nur einen kleinen,
exklusiven Kreis von Eingeweihten, die den Handel
mit an der Börse gelisteten Unternehmen und Gütern
betrieben. Es gab strenge Vorschriften für diejenigen, die
Zugang zu den Büchern hatten, in denen die Geschäfts-
zahlen und Preise aufgezeichnet wurden. Der Börsenticker
machte es unmöglich, diesen Grad an Geheimhaltung
aufrechtzuerhalten und ermöglichte es erstmals in der
Geschichte einer breiteren Öffentlichkeit, an Börsen-
spekulationen teilzunehmen. Der Ticker leistete aber weit
mehr als nur eine Demokratisierung der Börsenaktivi-
täten. Gerade dadurch, dass er permanent neue Kurse
und Kursveränderungen ausspuckte, beförderte er die
zunehmende Dynamik des Börsenhandels. Erst wenn es
alle paar Minuten neue Preise gibt, sind auch kurzfristige
Spekulationen auf steigende oder fallende Preise möglich.
Damit traten dann auch bald andere allzu menschliche
Eigenschaften und Triebe auf die Tagesordnung: Gier,
Angst und Hysterie. Durch die Verbreitung der Ticker
wurden auch die negativen Folgen der zunehmenden
Börsenaktivität erkennbar. Man sprach damals von
„Tickerfieber" und „Tickeritis", um das Verhalten der
Menschen zu beschreiben, die dem Ticker verfallen waren.
Die Parallelen zu heute sind offensichtlich. Bestimmte

Märkte, wie etwa der Handel mit Kryptowährungen, kennen keine festen Uhrzeiten mehr. Und auch wenn sich die Geräte verändert haben und der Blick auf den Ticker sehr viel leiser als früher vonstattengeht, gibt es viele Parallelen, die unsere Zeit mit der damaligen verbinden. Der Takt, den uns die heutigen Geräte auferlegen, kennt zwar kein Ticken mehr, aber er ist ermüdender denn je. Er kennt keine Pause, keinen Tag und keine Nacht. Informationen sind zu jeder Zeit in Echtzeit verfügbar. Und auch wenn die Nervosität nicht mehr hörbar ist, kann man sie doch auf den unterschiedlichsten Social-Media-Seiten jederzeit aufschäumen sehen. Mit dem Blick, der in die Vergangenheit gerichtet ist, muss man sich jedoch stets fragen, welche Machtverhältnisse darin zum Ausdruck kommen, ob es heute wirklich gerechter zugeht und unsere digitalen Medien mehr Demokratie hervorgebracht haben, und wie die heutigen Geräte unser Verhalten prägen. Denn eines ist klar: Wie damals sich die Macht über die Ticker manifestiert hat, tut sie dies über die heutige Technik. Und auch wenn sich das Medium verändert hat, bleiben die Taktiken doch häufig dieselben.

Und auch die auf den ersten Blick so unterschiedlichen Technologien lassen sich auf einem gemeinsamen Zeitstrahl einordnen. Denn zur Geschichte der Telegrafie gehört auch deren Weiterentwicklung im Rahmen der kabelgebundenen und kabellosen Nachrichtenübertragung, die letzten Endes zur Entstehung des Cyberraums führte. Laut dem deutschen Verteidigungsministerium besteht der Cyberraum aus sämtlicher mit dem Internet verbundener Kommunikationstechnik und schließt alle verarbeiteten Informationen mit ein. Grund genug, sich mit der historischen Entwicklung dieser Kommunikationstechnik und der technischen Informationsverarbeitung zu beschäftigen. Wahrscheinlich könnte man die folgende Liste mit zahlreichen Daten ergänzen, doch stellen die folgenden Schlaglichter eine grobe Orientierung über die wichtigsten Entwicklungsschritte des Cyberspace dar:

1941: Konrad Zuse entwickelt mit dem „Z3" den ersten Computer der Welt.

1946: Am MIT entsteht die erste Hackergruppe namens Tech Model Railroad Club (TMRC), die Software und Hardware verändern, um sie besser und/oder schneller zu machen.

1956: Das erste Transatlantik-Telefonkabel TAT-1 mit einer Länge von 3600 km geht in Betrieb.

1957: Mit „Sputnik" ist der erste Satellit im All.

1964: Thomas Kurtz und John Kemeny entwickeln BASIC, eine in veränderter Form bis heute gängige Programmiersprache.

1969: Das ARPANET, das erste Computernetzwerk, wird im Pentagon aufgebaut und die erste Nachricht zwischen zwei Computern übertragen.

1972/73: Das File Transport Protocol (FTP) wird entwickelt und ein Jahr später 1973 entwickeln Vinton Cerf und Robert Kahn das Internetprotokoll TCP.

1975: IBM stellt den ersten tragbaren Computer vor.

1981: Wau Holland und Klaus Schleisiek gründen den Chaos Computer Club (CCC).

1984: Die erste E-Mail wird in Deutschland empfangen.

1984: Entwicklung des Domain Name Systems (DNS).

1985: Das Betriebssystem Windows erlebt seinen Durchbruch.

1989: Erste Entwürfe der Auszeichnungssprache HTML (Hypertext Markup Language) werden veröffentlicht.

1990: Die Geburtsstunde des World Wide Web: Tim Berners-Lee macht die erste Webseite verfügbar.

1991: 100 Länder sind an das Internet angeschlossen.

1993: Über 1,3 Mio. Rechner und über 10.000 Netzwerke sind über das Internet miteinander vernetzt, worüber 1 % des weltweiten Informationsflusses läuft.

1997: Die Suchmaschine Google geht online.

1999: Das erste Smartphone mit Kamera kommt auf den Markt.

2000: 51 % des weltweiten Informationsflusses laufen über das Internet.

2004: Soziale Netzwerke wie Facebook entstehen, finden schnell Verbreitung und läuten das Web 2.0 ein.

2007: 97 % des weltweiten Informationsflusses laufen über das Internet. Apple stellt das erste iPhone vor.

2009/10: Der Computerwurm Stuxnet greift 1000 iranische Uranzentrifugen an.

2013: China baut mutmaßlich eine Cyberwar-Einheit auf, die sich vorzugsweise mit Angriffen auf die USA beschäftigt.

2015: Eine Cyberoperation gegen drei ukrainische Stromverteilungsstationen resultiert in einem ein- bis sechsstündigen Stromausfall.

2016/17: Der Cyberspace wird auf dem NATO-Gipfel offiziell als Angriffsraum erklärt, Deutschland erhält seine erste Cybereingreiftruppe und der Cyber- und Informationsraum (CIR) wird zum eigenständigen militärischen Organisationsraum.

2021: SpaceX, das Raumfahrtunternehmen von Elon Musk, nimmt das Starlink-Netzwerk, das aus 48.000 Satelliten in der letzten Ausbaustufe besteht, in Betrieb.

2022: Mit China und Russland diskutieren die ersten Länder darüber, sich vollständig vom Internet abzukoppeln.

Mit dieser kurzen Übersicht ging es mir nicht so sehr darum, eine vollständige Geschichte der Entwicklung des Cyberraums nachzuzeichnen. Auch über den genauen

Startpunkt ließe sich sicher trefflich streiten. Vielmehr will ich mit dem Überblick jedoch zeigen, welch kurzer Zeitraum und für sich genommen kleine Ereignisse ausreichen, um eine epochale technologische Neuerung entstehen zu lassen. Wer hätte sich in den 1960er-, 1970er- oder 1980er-Jahren träumen lassen, dass aus einem Nischenthema, für das sich letztlich nur „Nerds" interessierten, ein neues militärisches Strategiegebiet wird, das sich zu Land, See, Luft und Weltraum gesellt. Bemerkenswert ist zudem, dass das Militär von Beginn an die Entwicklung des Internets sowie des Cyberspaces initiiert, begleitet und weiter vorangetrieben hat. Die Auflistung macht ebenfalls deutlich, dass auch das Thema Sicherheit uns in diesem Zusammenhang schon länger beschäftigt. Zwar war der Begriff des Hackers zunächst nicht negativ besetzt und es handelte sich nicht um kriminelle, sondern experimentelle Aktivitäten, die spielerisch versuchten, das Feld der Möglichkeiten auszuweiten. Im Grunde wollten sie nur verstehen, wie die Dinge funktionierten, nahmen Modelleisenbahnen und Schaltungen auseinander und bauten sie wieder zusammen. Ein Teil der Gruppe beschäftigte sich später dann auch mit Computern und Programmiersprachen. In einer Art Manifest, das sie „Wörterbuch der TMRC-Sprache" nannten, formulierten sie auch weit in die Zukunft weisende Thesen wie: „Information will frei sein."

Wer allerdings nur auf die Technikgeschichte blickt, sieht ebenfalls nicht das vollständige Bild. Denn der Cyberspace besteht nicht nur aus technischen Geräten und Infrastruktur, zu der auch weit entfernte Dinge wie Satelliten und eine wachsende Zahl vernetzter, nahezu unsichtbar kleiner oder versteckter Dinge gehören. Hinzu kommen zwei weitere, entscheidende Komponenten: Zum einen eine Software-Schicht, zu der Programme, Firmware und Plattformen gehören, sowie zum anderen

Daten, angefangen vom Katzenbild bis hin zur PIN. Diese virtuellen Bestandteile des Cyberspace sind absolut entscheidend. Denn kaum jemand würde sich die Mühe machen, in ein hochgradig gesichertes System einzubrechen, wenn dort nicht wertvolle Informationen lagern würden. Die technische Seite der Medaille ist demnach ebenso wichtig wie die Lektionen aus der Geschichte, um zu verstehen, welche Implikationen Entwicklungen in diesem Bereich haben. Denn solche Übergänge lassen sich im Lauf der Jahrhunderte immer wieder beobachten. Erst nach der Umstellung von Pferden als Haupttransportmittel auf das Automobil war ein Szenario denkbar, bei dem die Deutschen im Zweiten Weltkrieg Polen überrannten, deren Armee aus einer beeindruckenden Menge Reitersoldaten bestand: 70.000 Kavalleristen, die in elf Brigaden aufgeteilt waren. Während die eine Seite also bereits im großen Stil mit Panzern und Fahrzeugen das Geschehen organisierte, setzte die andere noch großteils auf vorindustrielle Methoden. Doch ganz gleich, in welchem Jahrhundert sich eine solche technische Revolution ereignet, bestimmte Rahmenbedingungen bleiben immer gleich. Der Kampf Gut gegen Böse, das Streben nach Macht oder auch bewährte Vorgehensweisen und taktische Vorteile, die sich durch eine bestimmte Aufstellung oder Positionierung ergeben. Diese zu kennen, kann über Sieg und Niederlage entscheiden.

Teil II

Neuzeitliche und hybride Kriegsführung

Nachdem im ersten Block die klassischen Ursprünge der Kriegführung von der Antike bis ins Mittelalter beleuchtet wurden, soll es im Folgenden um die Methoden und Denker der Neuzeit gehen. Denn diese Sattelzeit markiert nicht nur den Übergang zu unserer modernen Zeit, sondern zeichnet sich durch wesentliche Veränderungen gegenüber der Antike und dem Mittelalter aus. Auch hier gibt es zahlreiche Ansätze und Ereignisse, die bis heute relevant sind und aus denen sich lehrreiche Einsichten ableiten lassen. Den Anfang macht dabei einer der wichtigsten Strategen und Denker der Militärgeschichte: Carl von Clausewitz. Er schafft die Grundlage, die es uns bis heute ermöglicht, über neuzeitliche und hybride Kriegsführung zu sprechen, nachzudenken und entsprechend zu handeln.

4

„Der Zweck heiligt die Mittel" oder: das Vermächtnis von Carl von Clausewitz

Im Krieg und in der Liebe ist alles erlaubt.
Ursprung unbekannt, fälschlicherweise Napoleon zugeschrieben

Was ist das Wesen des Krieges? Ist im Krieg wirklich „alles" erlaubt? Solche philosophisch anmutenden Fragen über den Krieg wirken im ersten Moment vielleicht etwas seltsam, aber sie haben dennoch ihre Berechtigung. Denn mit dem Blick auf die Zivilisationsgeschichte der Menschheit muss zunächst festgestellt werden, dass Kriege und militärische Auseinandersetzungen über die Jahrhunderte eher die Regel als die Ausnahme waren – und, wenngleich es bedauerlich ist, wird das sehr wahrscheinlich auch in Zukunft so bleiben. Gewollt oder ungewollt trugen und tragen Kriege demnach mit dazu bei, dass es zu Neuordnungen auf der Landkarte kommt, Völker und Kulturen sich mischen und ablösen, indem Gebiete erobert und einverleibt werden. Häufig ist die Beziehung

© Der/die Autor(en), exklusiv lizenziert an Springer Fachmedien Wiesbaden GmbH, ein Teil von Springer Nature 2023
P. Kestner, *Die Kunst des Cyberkrieges*,
https://doi.org/10.1007/978-3-658-40058-3_4

zwischen Staaten, die Frieden miteinander geschlossen haben, nach dem Krieg sehr viel enger als davor, wie man das in Europa sehr anschaulich beobachten kann. Wenn nun nach dem Wesen des Krieges gefragt wird, also danach, was Krieg kennzeichnet oder ausmacht, dann geht es auch darum, nach welchen Gesetzmäßigkeiten und Regeln ein Krieg funktioniert. Was ist im Krieg erlaubt und was nicht? Einerseits wurde der Krieg lange Zeit als die Ausnahme von der Regel verstanden. Im Ausnahmezustand werden bestimmte sonst geltende Gesetze, Grundrechte, Normen und Konventionen außer Kraft gesetzt. In den meisten Fällen gelten sogenannte Notstandsgesetze oder Ausnahmerechte. Schon das römische Recht wies solche Konstruktionen auf und die Philosophen und Denker der Zeit befassten sich mit der Theorie des Ausnahmezustands. Vor allem in der Neuzeit, als es bei der Entstehung des modernen Staats in der Diskussion um die Frage der Souveränität ging, spielte gerade die Frage nach dem Ausnahmezustand eine entscheidende Rolle. „Souverän ist, wer über den Ausnahmezustand entscheidet" fasst der umstrittene Denker Carl Schmitt später diese staatsrechtliche Entwicklung zusammen. Der Souverän – damit kann sowohl der moderne Staat, das Volk oder ein Alleinherrscher gemeint sein – ist also nicht nur dafür verantwortlich, die Gesetze und Regeln zu definieren, sondern kann auch über deren Aufhebung entscheiden. Der Krieg ist damit geradezu das Gegenteil der staatlichen Ordnung, das diese unterbricht, aufhebt und Grenzen und Gegebenheiten neu verhandelt. Wenn wir über den Souverän (im Sinne von Herrscher, Oberhaupt) oder souverän (im Sinne von überlegen, selbstgewiss oder unabhängig) sprechen, geht es immer auch um Macht – eine der ältesten Kräfte, die die Menschheitsgeschichte prägt, und, wie in der Einleitung erwähnt, eine der fünf Triebfedern, aus denen Menschen immer wieder Konflikte

und Kriege starten. Was aber darf jemand, der Macht
hat? Beziehungsweise: Gibt es etwas, das er nicht darf? In
der staatsrechtlichen Diskussion wird der Krieg als eine
Form der höheren Gewalt gedeutet, um eine Legitimation
für das militärische Handeln zu erhalten. Einer der
wichtigsten Denker der Neuzeit ist Carl von Clausewitz
(1780–1831), der manchmal auch als „Kriegsphilo-
soph" bezeichnet wird. Laut von Clausewitz besteht das
Wesen des Krieges aus drei Charakteristika: erstens Hass
und Feindschaft, zweitens der Anwendung militärischer
Gewalt und drittens dem politischen Zweck, der mit dem
Krieg verfolgt wird.

Der Krieg nach Clausewitz

„Der Zweck heiligt die Mittel" – Dieser vielzitierte Satz
ist wohl die bekannteste These von Carl von Clausewitz.
Es stammt aus seinem Werk *Vom Kriege,* das er zwischen
1816 und 1830 verfasste und das 1832 posthum von
seiner Ehefrau veröffentlicht wurde. Es ist eines der ein-
flussreichsten und zugleich auch eines der umstrittensten
Werke im Bereich des strategischen und taktischen
Denkens, aber auch der Machtphilosophie und Militär-
ethik. Von zahlreichen Feldherren und Anführern
ist bekannt, dass sie ihre erfolgreichen Feldzüge und
Strategien der Lektüre von Clausewitz' Werk zu verdanken
haben – angefangen bei Generalfeldmarschall Helmuth
von Moltke während der Deutschen Einigungskriege über
zahlreiche deutsche Generäle im Rahmen beider Welt-
kriege bis hin zu den US-Kriegsstrategen im Vietnam-
Krieg. Die entscheidende Frage dabei lautet, welchen
Anteil genau das Werk von Clausewitz daran hatte.
Denn es ist kein Zufall, dass wir heute vor allem Zitate
aus *Vom Kriege* kennen. Vielmehr ist es so, dass jeder

sich gewissermaßen „seinen" Clausewitz ein Stück weit zusammenbaut. Das hat mehrere Gründe. Erstens, weil das Werk eine äußerst komplexe Entstehungsgeschichte hat. Da diese ein Schlüssel zum Verständnis von Clausewitz' Denkens ist, wird sie gleich noch eingehender dargestellt werden. Zweitens handelt es sich beim *Vom Kriege* um einen recht sperrigen Text, den die meisten wohl nicht in seiner Gesamtheit gelesen haben. Drittens haben wir es bei *Vom Kriege* mit einem unvollständigen und unvollendetem Werk zu tun. Dass wir es überhaupt in dieser Form vor uns liegen haben, ist ausschließlich den Bestrebungen von Marie von Brühl, der Frau von Carl von Clausewitz, zu verdanken.

Um Clausewitz zu verstehen, müssen wir uns also die Entstehungsgeschichte seines Werks genauer ansehen, die wiederum eng mit seiner Biografie verknüpft ist. Clausewitz arbeitete an seinem Manuskript vor allem unter dem Eindruck der napoleonischen Kriege. Das Konvolut, aus dem *Vom Kriege* besteht, enthält zu einem großen Teil Analysen von einzelnen Schlachten, bei denen nicht immer klar ist, ob sich die Erkenntnisse, die von Clausewitz daraus zog, wirklich verallgemeinern lassen. Aufgrund von Notizen und Briefen wissen wir, dass der Autor die Schwächen seiner Arbeit sehr wohl kannte und sich deswegen vorgenommen hatte, den gesamten Text noch einmal grundlegend zu überdenken und zu überarbeiten. Wie weit er mit dieser Überarbeitung kam, ist leider nicht bekannt, weil er darüber verstarb. Laut einer verbreiteten Meinung gelang es ihm lediglich, das erste Kapitel zu überarbeiten.

Doch beginnen wir am Anfang: Carl von Clausewitz wurde am 1. Juli 1780 als Sohn einer Pastoren- und Gelehrtenfamilie geboren. Seit Vater – selbst als Offizier in der Armee tätig – schickte seinen Sohn im Alter von 12 Jahren zum Militär. Bereits ein Jahr später nahm

Clausewitz an seinem ersten Feldzug teil. Mit 15 Jahren
führte er bereits den Rang des Leutnants. Seine Quali-
fizierung für die Kriegsschule wenige Jahre später im
Jahr 1801 ebnete ihm letzten Endes seinen Weg in
die Geschichte Europas als Verfasser des umfassenden
Werkes *Vom Kriege*. Die Kriegsschule war eine
bedeutende Station im Leben von Clausewitz, weil er
dort seinen Mentor kennenlernte. Denn er stand unter
dem Kommando von Oberstleutnant Gerhard von
Scharnhorst, der später sogar zu einem väterlichen Freund
wurde. Es war Scharnhorst, der an der preußischen
Kriegsschule eine neue Form von militärischer Erziehung
etablierte. Seither galten Theorie und Geschichte als
Grundvoraussetzung für erfolgreiches Handeln von
Offizieren.

Der erste Rückschlag in seinem Leben und ein ein-
schneidendes Ereignis hinsichtlich seines Denkens
war 1806 die Niederlage der preußischen Armee in
der Schlacht bei Jena und Auerstedt. Clausewitz zog
damals als Stabskapitän und Adjutant in den Vierten
Koalitionskrieg und musste sich zusammen mit dem
Bataillon des verwundeten August von Preußen
ergeben. Der Grund für den Verlust: Das Vorgehen
und die Organisation der preußischen Armee basierten
auf starren Strukturen. Gegen die hochgradig beweg-
lichen französischen Truppen hatten sie keine Chance.
Die Schlacht dauerte nur einen einzigen Tag. Diese
traumatische Erfahrung gab Clausewitz zu denken und
auch die Zeit, dies zu tun. Denn er gelangte in Kriegs-
gefangenschaft. Während der Zeit seiner französischen
Gefangenschaft vom Oktober 1806 bis September 1807
stellte er sich die Frage: Wie konnte es sein, dass die stolze
preußische Armee gegen die Franzosen verloren hatte? Von
diesem Moment an bewunderte er Napoleon und dessen
Fähigkeiten als Feldherr und bezeichnete ihn sogar als

„Kriegsgott". Freilich konnte er seine Bewunderung nicht frei zugeben, da es sich immer noch um den Erzfeind schlechthin handelte, für den er gleichzeitig einen Hass entwickelte.

Zunächst wollte er aus der Niederlage lernen und Preußen mithilfe einer neuen Theorie zu Strategie, Taktik und Psychologie der Kriegsführung zum Sieg gegen Napoleon verhelfen. Lange glaubte er gemeinsam mit anderen, die sich um Scharnhorst sammelten, die preußische Armee reformieren zu können. Doch mit dem Abschluss eines Schutzbündnisses der Preußen mit Frankreich gegen Russland 1812 verlor er das Vertrauen in die preußische Monarchie und wurde Nationalist. Noch im selben Jahr verließ er die preußischen Truppen und verpflichtete sich gegenüber Russland. Von Clausewitz riet dem russischen Zaren in der Schlacht gegen Napoleon, das russische Territorium in der Tiefe des Raumes defensiv zu nutzen, was diesem erste Erfolge in der strategischen Kriegsführung einbrachte. Die Verschlechterung des Nachschubs durch die Streckung der Truppenversorgung in Kombination mit auftretenden Seuchen führte zu einer raschen Dezimierung der französischen Truppen. Er analysierte die Erfahrungen im Russland-Krieg und erkannte eklatante Schwächen bei Napoleons Kriegsführung. Sollte diese Strategie der schnellen Niederwerfung zuvor funktioniert haben, so führte diese in Russland zum Scheitern und wiederholte sich im Prinzip auch im Zweiten Weltkrieg.

Im Jahr 1810 heiratete Carl von Clausewitz Marie Gräfin von Brühl, später: Marie von Clausewitz. Auch die Verbindung mit ihr ist in mehrfacher Hinsicht bedeutsam für das Verständnis von Clausewitz – nicht nur aufgrund der Veröffentlichungsgeschichte. Denn die Ehe mit ihr war alles andere als eine Selbstverständlichkeit. Clausewitz ist geboren als Carl Phillip Gottlieb Clausewitz, also ohne Adelstitel. Damals war es aber durchaus noch nicht üblich, jenseits der eigenen Standesgrenzen nach einem passenden Partner zu suchen. Clausewitz blieb jedoch hartnäckig und ging auch in diesem Lebensbereich strategisch vor, sodass es ihm am Ende gelang, sie und ihre Familie von der Heirat zu überzeugen. Für Clausewitz ging diese Verbindung mit einem gesellschaftlichen Aufstieg einher und auch mit dem Zugang zu Bildung und Kontakten. Über Marie traf er beispielsweise auch Goethe und konnte in privaten Sammlungen zahlreiche Gemälde vergangener Schlachten und Ereignisse studieren. So erklärt es sich, dass Clausewitz zahlreiche große Schlachten in seine Analysen in *Vom Kriege* mit einbezog. Unter diesen befinden sich beispielsweise diejenigen des Dreißigjährigen Krieges und des Spanischen Erbfolgekriegs.

Nach seinem Einsatz für die russische Seite wurde es ihm erst im Jahre 1814 erlaubt, im Rang eines Oberst nach Preußen zurückzukehren. Allerdings erlitt seine berufliche Karriere einen Knick. Jede weitere Beförderung wurde ihm verwehrt und erst nach einigen Jahren, die er mit der Lehre an der Allgemeinen Kriegsschule verbrachte, wurde er schließlich mit 38 Jahren zum jüngsten General der preußischen Armee. Doch war Clausewitz vom Ehrgeiz getrieben und wollte weit mehr erreichen. Ab 1816 arbeitete er neben seiner Lehrtätigkeit intensiv und kontinuierlich bis 1830 an seinem Werk *Vom Kriege*.

Spätestens ab dem Jahr 1827 widmete sich Carl von Clausewitz intensiv dem Thema Kriegsführung und betrachtete dieses hinsichtlich seines Zwecks und der dafür verwendeten Mittel. Der berühmte Satz „Der Zweck heiligt die Mittel" wird oft auch in Zusammenhang mit zynischer Machtpolitik verwendet und gilt als Prinzip des sogenannten Machiavellismus. Gemäß dieser politischen

Theorie ist für den Erhalt von Macht jedes Mittel unabhängig von Recht und Moral erlaubt. Der wahren Bedeutung von Clausewitz' Werk wird diese Einschätzung jedoch nicht gerecht.

Klar ist: Die Beschäftigung mit dem Krieg war für von Clausewitz immer mehr als nur eine rein schöngeistige Beschäftigung. Ihn zog es förmlich in die Praxis. Im Alter von fast 50 Jahren beschloss er darum trotz seiner schon vorhandenen gesundheitlichen Probleme, in den aktiven Dienst zurückzukehren. Er übernahm die Führung einer preußischen Beobachtungsarmee. Die Veröffentlichung seines Hauptwerks erlebte er nicht mehr, da er am 16. November 1831 in Breslau an einer Kombination aus Cholera und Herzinfarkt starb.

Es war seine Frau Marie von Clausewitz, die nach seinem Tod das Gesamtwerk weiter ausgestaltete und im Jahr 1834 dieses in Potsdam veröffentlichte. Mit zum Teil weitreichenden Folgen. Das lässt sich am einfachsten am Satz „Der Krieg ist eine bloße Fortsetzung der Politik mit anderen Mitteln" demonstrieren, der sich ebenfalls in *Vom Kriege* findet und zu den berühmtesten und am häufigsten zitierten Aussagen gehört. Der Clou an diesem Clausewitz-Zitat ist: Es stammt gar nicht von ihm. Aussagen in dieser Eindeutigkeit vermied Clausewitz stets. Der Satz stammt vielmehr direkt von seiner Ehefrau Marie. Als sie den Nachlass öffnete, sah sie, dass es sich dabei um eine zum Teil völlig chaotische Sammlung von manchmal scheinbar zusammenhangslosen Blättern und Analysen handelte. Da sie die letzten dreizehn Jahre zusammen verbracht und viel über sein Hauptwerk gesprochen hatten, glaubte sie jedoch, wie keine andere mit seinem Denken vertraut zu sein, ordnete die Texte und fügte ihnen Überschriften und andere fehlende Bestandteile hinzu.

Die Theorie des Krieges nach Clausewitz

Die Abgrenzung des absoluten und des wirklichen Krieges ist der wichtigste Ausgangspunkt in der Theorie von Carl von Clausewitz. Diese Theorie beschreibt den Unterschied, zwischen dem geplanten Krieg auf dem Papier und dem tatsächlichen Kriegsgeschehen, welches durch verschiedene Faktoren beeinflusst wird. Mit anderen Worten ausgedrückt, bezeichnet Clausewitz das theoretische Wesen des Krieges als „absoluten Krieg". Darüber hinaus unterscheidet er drei Tendenzen, die er auf einer weiteren Abstraktionsebene bestimmten Entitäten wie etwa dem Volk oder der Regierung zuordnet. Dieses Theoriegerüst nennt er die „wunderliche Dreifaltigkeit". Dabei handelt es sich letztlich um ein Modell, das hilft zu erklären, welche Faktoren den Krieg und seine Entwicklung wirklich ausmachen. Die erste Seite stellen die Gewalt, der Hass und die Feindschaft dar. Laut Clausewitz ist es eine Möglichkeit, Krieg zu verstehen, indem man ihn als einen blinden Naturtrieb (ebenfalls eine der fünf Triebfedern) des Menschen begreift. Darum wird dieser Trieb auf der Abstraktionsebene dem Volk zugeordnet. Das zweite charakteristische Element, das einen Krieg ausmacht, ist der Kampf. Diesem sind entsprechend der Feldherr und das Heer auf der Abstraktionsebene zugeordnet, da diese die ausführenden Organe dieses Verständnisses von Krieg sind. Den Kampf kennzeichnen laut Clausewitz einerseits ein Spiel aus Wahrscheinlichkeit und Zufall und andererseits die operative und taktische Führung der Streitkräfte. Drittens lässt sich der Krieg als ein Akt des rationalen Verstandes begreifen. Auf der Abstraktionsebene ist diese Seite des Krieges der Regierung zugeordnet, für die der Krieg ein politisches Werkzeug ist. Diese drei Größen – Krieg als blinder Naturtrieb, Krieg als freie schöpferische Tätigkeit und Krieg als Akt des Verstandes – sind nicht statisch oder strikt getrennt voneinander zu verstehen. Vielmehr greifen sie ineinander, überlappen sich und treten überall in der Geschichte bzw. der Realität in unterschiedlichen Ausprägungen auf.

Als Definitions- und Planungsinstrument führte Clausewitz darum eine weitere Abstraktionsebene ein, die Zweck-Ziel-Mittel-Relation. Die Variablen Mittel und Ziele sind abhängig von dem übergeordneten politischen Zweck. Allerdings kann auch der Zweck sich im Laufe eines Krieges verändern und ist somit auch eine nicht statische Größe. Aufgrund der engen Wechselbeziehungen der drei Variablen müssen bei einer Veränderung des Zwecks auch die Ziele und Mittel neu überdacht werden.

Der politische Zweck wird von Clausewitz als das Niederwerfen des Gegners bezeichnet. Dieser soll gezwungen werden, einen bestimmten Willen zu erfüllen und um dies zu erreichen, bedient man sich des Mittels des Krieges, also der Gewalt. Der Frieden sollte dann angestrebt werden, wenn der Kraftaufwand als größer zu bewerten ist als der Zweck, der mit dem Krieg verfolgt wird. Das ursprüngliche Motiv und das Maß für den Krieg stellt für von Clausewitz also damit der Zweck dar. Je kleiner der übergeordnete politische Zweck ist, umso geringer werden der Kraftaufwand und die eingesetzten Mittel ausfallen. Gerade dieser Umstand ist für den Cyberkrieg relevant. Denn wenn es in Zukunft möglich ist, mit einem sehr geringen Kraftaufwand große und selbst kleine politische Ziele zu erreichen, kann man sich an einer Hand ausrechnen, in welchem Zustand die Welt in ein paar Jahren sein könnte. Denn im Cyberspace ist es tatsächlich im Prinzip so, dass eine Handvoll versierter Angreifer genügt, um beträchtlichen

Schaden anzurichten. Darum sind die Truppenstärke, die technische Ausrüstung, eine schnellere Kommunikationsinfrastruktur (Leitungen), digitale Beweglichkeit, uneingeschränkter Zugriff auf schon vorhandene Information die zukünftigen, nicht zu unterschätzenden Variablen.

Nachdem die Politik über den Zweck entschieden hat, gilt es, das Ziel zu definieren. Nach Clausewitz besteht ein kriegerischer Akt darin, den Feind wehrlos zu machen, was sich auch mit Sun Tzus Vorstellung deckt. Auch diese Definition halte ich für wegweisend, wenn wir uns später mit der Bewertung von Cyberangriffen als kriegerischem Akt beschäftigen werden. Viele Aktivitäten, die wir bislang im Cyberspace beobachten können, werden bislang noch nicht als kriegerischer Akt bewertet – wäre dies der Fall, würden wir uns schon heute im permanenten Kriegszustand mit einer großen Zahl von Staaten befinden. Doch dazu später mehr. Zurück zu Clausewitz: Nachdem ein Ziel erreicht ist, kann der Angreifer seinen Gegner zur Erfüllung des Willens zwingen, sprich: ihn zur Aufgabe bringen oder andere Zugeständnisse abverlangen. Dabei ist es allerdings wichtig, dass die Situation für diesen nachteiliger ist als das geforderte Opfer. Zudem dürfen die Nachteile nicht nur vorübergehend sein, da sich der Gegner bei der nächsten Möglichkeit aus der Rolle des Geschlagenen löst. Zwischen dem Zweck und den Zielen besteht keine absolute Trennschärfe.

Die Identifizierung der gegnerischen Schwerpunkte ist der elementare Schritt. Der Schwerpunkt des Gegners kann der Ausgangspunkt des gegnerischen Heeres oder auch die Hauptstadt eines Staates sein. Sollten bei kleineren Staaten Bundesgenossen, also Verbündete, einen elementaren Bestandteil der Stabilität darstellen, so kann der Schwerpunkt genau auf diese ausgelegt werden. Liegt eine Volksbewaffnung vor, so gilt es, den Hauptanführer und die öffentliche Meinung ins Ziel zu nehmen.

Nicht immer hat jedoch die Niederwerfung des Gegners die oberste Priorität. In diesen Fällen kann das Ziel der Kriegshandlung entweder die Eroberung eines kleinen Teils des feindlichen Landes sein oder das Verteidigen des eigenen Landes sein, bis sich eine bessere Chance ergibt. Die Demonstration der Stärke oder die Eroberung von Landstrichen reicht oft aus, um durch Verhandlungen die von der Politik geforderten Ziele zu erreichen. Clausewitz betont, dass Kriege mit geringerer Intensität mit großer Sorgfalt geführt werden müssen, damit das schwankende Gleichgewicht sich nicht in einen Nachteil verwandelt und sich der halbe Krieg in einen großen verwandelt. Je geringer sich die Intensität darstellt, umso politischer wird der Krieg. Hierbei beherrscht die Politik das Geschehen. Der Handlungsrahmen für die Armee und den Oberkommandierenden wird hierbei begrenzt.

Das dritte Element der Zweck-Ziel-Mittel-Relation bilden die Mittel. Der Einsatz dieser richtet sich nach dem politischen Zweck und den Zielen, die mit dem Einsatz der kriegerischen Handlungen erreicht werden sollen. Die aufgewendeten Mittel stehen in Relation zu dem politischen Zweck und den dementsprechenden Zielen. Zur genauen Definition der Mittel stellte von Clausewitz eine mathematische Formel auf:

Widerstandskraft des Gegners = Größe der Mittel x Stärke der Willenskraft

Diese Formel beinhaltet zwei verschiedene Faktoren: Schätzwerte und Zahlen. Die Größe der Mittel lässt sich anhand von Zahlen ermitteln. Die Willenskraft des Gegners oder dessen geistige und emotionale Kräfte können allerdings nur geschätzt werden. Zudem spielen

Friktionen, Zufälle und Wahrscheinlichkeiten eine wesentliche Rolle. Je länger der Krieg dauert, umso mehr Einfluss nehmen diese drei Faktoren auf den Kriegsverlauf. Die Bedeutung der Qualität des Kriegsherren, des Umfangs der Mittel und der Tugend der Armee wird hier hervorgehoben. Als Mittel gelten allerdings nicht die reine Waffen- und Truppenstärke, sondern die Mittel richten sich nach dem politischen Zweck.

Die Zweck-Ziel-Mittel-Relation stellt einen Kernbestandteil des strategischen Denkens und Handelns der Theorie von Carl von Clausewitz dar und zusammen mit der „Wunderlichen Dreifaltigkeit" bildet sie die Basis für eine umfassende und ganzheitliche Strategie.

In der Realität weicht der Kriegsplan von dem tatsächlichen Kriegsverlauf ab. Es können kleine Verzögerungen, Fehler und Missverständnisse eintreten. Die Summe dieser bezeichnet Carl von Clausewitz als Friktionen und unterscheidet hier vier Arten, welche sich auf die Moral der Soldaten und auf den Kriegsverlauf auswirken können.

Die **innere Friktion** entsteht in den Streitkräften selbst durch die menschlichen Schwächen, welche durch Reibungsverluste und Misstrauen gegenüber der eigenen Führung entstehen. Durch eine vorausschauende Planung und eine gute Ausbildung kann das Potenzial der inneren Friktion minimiert werden.

Wetterumstürze, das überraschende Handeln des Gegners oder das Auftauchen eines unvermuteten geografischen Hindernisses, stellen Punkte der **äußeren Friktion** dar. Das Handeln des Kriegsherren spielt hier eine große Rolle, um dieser Friktion entgegenzuwirken.

Clausewitz sieht den „Nebel des Krieges" als besonders gefährlich an. Bei diesem lösen falsche Informationen eine **taktische Friktion** aus, welche durch den Befehlshaber und dessen gute Ausbildung minimiert werden kann.

Die Summe von inneren und äußeren Friktionen stellen keine eigene Art der Friktion dar, sondern wird als **Allgemeine Friktionen** beschrieben, um die Unschärfe zu reduzieren.

Wie bereits zuvor beschrieben, nimmt der Einfluss der Friktionen mit zunehmender Kriegsdauer zu. Um dies rechtzeitig zu erkennen und diese durch rechtzeitiges Eingreifen zu reduzieren, ist eine gute Ausbildung und Sensibilisierung des Feldherren und der Streitkräfte notwendig. Um einen Ausgleich der Friktionen zu erwirken, ist es wichtig, dass die rationalen Entscheidungen entsprechend der Zweck-Ziel-Mittel-Relation durch nicht planbare, friktionale und emotionale Elemente und das feindliche Gegenhandeln ergänzt werden. Clausewitz beschreibt hier die Entwicklung zum kriegerischen Genius, der, neben einer kriegsgewohnten Armee, eine wichtige Stütze für eine erfolgreiche Kriegsführung ist. Für den kriegerischen Genius ist der Takt des Urteils wichtig, welcher auf natürliche Anlagen gründet und durch das Erlangen von Wissen und den eigenen Erfahrungen gesteigert werden kann. Durch die Zusammenarbeit von Wissen trifft der Feldherr intuitiv die richtigen Entscheidungen. Zudem ist es unabdingbar, dass der Feldherr, trotz des Erfolges und der Macht, weiterhin strukturierte und klare Entscheidungen trifft. Nichts behindert den Erfolg des Feldherren mehr, als wenn er mit einem forschen und eingebildeten Verhalten schlechte und vorschnelle Entscheidungen trifft. Für Clausewitz spielt zudem auch der Einfluss des Volkes eine Rolle bei der moralischen Potenz des kriegerischen Genius. Als Beispiel wird die französische Armee aufgeführt, welche aufgrund des Enthusiasmus und des Eifers der Französischen Revolution vorangetrieben wurde. Allerdings ordnet Clausewitz dem Volk eher eine untergeordnete Rolle zu. Wichtiger ist für ihn der Innungsgeist der Streitkräfte.

Durch stetiges Üben sollen die Anlagen, Gewohnheiten und Normen für die Soldaten leicht abgerufen und eingesetzt werden können.

Clausewitz verweist demnach auf die Notwendigkeit einer guten und stabilen Ausbildung für die Armee als auch für den Feldherren hin. Sie ist ein fundamentaler Baustein für die Stabilität und Bereitstellung der Mittel in einem Krieg. Ebenso ist es wichtig, dass eine gewisse Vorbereitung und Analyse der geografischen Bedingungen erfolgt, um äußere Friktionen zu minimieren. Allerdings gibt es hier keine hundertprozentige Sicherheit, da der Nebel des Krieges und die Unsicherheit über die Richtigkeit der Informationen immer bis zu einem gewissen Grad mitspielen. Damit übernimmt Clausewitz die Prinzipien von Sun Tzu und modernisiert sie.

Kriegsarten

Im Folgenden möchte ich noch etwas näher auf eine Unterscheidung eingehen, von der weiter oben bereits kurz die Rede war. Denn die Kriegstheorie von Carl von Clausewitz unterscheidet den Krieg auf zwei verschiedene Arten und Weisen:

- Krieg erster und zweiter Kategorie
- Der Kleine und der Volkskrieg

Die erste Unterscheidung ist uns bereits weiter oben begegnet. Rein theoretischer Natur ist hier die erste Art des Krieges. Clausewitz bezeichnet ihn auch als absoluten Krieg, dieser ist durch seine starken Motive und die äußerste Gewalt geprägt. Er umfasst das Dasein aller Völker. Je mehr die Unterwerfung des Gegners in den Mittelpunkt rückt, umso mehr ergibt sich eine

Deckungsgleichheit des kriegerischen Ziels und des politischen Zwecks. Der Unterschied zur ersten Art des Krieges liegt bei der zweiten Art darin, dass diese Art den Krieg in der Realität widerspiegelt. Hier endet der Krieg ohne existenzielle Entscheidungsschlacht und seine Natur ist eher begrenzt. Der Gegner wird weder unterworfen noch in die missliche Lage der Wehrlosigkeit gebracht. Daher führen kleine Eroberungen und diplomatische Mittel den Gegner zur Unterzeichnung eines Friedensvertrages an den Verhandlungstisch. Die erste Art und die zweite Art des Krieges sind politischer Natur, da durch den Einsatz von Gewalt der Gegner zu einem gewissen Endzustand gebracht werden soll. Der absolute Krieg zeichnet sich durch das Fehlen der eigenen Gewaltsteigerung aus, da auf jede Aktion des Gegners eine ausgleichende Gegenaktion erfolgt. Dadurch entsteht ein unbegrenzter Zustand der Gewaltsamkeit. Geprägt wird der absolute Krieg durch drei Wechselwirkungen. Die erste Wechselwirkung führt auf die Tendenz der Eskalation bei der Gewaltanwendung im Krieg hin. Hierbei versuchen beide Seiten, die zuvor erfolgte Gewalt durch eine Steigerung zu überbieten. Die Aufgabe des Gegners ist das Ziel der zweiten Wechselwirkung. Hierbei soll der Gegner in die Situation gebracht werden, dass seine Lage nachteiliger ist als das geforderte Opfer. Die dritte Wechselwirkung beschreibt die Formel, aus der sich die Widerstandskraft des Kriegführenden ergibt. Diese besteht aus dem Produkt der Größe der vorhandenen Mittel und der Stärke der Willenskraft. Bis zu einem gewissen Grad kann eine Unterlegenheit der Mittel durch die Willenskraft kompensiert werden.

Diese drei Wechselwirkungen beschleunigen eine Eskalation. Dies geschieht, wenn sie gleichzeitig durch den Einsatz aller vorhandener Mittel zum Maximum gesteigert werden. Nach Carl von Clausewitz kennzeichnen sie den absoluten Krieg, welcher aber aufgrund der fehlenden Logik nicht in der Realität vorkommt. Die Faktoren Zeit, Wahrscheinlichkeit und Zufälle haben einen starken Einfluss und wirken in der Realität mäßigend. Es gibt Situationen, da steht man einem übermächtigen Gegner gegenüber, der in einer offenen Feldschlacht nicht geschlagen werden kann. Um diesen Situationen zu trotzen, führte er den „Kleinen Krieg" und den „Volkskrieg" als Methoden ein.

Das Kennzeichen des „Kleinen Krieges" in Abgrenzung zum „Volkskrieg" sind kleine, bewegliche Abteilungen. Die Größenordnung liegt hier bei zwanzig bis vierzig Mann und es wird meist örtlich konzentriert für einen bestimmten Zeitraum an der Peripherie der gegnerischen Operationen Einfluss genommen. Die Aufgaben dieser kleinen Abteilungen sind vielseitig und zielen in erster Linie auf die Behinderung des schnellen Vormarsches des Gegners ab. Um den Gegner mürbe zu machen, setzt man auf hinhaltenden Widerstand, Hinterhalte und punktuelle Angriffsaktionen. Im 17. und 18. Jahrhundert wurde der Kleine Krieg als „petit guerre" oder Guerilla entwickelt. Der Kleine Krieg steht der Art des Volkskriegs gegenüber. Damit dieser erfolgreich ist, müssen verschiedene Aspekte erfüllt sein. Zum einen wird ein weites Feld mit geografischen Herausforderungen wie Wälder, Sümpfe und Gebirge benötigt. Des Weiteren muss, neben dem Rückhalt der Bevölkerung, auch eine dezentrale Lage außerhalb eines Schlachtfeldes gegeben sein. Wichtig ist, dass der Gegner keine Kontrolle über das Land erlangt. Die Unterscheidung zwischen Kleinem Krieg und Volkskrieg ist für die Argumentation und Beschreibung von Hybriden Kriegen ein wichtiger Ausgangspunkt, der heute und in Zukunft immer wichtiger wird.

Später wird noch ausführlich von der Neubewertung neuer Formen des Krieges die Rede sein. Doch sei in diesem Zusammenhang bereits erwähnt, welche historische Rolle das Denken von Clausewitz hier spielt. Mit der Ausbildung des souveränen Staats und des internationalen Systems nach dem Westfälischen Frieden von 1648 gelten gewisse Regeln, ab wann man von einem Krieg spricht. Nicht jede gewaltsame Auseinandersetzung gilt demnach als Krieg. Zur Definition als Krieg müssen geschlossene Gruppen von Streitkräften beteiligt sein, welche organisiert sind und zentral über einen längeren Zeitraum gelenkt werden. Die heutige Definition bezieht sich auf die vereinfachte Form. Demnach ist ein Krieg ein gewaltsamer, mit Waffen ausgetragener Konflikt. Die Arbeitsgemeinschaft Kriegsursachenforschung (AKUF) der Universität Hamburg stellte eine weitere Definition auf:

a) an den Kämpfen sind zwei oder mehr bewaffnete Streitkräfte beteiligt, bei denen es sich mindestens auf einer Seite um reguläre Streitkräfte (Militär, paramilitärische Verbände, Polizeieinheiten) der Regierung handelt. Heute versucht man dies mit Söldnern oder „speziellen paramilitärischen Organisationen" (wie beispielsweise Blackwater) zu unterwandern;

b) auf beiden Seiten muss ein Mindestmaß an zentralgelenkter Organisation der Kriegführenden und des Kampfes gegeben sein, selbst wenn dies nicht mehr bedeutet als organisierte bewaffnete Verteidigung oder planmäßige Überfälle (Guerillaoperationen, Partisanenkrieg usw.);

c) die bewaffneten Operationen ereignen sich mit einer gewissen Kontinuität und nicht nur als gelegentliche, spontane Zusammenstöße, d. h. beide Seiten operieren nach einer planmäßigen Strategie, gleichgültig, ob die Kämpfe auf dem Gebiet einer oder mehrerer Gesellschaften stattfinden und wie lange sie dauern.

Kriege werden als beendet angesehen, wenn die Kampfhandlungen dauerhaft, das heißt für den Zeitraum von
mindestens einem Jahr, eingestellt beziehungsweise nur
unterhalb der AKUF-Kriegsdefinition fortgesetzt werden.
Die AKUF schaffte damit nicht nur eine umfassende,
bis heute angewandte Definition, sondern folgte mit
dieser auch den theoretischen Überlegungen von Carl
von Clausewitz. Sein Denken machte jedoch nicht mit
den Überlegungen zum klassischen Krieg Halt, sondern
leistete sehr viel mehr. Das zeigt sich gerade dort, wo die
Definitionen der AKUF Halt machen: beim Cyberkrieg
oder anderen Auseinandersetzungen und Konflikten im
digitalen Raum. Auch für die neuen Kriege lassen sich das
Gedankengerüst und die Schlüsselbegriffe von Clausewitz
verwenden, um sie besser zu verstehen.

Clausewitz und die neuen Kriege

Das Interessante an Clausewitz ist gerade, dass er keine
abgeschlossene Theorie des Krieges liefert. Vielmehr versorgt er seine Leser mit einem Vokabular, Schlüsselbegriffen und Analysen von vergangenen und damals
aktuellen Kriegen, die zum selbständigen Weiterdenken
anregen sollten – ein Aspekt, den von Clausewitz mit
dem Autor dieses Buches teilt. Gleichzeitig macht diese
Methode im Denken und Schreiben aber *Vom Kriege*
so fruchtbar bei der Analyse von neuen Formen des
Krieges, von denen Clausewitz nicht mal die leiseste
Ahnung haben konnte – wie etwa dem Cyberkrieg. Es
gibt jedoch noch weitere Beispiele, an denen der Weit-
blick von Clausewitz deutlich gemacht werden kann. So
diente Clausewitz als Grundlage für das Verständnis von
asymmetrischen Kriegen, von Konflikten ohne streng

verlaufende Frontlinien und andere Auseinandersetzungen ohne eindeutige Kriegsparteien. Phänomene wie der internationale Terrorismus, Partisanenkriege oder eben der Cyberkrieg lassen sich mithilfe von Clausewitz analysieren und besser verstehen.

In der heutigen Zeit gibt es vor allem drei Kriegsformen, die sich mit Clausewitz analysieren und darstellen lassen. Der klassische, symmetrische Staatenkrieg zeichnet sich durch einen Krieg zwischen zwei oder mehreren Staaten aus. Auch ein Koalitionskrieg ist ein Staatenkrieg. Entsprechend Clausewitz' Definition eines Volkskrieges kann dieser als Partisanen- oder Guerillakrieg fortgesetzt werden, wenn das Land bereits besetzt und die Regierung entmachtet ist. Nach dem Westfälischen Frieden von 1648 fand eine Monopolisierung der Gewalt statt und somit war dies der Beginn der Staatenkriege. Allein der Staat hatte die Macht und das Recht, einen Krieg zu erklären und auch zu führen. Zudem entwickelte sich in Europa das Streben einer Vormachtstellung durch die größeren Staaten, was für ein Gleichgewicht sorgte. Staatenkriege zeichnen sich durch eine bestimmte Symmetrie aus, daher spricht man hier auch von „symmetrischen Kriegen", wodurch der Krieg besonders verrechtlicht wird. Diese Symmetrie führt zu einer stabilisierenden Funktion auf politischer Ebene. Es ließen sich die Kräfteverhältnisse in gewissem Maße zuverlässig abschätzen und ein Vergleich war möglich. In den Zeiten des Kalten Krieges konnte mithilfe von Koalitionen das militärische Übergewicht des Gegners verhindert werden. Das klassische Kriegsbild hat sich stark verändert und mit dem Zusammenbruch der Sowjetunion haben zwischenstaatliche Kriege an Bedeutung verloren.

Das neue Kriegsbild ist geprägt von multilateralen Interventionen in innerstaatlichen Kriegen. Die Privatisierung verdrängte die Monopolisierung der Gewalt vom Staat. Es entsteht hierdurch eine Asymmetrie. Als „Neue Kriege" wird diese neue Form von vielen Politikwissenschaftlern bezeichnet. Der 11. September 2001 ist wohl der Tag, der allen Menschen in Erinnerung bleibt. Es gibt kaum einen, der sich nicht erinnern kann, was er in dem Moment getan hat, als er von den Anschlägen auf das World Trade Center erfahren hat. Die militärische Forschung hat sich seitdem auf diese asymmetrischen Kriege und die neuen Kriege konzentriert. Auf theoretischer Ebene war der Aufsatz von William S. Lind, mit dem Titel „The Changing Face of War: Into the Fourth Generation", eine wichtige Forschungsgrundlage. Lind verstand unter der vierten Generation von Kriegen die entstaatlichten Kriege, bei denen die Charakterisierung nach Clausewitz als erweiterter Zweikampf nicht mehr greift. Die Neuen Kriege basieren eher auf Ideologien oder Religionen mit einem entstaatlichten Charakter. Zudem kann man bei diesen Kriegen nicht von klassischen innerstaatlichen Kriegen sprechen und auch nicht von einer militärischen Auseinandersetzung innerhalb der Staatsgrenzen.

Söldner, Warlords und Terroristen bestimmen nun mit Unterwanderung der Gesetze und Definitionen den Kriegsverlauf. Diese finanzieren mithilfe des asymmetrischen Krieges ihren Lebensunterhalt oder nutzen diesen zur Durchsetzung ihrer eigenen Ziele, womit wir wieder am Anfang bei den fünf Triebfaktoren stehen. Diese können auch ökonomischer oder politisch-religiöser Natur sein. Beruhten die bisherigen Kriegsformen ökonomisch auf der Mobilisierung der Kriegsproduktion, so rückt bei den Neuen Kriegen die Plünderung von Ressourcen, Bodenschätzen und die Rentenaneignung in den Mittelpunkt. Im Cyberspace wiederum entspricht dies dem Diebstahl von Intellectual Property und Know-how, dem Verschaffen von Zugang zu kritischen Infrastrukturen beispielsweise zur Vorbereitung anderer Kriege oder Angriffe. Die westlichen Staaten versuchen bislang hier, Konflikte einzudämmen. Dabei wird vor allem in die Rüstungstechnologie investiert, um zum Beispiel durch Luftangriffe die eigenen Verluste so gering wie möglich zu halten. Gerade dieser Punkt demonstriert jedoch überdeutlich, warum es so wichtig ist, auf einer theoretischen Ebene die neuen Kriege zu verstehen: Bevor es zu einer Neubewertung des Terrorismus mithilfe von Clausewitz kam, ging man von Individuen aus, die auf dem Niveau von Verbrechern angesiedelt waren und in Strukturen von Banden organisiert waren. Wenn man Terrorismus so versteht, sind die politischen und staatlichen Maßnahmen und Konsequenzen ganz andere, als wenn man den Terrorismus als eine neue Form von Krieg versteht, die sich gegen einen Staat als solchen richtet und von kleinen, dezentralen Zellen durchgeführt wird. Eine militärische Antwort auf einen terroristischen Akt kann es nur geben, wenn die Terroristen als Akteure innerhalb eines asymmetrischen Krieges interpretiert werden.

Es mögen sich zwar die Technologien entwickelt haben, mit denen man Informationen sammelt. Allerdings agieren und reagieren Terroristen heute mit Gegensätzlichem: Das heißt, wenn sie abgehört werden, dann geben sie Kommandos nur noch Mund zu Mund, auf Papier oder via toten Briefkästen weiter. Um einen technisch überlegenen Feind zu schlagen, setzen sie also auf nichttechnische Taktiken. Die technisch versierten Konfliktparteien von heute haben es mit einem Feind von gestern zu tun, der nicht auf digitale Kommunikationswege angewiesen ist. Darum muss sich das Verständnis und das Bewusstsein für die Wertung und Deutung von Informationen verändern. Dieser Wandel wurde längst von Hollywood erkannt und in die neuen Narrative übernommen. In dem Film *Der Mann, der niemals lebte*

(Regie: Ridley Scott, 2008), dessen Handlung im Nahen Osten spielt, wird ein technisch hoch versierter Krieg dargestellt. Jede Handlung des CIA-Agenten Roger Ferris (gespielt von Leonardo DiCaprio) wird von Drohnen beobachtet und von dem Kollegen Ed Hoffmann (gespielt von Russell Crowe) aus Washington geleitet. Immer wieder stoßen sie dabei an ihre Grenzen, weil ihre Gegner ihnen taktisch einen Schritt voraus sind oder sie mit ganz einfachen Mitteln ins Leere laufen lassen. An einer Stelle resümiert Roger Ferris: „Inzwischen hat unser Feind sehr wohl realisiert, dass er einen Kampf gegen Jungs aus der Zukunft führt und das ist ebenso brillant, wie es bedrohlich ist. Wer so lebt wie in der Vergangenheit und sich so verhält wie in der Vergangenheit, der ist für die Jungs aus der Zukunft sehr schwer zu entdecken. Wenn man sein Handy wegwirft, keine E-Mails schreibt, alle Anweisungen von Angesicht zu Angesicht und von Hand zu Hand übermittelt, verschließt man sich vor jeglicher Technologie und verschwindet in der Menge."

Aus dem Partisanenkrieg entwickelten sich neue Formen der Kriegsführung. Wobei es hier nicht mehr der Partisane ist, sondern ein mobil und global handelnder Akteur. Dieser ist an keine Regeln des Krieges mehr gebunden und nutzt die Infrastruktur im Zentrum des Feindes. Was zählt, sind Bodycounts und diese werden durch Attentate auf Soft Targets wie beispielsweise Zivilisten mit billigen Waffen erzielt.

Beim klassischen Terrorismus, den es auch schon früher gab, war das Ziel eines Attentats der Repräsentant des Machtausübenden und die Zivilbevölkerung wurde als Kollateralschaden in Kauf genommen. Der neue Terrorismus richtet sich aber gegen die Zivilbevölkerung. Es fehlen klare Frontverläufe, und statt auf Schlachten setzen die Akteure auf Massaker, Vertreibungen und Vergewaltigungen, meist auf Basis von ethnischen

Gegensätzen. Entsprechend des Zustands des Low Intensity Conflicts (LIC) kann sich kein westliches oder hochgerüstetes Land einen kostspieligen militärischen Einsatz für einen unbegrenzten Zeitraum leisten. Ebenso kann es sich auch nicht leisten, einen einmal angefangenen Krieg einfach zu beenden. Bei den Kriegen in Afghanistan oder dem Irak ging es um die Raumhaltung. Um die Hauptstadt zu schützen, werden verschiedene Taktiken eingesetzt. Diese reichen vom klassischen militärischen Einsatz bis zum State Building oder Nation Building. Die Kampfhandlungen werden somit vom Zentrum ferngehalten.

Anders bei den Jihadisten oder auch den Taliban, die einen Raumgewinnungskrieg führen. Deren Ziel ist es, mit asymmetrischen Mitteln den Raum der Peripherie einzunehmen, um dann eine eigene Art „State Building" zu betreiben. Dies erfolgt zum Beispiel durch das Ausrufen eines Emirates auf Grundlage des islamischen Gesetzes (Sharia). Durch den Einsatz von Selbstmordattentätern wird den Gegnern die Verwundbarkeit aufgezeigt und die Botschaft übermittelt, dass mit weiteren Kosten zu rechnen ist. Es handelt sich im Sinne der Definition von Clausewitz um einen Akt der Gewalt, mit dem klaren Ziel, den Gegner zu etwas zu zwingen. Um etwa wieder ein Gleichgewicht und eine Re-Symmetrisierung zu erreichen, führen die teilnehmenden Staaten verschiedene Spezialeinsätze und verdeckte Missionen zum Beispiel auch im Cyberspace durch. Die Kombination aus modernen und vor-modernen traditionellen Motiven und Kriegsführungsformen ist ein wesentliches Merkmal der neuen Kriege. Das Theoriegerüst und die Wunderliche Dreifaltigkeit lassen sich auch auf die asymmetrischen oder neuen Kriege anwenden, da bereits Clausewitz die Asymmetrie des Krieges beschrieb.

Der hybride Krieg als „neue" Form der Kriegsführung

Insbesondere in den USA trat im Zuge des militärischen Umgangs mit den neuen Formen des Kriegs sowie deren Bewertung der Begriff des „hybriden Kriegs" in Erscheinung. Bei dieser Kriegsform wird auf den gesamten Umfang der konventionellen, kriminellen, terroristischen und asymmetrischen Mittel zurückgegriffen. Dies kann durch sowohl staatliche als auch nicht-staatliche Akteure erfolgen. Da das Department of Defense jedoch zunächst keine neue Form der Kriegsführung anerkannte, wurden Begriffe wie „hybrider Krieg" oder „Hybridkrieg" offiziell nicht genutzt. Heute finden sich die Bezeichnungen „hybride Kriegsführung", „hybride Bedrohungen" oder „hybride Elemente" sehr viel häufiger.

Aufgrund der zunehmenden Verschmelzung von Kriegsführungsformen werden zukünftige Konflikte multivariant oder multi-modal ausgetragen. Zudem wird es sich nicht mehr auf einzelne Herausforderungen beschränken, mit Ansätzen wie konventioneller Kampf, irregulärer Kampf und Terrorismus. Vielmehr wird es bei der Kriegsführung zu einer Kombination von verschiedenen Taktiken kommen und diese werden womöglich noch gleichzeitig eingesetzt. Weitere Möglichkeiten, um eine Regierung zu destabilisieren, sind auch der Schmuggel, Drogenhandel und illegaler Waffenhandel. Die Grenzen zwischen Krieg und Kriminalität verwischen dadurch zusehends. Aus diesem Grund wird auch dieser kriminelle Ansatz seine Anwendung in der hybriden Kriegsführung finden.

Bereits in der Vergangenheit lassen sich hybride Formen der Kriegsführung beobachten. Die Transformation regulärer Streitkräfte in irreguläre Formationen fand beispielsweise bereits 2003 bei den Fedayeen im

Irak statt. Ehemalige loyale Söldner von Saddam Hussein hatten sich dem bewaffneten Widerstand gegen die US-Truppen angeschlossen. Kritische Infrastrukturen, deren Ausfall sich nachhaltig auf die Versorgung auswirkt, erhebliche Störungen der öffentlichen Sicherheit oder andere dramatische Folgen mit sich zieht, waren die Ziele eines hybriden Angriffs. Die Komplexität und Verwundbarkeit der weltweiten Wirtschafts- und Handelsströme machten diese zu einem geeigneten Ziel. Nicht nur Terrorgruppen, sondern auch staatliche Gruppen versuchen, Schwachstellen wie diese zu finden und anzugreifen. Längst sind Banken und Unternehmen, wie zum Beispiel Bank of America oder American Express, Ziele von Angriffen. Hinweise auf Angriffe durch Geheimdienste oder spezieller Cybereinheiten des Militärs anderer Staaten wurden bereits zuhauf gefunden. Unter diesen Staaten befinden sich auch China, Russland, Nordkorea und der Iran. Besonders der Iran unterstützt seit vielen Jahren offen den Terrorismus. Es werden neben der radikal-islamischen Hamas auch die Hisbollah finanziell und militärtechnologisch unterstützt. Als „the most active state sponsor of terrorism" wurde der Iran nach einer Analyse vom US-Außenministerium bezeichnet.

Allerdings muss hier auch kritisch gefragt werden, wie „neu" die Einordnung als hybrider Krieg wirklich ist. Denn bestimmte Elemente dessen, was als hybride Kriegsführung bezeichnet wird, finden sich auch in der Geschichte wieder. Denke man dazu nur an die weiter oben in einem anderen Zusammenhang bereits herangezogene Episode rund um das Trojanische Pferd. Mit dem Trick der im Bauch des Pferdes versteckten Soldaten wurde ein militärischer Sieg errungen. Auf einer Betrachtungsebene handelt es sich um die Taktik des Tarnens und Täuschens. Anders betrachtet wird hier eine kulturelle Gegebenheit ausgenutzt, um auf militärischer Ebene einen Vorteil zu erlangen. Denn es gibt die Gepflogenheit, ein Geschenk, besonders ein so großes,

eigentlich nicht ablehnen zu können. Genau diese Vermischung verschiedener Dimensionen oder Ebenen ist es
aber, was im Kern hybride Kriegsführung ausmacht. Das
bringt noch einmal grundsätzlich die Frage auf: Was genau
ist hybride Kriegsführung?

Eine Definition hybrider Kriegführung

Man kann die hybride Kriegführung also als eine spezifische Form der Kriegführung beschreiben. Für sie sind
drei Merkmale sowie deren Interaktion charakteristisch: 1)
der multidimensionale Handlungsraum, 2) das Operieren
in Grauzonen und 3) die kreative Kombination von Mittel
und Methoden. Je nachdem wie stark diese Merkmale ausgeprägt sind, lässt sich der Grad an Hybridität bestimmen.

Fangen wir mit dem multidimensionalen Handlungsraum an. Der hybride Krieg zeichnet sich dadurch aus,
dass Handlungen nicht primär und nicht ausschließlich
im Bereich des Militärs zu verorten ist. Vielmehr treten
zahlreiche weitere Handlungsräume hinzu, in denen
agiert wird oder die miteinander kombiniert werden: die
Politik, die Wirtschaft, die kritische Infrastruktur, die
Gesellschaft oder die Kultur. Hybrid wird eine Form der
Kriegsführung dann bezeichnet, wenn sie nicht mehr rein
mit Waffengewalt geführt wird, sondern primär mit nicht-
militärischen Mitteln. Die unterschiedlichen Dimensionen
werden damit zu eigenständigen Gefechtsfeldern.

Das Operieren in Grauzonen oder an Schnittstellen ist
das nächste Merkmal des hybriden Krieges, das wir uns
genauer anschauen werden. Hierbei geht es um Über-
gangsbereiche wie dem zwischen Krieg und Frieden,
Freund und Feind, zivil und militärisch, Wahrheit und
Lüge, legal und illegal, staatlich und nicht-staatlich. Die
unscharfen Graubereiche zwischen solchen Kategorien

sind kennzeichnend für die hybride Kriegsführung. Sie sind schwer zu fassen und eignen sich darum ganz besonders für Aktionen. Dadurch, dass es hier keine Eindeutigkeit gibt oder bewusst alte Ordnungen infrage gestellt werden, wird der Gegner handlungsunfähig oder zumindest in seiner Entscheidungsmöglichkeit gelähmt.

Drittes Merkmal von hybrider Kriegsführung ist die kreative Kombination unterschiedlichster Mittel und Methoden sowie Taktiken und Strategien. Auch Aspekte, die sonst getrennt voneinander zu betrachten sind, werden hier zusammengebracht. Auf diese Weise entstehen immer wieder neue Vorgehensweisen und hybride Mischformen, die innovativ und überraschend sind. Zum Beispiel können Elemente von Desinformation und Propaganda mit Mitteln des Wirtschaftskriegs und diplomatischen Bemühungen verbunden werden. Oder militärische Konfrontationen mit einem gesellschaftlichen Kulturkampf und Wirtschaftsblockaden. Auch die Kombination von konventionellem Krieg und Guerillataktik ist denkbar. Dabei ist auch hier das Ziel, in Grauzonen zu operieren. Gerade durch die Kombination von Mitteln und Methoden wird eine exakte Zuordnung zu dem einen oder anderen Bereich erschwert. Die Kombinationsmöglichkeiten nicht nur von Mitteln und Methoden sind unerschöpflich. Auch die Orchestrierung und unterschiedliche Ausprägung aller drei Merkmale von hybrider Kriegsführung lassen unendlichen Gestaltungsspielraum zu.

Ist der Cyberkrieg also ein hybrider Krieg?

Wenn wir nun versuchen, den Cyberkrieg als hybriden Krieg zu verstehen, ist zunächst festzustellen, dass bereits heute Technologien eine größere Rolle bei der

Kriegsführung spielen. Im Informationszeitalter findet Propaganda vor allem in den sozialen Medien statt. Auch die Möglichkeiten, die sich durch den Einsatz von Künstlicher Intelligenz und automatischen Systemen ergeben, zeichnen die jüngsten Konflikte aus. Neue Technologien ermöglichen eine neue Dimension der Kriegsführung. Da der Cyberraum aber nicht losgelöst von der physischen Welt besteht, handelt es sich nicht um einen neuen Kriegsschauplatz. Vielmehr erweitert der Cyberraum die bisherigen Dimensionen um eine weitere, verfügt über zahlreiche Schnittstellen und eignet sich gerade darum so ideal für die hybride Kriegsführung.

Nicht zuletzt ist aber zu bemerken, dass der Cyberkrieg als Form der hybriden Kriegsführung und dessen Verbindung mit militärischen Mitteln und Methoden sich nicht gegenseitig ausschließen. Dabei lassen sich drei Motivlagen identifizieren, die für so eine Kombination sprechen: Erstens, wenn die Akteure im Rahmen der hybriden Kriegführung ihr eigenes militärisches Potenzial zu nutzen beabsichtigen, beispielsweise um damit ihren Gegner militärisch einzuschüchtern, zu bedrohen oder zu erpressen. Zweitens kann die militärische Stärke das hybride Agieren auf anderen Ebenen unterstützen. Wenn gleichzeitig militärische Mittel verwendet werden, können Cyberoperationen zum Erfolg führen. Drittens geht es um die Absicherung des Erreichten geht, also der Gegner versucht, mit militärischen Mitteln die hybride Angriffe sowie dort gewonnenes Terrain wieder gut zu machen.

Um zu verdeutlichen, warum der Cyberkrieg ebenfalls an der Schwelle der hybriden Kriegsführung zu verorten ist, soll an dieser Stelle kurz die Relevanz von Clausewitz deutlich gemacht werden. Von Clausewitz bezeichnete den Krieg als einen „Akt der Gewalt, um den Gegner zur Erfüllung unseres Willens zu zwingen". Die berechtigte Frage muss aber lauten, ob dies auch noch im 21. Jahrhundert für den Cyberkrieg gilt. Eine Antwort hängt zunächst davon ab, wie man den Cyberkrieg definiert. Heute treffen wir diesen noch nicht in einer reinen Form an – auch die Cyberattacke auf das elektronische Gesundheitssystem Lettlands im Jahr 2018 machte deutlich, dass der zentrale Akt der Gewalt, der einen Krieg auslöst und definiert, nach wie vor physischer beziehungsweise militärischer Natur sein muss und nicht im Cyberspace stattfindet. Allerdings lassen sich bei den jüngsten Kriegen immer wieder einzelne Elemente der Cyberkriegsführung identifizieren, die sich rein theoretisch mit gewissem Recht bereits als Akte der Gewalt deuten lassen. Denn schließlich stellen auch die Maßnahmen und Aktionen, die staatliche Akteure im Cyberspace durchführen, ernsthafte Bedrohungen für die Sicherheit von Staaten und der Menschen dar, die darin leben.

Was bislang jedoch in diesem Zusammenhang fehlt, ist die Möglichkeit einer eindeutigen und sofortigen Zuordnung dieser Gewaltakte. Würde man Clausewitz' Denken auf den Cyberspace anwenden, müsste dieser Akt im Rahmen einer offensiven oder defensiven Militärstrategie innerhalb des Informationsfeldes basieren, die von einem Staat gebilligt oder durchgeführt wird. Er müsste demnach auch die sofortige Störung oder Kontrolle von feindlichen Ressourcen zum Ziel haben. Bis jetzt gab es so einen Gewaltakt, der sofort und eindeutig zugeordnet werden konnte oder der eine sofortige Wirkung nach sich zog, in der Kriegsgeschichte noch nicht. Oder anders gesagt: Alle bisherigen Cyberangriffe führten bisher nicht zu einem Krieg. Auch Hackbacks sind in vielen Ländern juristisch verboten. Angriffe im Cyberspace wurden bislang oft als Stör-Elemente oder zum Sammeln von Informationen im Vorfeld eines Angriffs genutzt. Über den genauen Stand der Diskussion wird es an späterer Stelle noch gehen. So viel sei jedoch schon verraten: Stand heute ist, dass der Schuss eines Soldaten heute mehr Konsequenzen nach sich ziehen würde als der Angriff einer ganzen Cyberarmee auf einen anderen Staat. Ein Beispiel dafür sind die seit mehr als einem Jahrzehnt anhaltenden Angriffe Russlands auf verschiedene Nachbarländer. Keiner dieser Gewaltakte, die oft auf kritische Infrastrukturen ausgeübt wurden, löste einen offiziellen Krieg zwischen zwei Staaten aus. Gerade aus diesem Grund sind die Gefahren, die heute vom Cyberspace ausgehen, jedoch als sehr viel ernsthafter einzuschätzen, als viele Menschen und vor allem Politiker dies tun. Es ist anzunehmen, dass die Fähigkeiten, die Staaten gerade in diesem Bereich entwickeln, weit über das hinausreichen, was bisher zu beobachten war und die Jahrzehnte der wahren Cyberkriegsführung noch vor uns liegen. Wie der Cyberkrieg aussehen wird, ist zudem aus heutiger Sicht noch nicht mit Sicherheit zu sagen. Klar ist nur, dass er wenig mit dem zu tun hat, was wir von den bisherigen Kriegen kennen oder was parallel dazu eingesetzt wird. Es wird nicht die Bilder im Fernsehen zu sehen geben, wie wir sie von aktuellen Kriegen gewohnt sind. Das liegt auch an der Sensationslust und -logik der Presse, die häufig nur Gräueltaten zeigt, die ihnen die Aufmerksamkeit sichern. Im Gegensatz dazu laufen Cyberoperationen im Hintergrund ab, selbst wenn sie solche Taten mitvorbereiten. Ein Raketeneinschlag gibt aber ein besseres Bild für die Medien als eine gestohlene Datenbank. Zunächst liegt das daran, dass die Vorbereitungen dafür zum Teil Jahre dauern und völlig unsichtbar bleiben können. Dasselbe gilt auch für die Durchführung eines Cyberangriffs. Nicht zuletzt gibt es keine Garantie und keine Pflicht, dass ein solcher Angriff jemals publik gemacht wird oder sich ein Staat dazu bekennt. Der Cyberkrieg könnte eine sehr stille, unspektakuläre, ja – von außen betrachtet – sogar fast langweilige Angelegenheit werden, die eher im Bereich Spionage, Sabotage und Propagandaunterstützung zu verorten ist. Letzteres gilt jedoch nicht für die Schäden, die dabei verursacht werden. Das zeigt der NotPetya-Angriff, der mutmaßlich auf Russland zurückgeht und gegen zivile Infrastruktur in der Ukraine gerichtet war. Bei „NotPetya" handelte es sich auf den ersten Blick gesehen um einen Erpressungstrojaner, auch Ransomware genannt, der die Daten auf einem System verschlüsselt und nur gegen die Zahlung von Lösegeld wieder entschlüsselt. Die enorme Durchschlagskraft und Auswirkung von NotPetya wurde am 27.06.2017 erkennbar, als in der ganzen Ukraine Bankautomaten ausfielen, Kartenlesegeräte wie in der U-Bahn nicht mehr funktionierten und die IT-Systeme von Banken, Unternehmen und Behörden von jetzt auf gleich nicht mehr nutzbar waren. Es herrschten chaotische Zustände im gesamten Land. Auch außerhalb der Ukraine gab es zahlreiche Opfer des Angriffs. Beispielsweise war das gesamte Computersystem von Maersk, der weltweit größten Containerschiffsreederei, betroffen. Sogar das Strahlenüberwachungssystem von Tschernobyl fiel der Schadsoftware zum Opfer. Allein der Pharmakonzern Merck, dessen Produktion vollständig zusammenbrach, bezifferte seinen Verlust auf 830 Mio. Euro. Der Schaden, den NotPetya insgesamt verursachte, beträgt fast 10 Mrd. EUR. NotPetya war vor allem deswegen so erfolgreich, weil es sich um einen sogenannten „Wurm" handelt. Darunter versteht man eine Software, die sich selbst vervielfältigen kann und sich so ohne menschliches Zutun auf hunderttausenden Rechnern auf der ganzen Welt verbreiten kann. Bei NotPetya handelte es sich um einen sehr ausgefeilten Virus, der eine Sicherheitslücke von Microsoft Windows ausnutzte und sich

Zugriff auf alle Rechner in einem Netzwerk verschaffen konnte. Im Vergleich zu Petya, einer Ransomware, bei der es wirklich um Erpressung ging, hatte NotPetya jedoch nicht zum Ziel, Geld zu erbeuten, sondern maximalen Schaden anzurichten. Zwar wurde auch bei NotPetya eine Lösegeldforderung angezeigt und die Zahlung von einer bestimmten Summe Bitcoin gefordert. Allerdings waren die Daten im Hintergrund längst vernichtet oder unbrauchbar gemacht. Daher der Name *Not* Petya, also „Nicht-Petya". Doch trotz des immensen Schadens, den Russland durch diesen Angriff in der Ukraine und auf der ganzen Welt verursacht hatte, geschah damals auf der politischen Weltbühne nichts. Laut offiziellen Angaben blieb übrigens nur ein Land vor jeglichen Schäden durch NotPetya verschont: Russland.

Die Definition von Taktik und Strategie nach Clausewitz

In Clausewitz' Denken stellte die Fähigkeit der Streitkräfte zu kämpfen die Grundlage der Kriegsführung dar. Dem Gefecht kam darum eine zentrale Bedeutung zu. Die Mittel, die für dafür eingesetzt wurden, spielten im Vergleich zum Zweck, der damit verfolgt wurde, nur eine untergeordnete Rolle. Allerdings stellt sich doch die Frage: Was würde Clausewitz zu einem Angriff wie dem durch NotPetya sagen? Handelt es sich dabei um ein legitimes taktisches Mittel, das im Gefecht eingesetzt wurde? Sicher nicht eines symmetrischen Krieges. Denn die Taktik ist laut Clausewitz definiert als die „Lehre vom Gebrauch der Streitkräfte im Gefecht". Im Gegensatz dazu ist die Strategie „die Lehre vom Gebrauch der einzelnen Gefechte zum Zweck des Krieges".

Schon aufschlussreicher sind darum für diesen Zusammenhang seine Gedanken zum Guerillakrieg, den Clausewitz auch den „Kleinen Krieg" nannte. Diesen verstand er als eine Form der Kriegsführung, die sich dazu eignete, um einen Volkskrieg zu führen. Dabei müssen nicht Armee gegen Armee in einem bewaffnetem Konflikt miteinander stehen, sondern auch andere Akteure, wie eben Guerilla-Kämpfer, die sich aus dem Volk rekrutieren, können an einem Krieg beteiligt sein. Auch wenn Clausewitz das Verdienst zukommt, diese Form des Kriegs erstmals vollständig beschrieben zu haben, reicht auch diese allerdings nicht aus, um den Cyberkrieg vollständig zu beschreiben und zu verstehen. Denn für Clausewitz nahmen die Guerilla-Kämpfer im Spannungsfeld von Angriff und Verteidigung die Rolle von Abwehrkräften ein. Ihr Vorteil war, dass sie so lange unauffällig waren und flexibel manövrieren konnten, bis sie zum Zweck der Verteidigung in die taktische Offensive gehen konnten. Dass solche Kräfte einmal für den Zweck des Angriffs genutzt werden würden, sah Clausewitz nicht vorher.

Doch auch wenn Clausewitz keine eindeutige Beschreibung und Zuordnung des Cyberkrieges liefert, helfen seine Schlüsselbegriffe nichtsdestotrotz, um das theoretische Feld abzustecken und das Verhalten und das Vorgehen der neuen Akteure zu beschreiben und einzuordnen. Wie sehr die Wirkung von Clausewitz über seine Zeit hinausweist, zeigt auch seine Anwendung im Bereich der Wirtschaft. Längst sind seine Theorien und Werke Gegenstand der Lehrpläne der Wirtschaftswissenschaften und der Betriebswirtschaftslehre geworden. Auch in vielen Management-Schulen und -Büchern darf Clausewitz nicht mehr fehlen. Beispielhaft dafür steht das Buch „Clausewitz. Strategie denken", das vom Strategieinstitut der Boston Consulting Group herausgegeben wurde. Neben dem weiter oben bereits erwähnten Werk von Sun Tzu gehört demnach nun auch Clausewitz in jedes Bücherregal von Militärs oder Führungskräften aus der Wirtschaft.

5

Die Veränderung von Mächten, Grenzen und Ressourcen

Nichts ist so beständig wie der Wandel.

Heraklit

Einerseits könnte man mit gutem Recht behaupten, dass es eine Konstante der Menschheitsgeschichte ist, dass sich Machtverhältnisse immer wieder änderten, Grenzen verschoben und neue Ressourcen erschlossen und für Kriege verwendet wurden. Andererseits bietet genau das den Anlass, auch am Übergang zur Gegenwart die Frage zu stellen: Was ist wirklich neu und was ist wie früher? Betrachten wir dazu die Situation, in der ausschließlich auf dem Kriegsfeld Mann gegen Mann steht. Hier könnte man eindeutig vermuten, dass es diese Form des Kräftemessens längst nicht mehr gibt. Und auch wenn die jüngsten Kriege wie der in Afghanistan, der Syrien-Krieg und der Ukraine-Krieg gezeigt haben, dass selbst die ältesten Techniken und Taktiken noch eine gewisse

© Der/die Autor(en), exklusiv lizenziert an Springer Fachmedien Wiesbaden GmbH, ein Teil von Springer Nature 2023
P. Kestner, *Die Kunst des Cyberkrieges*,
https://doi.org/10.1007/978-3-658-40058-3_5

Rolle spielen, haben wir es bei einer genaueren Analyse längst mit einer hochkomplexen, asymmetrischen Lage auf dem Schlachtfeld zu tun. Als sich noch Heere gegenüberstanden, zählte vor allem das zahlenmäßige Verhältnis beider Seiten. Wenn 1000 Mann gegen 10.000 Mann standen, musste sich der Heerführer schon sehr viel einfallen lassen, um noch einen Sieg zu erringen. Man denke hier an die Ratschläge aus den 13 Kapiteln von Sun Tzu. Und auch schon im Kapitel über das Mittelalter haben wir gelernt, wie die Erfindung von Techniken diese Logik von Zahlenverhältnissen ins Schwanken bringt. Was damals die Erfindung der Armbrust war, ist heute der Einsatz von ferngesteuerten Drohnen. Dadurch gibt es heute kriegerische Handlungen, bei denen direkt vor Ort kein Mensch mehr beteiligt sein muss. Dieser kann hunderte Kilometer entfernt an einem Computer sitzen und die Drohne fernsteuern oder einen Hack durchführen. Wenn man sich dieser Entwicklung bewusst ist, kann es umso erschreckender sein, wenn man Kriegsszenen sieht, die an diejenigen aus vergangenen Jahrhunderten erinnern.

Der Punkt, um den es hier geht, ist jedoch ein anderer: Durch die Weiterentwicklung der Technik und der modernen Kriegsführung verschieben sich auch die Machtverhältnisse. Ein kleines, wirtschaftlich äußerst schwaches Land wie Nordkorea hat nicht nur aufgrund seiner Atomwaffen eine Position, um auf der weltpolitischen Bühne mitzumischen. Ihm genügen wenige, aber hoch spezialisierte Hacker, um auf der ganzen Welt gezielt für Unruhe zu sorgen. Ein anderes Beispiel sind die Hackergruppen mit dem Namen APT28 oder APT29. APT steht dabei für die bereits weiter oben erwähnte Angriffsmethode „Advanced Persistent Threat", die insbesondere von Staaten eingesetzt wird. Es gibt zahlreiche dieser Gruppen, die unterschiedlichen Staaten zugeordnet werden: hinter APT39 steckt mutmaßlich

Iran, hinter APT40 und APT41 wahrscheinlich China und hinter APT32 könnte Vietnam stehen. Es gibt auch Hackergruppen wie APT5, bei denen bis heute nicht klar ist, ob und welchem Land sie sich zuordnen lassen. Oft handelt es sich dabei um eine Ansammlung von nicht einmal 20 Personen. Im Fall von APT28 dürften es inzwischen sehr viel mehr sein, weil davon ausgegangen werden darf, dass die russische Regierung diese Truppe großzügig mit finanziellen Mitteln versorgt. Die Schlagkraft von APT28 ist inzwischen so berüchtigt, dass sich die gesamte IT-Welt vor ihr fürchtet. Ihr Vorgehen gleicht dem mit einer Brechstange. In jedem System, in das sie eindringt, hebelt sie alles auf, richtet immensen Schaden an und verschwindet wieder, ohne aufzuräumen. Die Gruppe wird gern für politische und wirtschaftliche Angriffe herangezogen und ist für jeden schmutzigen Job zu haben. Früher handelte es sich um eine kleine Spezialeinheit, heute eine Truppe mit massiver Stärke. Der Ruf, der ihr vorauseilt - brutal, aber auch brutal gut zu sein - bewährt sich in der Praxis leider zu häufig. Die Gruppe hat noch mehrere andere Namen und wird manchmal auch Fancy Bear, Tsar Team oder Strontium genannt. Dass so viel über die Vorgehensweisen der einzelnen Hackergruppen bekannt ist, ist dabei alles andere als ein Zufall. Auch hier hilft wieder eine kurze Erinnerung an die Entschlüsselung der Enigma, um zu verstehen, warum dieser Aspekt so wichtig ist. An den Vorgehensweisen lässt sich die Identität der Hackergruppen festmachen. Jede Gruppe und jeder Hacker hat ein Stück weit eine eigene Handschrift. Dieser Umstand hilft enorm bei der Forensik. Die Parallele zur Entschlüsselung der Enigma: Auch damals war ein Schlüssel der menschliche Faktor. Die Eigenart bestimmter Funker, immer zur selben Zeit einen Funkspruch abzusetzen oder charakteristische Formulierungen zu verwenden oder die Geschwindigkeit, mit der gemorst wurde, half bei der Entschlüsselung ganz enorm. Auch Hacker sind Menschen und auch sie suchen nach Anerkennung, Geld und Ruhm – also den alten, typischen Beweggründen für Konflikte: Reichtum, Macht, Ruhm, Lust und Ehre. Das verbessert zudem nicht zuletzt auch ihre Auftragslage.

Gäbe es diese typischen Verhaltensweisen nicht, wäre es oft schwer, die Verantwortung für Cyberoperationen zuzuordnen. Denn: Code ist Code. Er ist unabhängig vom Land, in dem er geschrieben wird und das hinter einem Angriff steckt. Manchmal werden auch ganz bewusst Finten gelegt – man denke nur an Sun Tzu bzw. die Taktik des Tarnens und Täuschens -, um es den Angegriffenen und Forensikern schwer zu machen. Nur weil in einer Malware russischer Code auftaucht, heißt das nicht, dass die Angreifer aus Russland stammen. Auch ein Holländer kann russische, chinesische oder vietnamesisch Code-Zeilen schreiben. Sehr viel schwieriger ist es, Vorgehens-weisen zu imitieren. Darum sind sie der echte mögliche Fingerabdruck.

Viele Hackergruppen haben zudem oft kein politisches, weltanschauliches oder physisches Zuhause. Wie die virtuellen New-Work-Nomaden können auch sie sich überall auf der Welt bewegen und stellen ihre Dienste wie Freelancer gegen Bezahlung anderen zur Verfügung. Auf diese Weise ist ein virtuelles Söldnertum entstanden, bei dem einfach eine kleine Hackerarmee eingekauft werden kann. Aus diesem Grund stellen auch der Zugang und die Verfügbarkeit von Ressourcen einen wesentlichen Unter-schied zwischen früher und heute dar. Während es noch vor wenigen Jahrhunderten kriegsentscheidend war, wer über die nötigen Ressourcen verfügte, stehen diese heute jederzeit zur Verfügung. Erinnern wir uns von hier aus noch einmal kurz zurück an die Formel, die Clausewitz zur Berechnung der Mittel aufstellte, die lautete:

Widerstandskraft des Gegners = Größe der Mittel × Stärke der Willenskraft

Es fällt auf, dass die Größe der Mittel ein entscheidender Faktor dieser Gleichung war. Ganz anders sieht dies jedoch heute aus, wenn wir in die Welt des Cyberraums blicken. Welche Rolle spielen dann Ressourcen? Wenn jemand einen groß angelegten Angriff auf die kritische Infrastruktur eines verfeindeten Landes plant, ist es eine valide Option, die dafür benötigten Ressourcen einfach zu stehlen. Man denke nur an die zahlreichen, bekannt gewordenen Beutezüge, bei denen Bitcoins im Wert von vielen hundert Millionen Dollar an Betrüger übergingen. Für die meisten Aktionen ist dies mehr als genug Budget, denn schließlich braucht man im Gegensatz zu früheren Zeiten kein Heer mit 20.000 Mann durchzufüttern. Vielmehr genügt heute eine Armee von Bot-Computern, die für einen Großangriff über Malware gekapert werden müssen. Diese können einen Tag nach dem Angriff wieder ausgeschaltet und weiterverkauft werden. Angreifer im Cyberspace können schnell und flexibel agieren. Digitale Söldner können heute in der Ukraine aktiv sein und morgen in Kuala Lumpur. Egal ob früher oder heute – mit einem klassischen physischen Heer geht so etwas nicht. Agilität ist nicht nur etwas, das in vielen Unternehmen gepredigt wird, sondern gelebte Realität des Cyberkrieges. Das ist aber nur ein Aspekt, in dem dieser sich von den Kriegen früherer Zeiten unterscheidet.

Ländergrenzen und Einflusszonen der Macht spielten über viele Jahrhunderte eine gewichtige Rolle, wenn es um strategische Heiratspolitik unter den Adels- und Königshäusern ging oder Kriege geführt wurden. Beim Cyberkrieg gelten Grenzen jedoch nicht mehr. Das ist nicht gleichbedeutend damit, dass es keine Konflikte mehr über den Verlauf von Ländergrenzen oder den Kampf um nationale Identitäten mehr geben wird. Die jüngsten Kriege der Gegenwart beweisen das Gegenteil. Allerdings spielt es für die zentralen Akteure des Cyberkrieges keine Rolle mehr, wo auf der Welt sie sich befinden. Das Vorhandensein einer technischen Infrastruktur ist für sie wichtiger als das Land, in dem sie sich befinden. Sie können ihren Aufwand flexibel planen und einsetzen. Für die Beobachter und Betroffenen sind beide Informationen, die in dieser Beschreibung stecken, von Bedeutung. Denn das heißt einerseits, dass die Treiber, die zu Konflikten führen, auch in Zukunft unverändert bleiben. Sie lassen sich frühzeitig erkennen und damit auch der Verlauf und Entwicklungen abschätzen. Andererseits bedeutet das aber, dass es schwieriger werden wird, die Position des Feindes eindeutig zu identifizieren. Der klassische, symmetrische Kriegsverlauf könnte demnach irgendwann der Vergangenheit angehören, weil das Kriegsgeschehen im Cyberkrieg unübersichtlich werden wird. Letzteres kann in vollem Bewusstsein der Beteiligten geschehen, weil dies auch taktische Vorteile mit sich bringt. Auch der zeitliche Verlauf wird immer mehr verschwimmen, da Aktionen im Cyberraum sehr viel Zeit in Anspruch nehmen können oder lange vorbereitet werden. Auf Bekenntnisse wird man zudem lange warten können, da es von taktischem Vorteil ist, den Angegriffenen im Unklaren darüber zu lassen, wer ihn überhaupt angegriffen hat. Erneut kann man hier die Brücke zur Entschlüsselung der Enigma bauen. Es war von absoluter Bedeutung, nicht zu früh zu verraten, dass man den Code der Enigma geknackt hatte. Je weniger die Gegenseite von den eigenen Fähigkeiten und Erfolgen weiß, umso besser. Darum mussten die Briten im Zweiten Weltkrieg ein Passagierschiff, auf das die Nazis einen Angriff planten, untergehen lassen. Denn durch die Entzifferung von abgefangenen, mit der Enigma verschlüsselten Nachrichten, wussten die Alliierten von der geplanten Aktion. Allerdings entschieden sie sich dafür, das Angriffsziel nicht zu schützen, da sie sonst verraten hätten, dass sie die Fähigkeit besaßen, die Codes der Enigma zu knacken. Die Briten haben damit bewusst einen Kollateralschaden in Kauf genommen, um nicht mit einer kurzfristigen Aktion ihr mittel- und langfristiges Ziel zu gefährden.

Das Wesen des Cyberkrieges

In diesem Teil des Buches geht es ganz allgemein um die Auslotung dessen, was neu am Cyberkrieg ist und welche (alt)bekannten Aspekte aus früheren Zeiten darin zu finden sind. Anders gesagt geht es darum, ein Stück weit das Wesen des Cyberkrieges zu bestimmen, ganz ähnlich wie Clausewitz dies auch in seinem Werk tat. Die Frage ist aber, ob das so einfach möglich ist. Denn wenn Grenzen keine entscheidende Rolle mehr spielen, heißt das, dass sich der Cyberkrieg als ein grenzenloser Kampf darstellt. Zerfließt hier also alles, sodass nichts mehr zu erkennen ist? Nicht ganz. Denn nur weil Landesgrenzen nicht mehr die Rolle spielen, die sie früher einmal hatten, muss das nicht gleichzeitig bedeuten, dass gar keine Ordnung zu erkennen ist. Schon Clausewitz selbst nannte den Krieg ein „wahres Chamäleon", „weil er in jedem konkreten Falle seine Natur etwas ändert". Um das Wesen des Cyberkrieges also genauer zu fassen, müssen wir uns noch stärker mit dessen realer Ausformung befassen. Nach Clausewitz gab es drei Konstanten oder Achsen, anhand denen sich das Wesen des Krieges bestimmen ließ. Fragen wir also: Was sind die Mittel, die Ziele und der Zweck des Cyberkrieges?

Digitale Waffen und das „stille Wettrüsten"

Befassen wir uns zunächst mit den Mitteln der Cyber-kriegsführung: also digitalen Waffen und der digitalen Infrastruktur. Eine wesentliche Eigenart des Cyberkrieges ist demnach die digitale Rüstungszeit. Ganz allgemein versteht man unter Rüstung die militärischen Maßnahmen, die zur Instandhaltung der militärischen Mittel sowie die Vorbereitung für Einsätze wie Angriff oder Verteidigung ergriffen werden. Mit Blick auf die militärische Entwicklung der unterschiedlichen Staaten und Länderbündnisse wird zudem zwischen Auf- und Abrüstung unterschieden. An den Ausgaben für militärische Rüstung kann auch die geopolitische Ambition der einzelnen Länder abgelesen werden – insofern haben solche Angaben immer auch einen kommunikativen Aspekt. Insbesondere die USA, die mit großem Abstand am meisten für Rüstung ausgeben (in 2021: 801 Mrd. US-Dollar), signalisieren damit zugleich, dass sie ihre Vormachtstellung der Welt mit allen Mitteln bereit sind zu verteidigen. China wiederum, das seit vielen Jahren eine Aufholjagd hinsichtlich seiner Rüstungsausgaben veranstaltete, liegt inzwischen auf Platz 2 (mit 293 Mrd. US-Dollar in 2021).

Ganz anders sieht es aus, wenn wir uns dem digitalen Wettrüsten zuwenden. Anders insofern, als hier nicht im selben Maße die Angaben zu den Rüstungsausgaben nach außen kommuniziert werden. Auch sind Fortschritte im Bereich der Cyberabwehr und den Cyberstreitkräften nicht durch Aufklärungsflüge oder Satellitenaufnahmen erkennbar. Viele Informationen gibt es nur, weil sie mehr oder weniger durch Zufall ans Tageslicht kamen, durch intensive Spionage aufgedeckt wurden oder durch

Whistleblower öffentlich gemacht wurden. Auch gezielte Desinformation, um beispielsweise vom Gegner absichtlich unterschätzt zu werden, darf hier nicht vergessen werden. Klar scheint aus heutiger Sicht zu sein, dass wir es vor allem mit vier Cybergroßmächten zu tun haben. Allen voran die USA und mit etwas Abstand dazu China, Israel und Russland. Aber auch die EU und die NATO müssen diesen Vergleich nicht scheuen, sondern können durchaus in der oberen Liga mitspielen. Diese Länder verfügen über Kapazitäten von mehreren zehntausend Cybersoldaten, die jederzeit zur Verfügung stehen. Neben solchen digitalen Kriegern wird auch eine technische Infrastruktur benötigt. Diese wiederum lässt sich durchaus vom All aus sehen, denn die Datencenter, die zum Teil über mehrere hunderttausend Server verfügen, produzieren so viel Wärme, dass sie leicht mit Satelliten, die mit Infrarotsensoren ausgestattet sind, geortet werden können. Allerdings führt an solchen Rechenzentren dieser Größenordnung kein Weg vorbei. Denn diese Kapazitäten sind nötig, um das zeitraubende Rätselraten zu betreiben, um die Quellen von Attacken festzustellen. Denn nur, wenn der genaue Ursprung eines Angriffs eindeutig identifiziert werden konnte, was bisher sehr selten geschah, können auch zielgerichtete Gegenmaßnahmen ergriffen werden. Die Frage „Wer gegen wen?" ist entscheidend für die Cyberkriegsführung und wird uns noch öfter begegnen.

Ausschlaggebend an dieser Stelle ist vor allem, dass sich das digitale Aufrüsten im Stillen vollzieht. Je weniger die Gegenseite über die eigenen Fähigkeiten weiß, umso besser. Gleichzeitig ist natürlich zu beobachten, dass es eine Art digitales Säbelrasseln gibt. Insbesondere kleinere Player, die jedoch größer und gefährlicher erscheinen wollen – wahrscheinlich haben sie ihren Sun Tzu gut gelesen – nutzen diese Methode gezielt. Zum digitalen

Wettrüsten gehört aber noch ein weiterer Aspekt, der oft vergessen wird. Zur Vorbereitung von Angriff und Verteidigung gehört auch das Austesten von Schwachstellen potenzieller Gegner für zukünftige Attacken oder Gegenmaßnahmen. Manchmal wird in diesem Zusammenhang auch von einer „aktiven Antwort" gesprochen. Zum Arsenal der Bundeswehr gehört laut Aussagen von Militärexperten beispielsweise eine Schadsoftware, mit der die Kommunikationssysteme des gegnerischen Heers wie Funkgeräte oder Mobiltelefone etwa bei Auslandseinsätzen gestört, manipuliert oder ausgeschaltet werden können. Als Ergänzung steht noch die Methode des Überlastungsangriffs zur Verfügung, bei dem ein System so lange mit Anfragen bombardiert wird, bis es in die Knie gezwungen wird. Der Einsatz von digitalen Waffen im ersten Sinne, also durch die Einschleusung von Schadsoftware, kann in der Praxis jedoch nur dann erfolgreich durchgeführt werden, wenn sowohl die Software als auch das vom Gegner verwendete technische Gerät bereits im Vorfeld auf mögliche Angriffsmöglichkeiten und Sicherheitslücken hin analysiert wurde. Dies muss im Stillen und lange im Voraus geschehen, damit der Überraschungseffekt beim tatsächlichen Einsatz nicht verloren geht. Ob und wie solche Angriffsmethoden im Fall von Deutschland und der NATO eingesetzt werden bzw. können, hängt allerdings auch von weiteren Faktoren ab. Denn die Diskussion rund um den Einsatz von digitalen Waffen steht noch vollkommen am Anfang. Weder gibt es dazu einen Konsens innerhalb der Bundeswehr und Bündnissen wie der NATO, noch eine rechtliche Grundlage von den länder- bzw. grenzübergreifenden Gesetzgebern. Wie weit andere Länder in der Zwischenzeit mit der Entwicklung solcher Waffensysteme sind, darüber kann derzeit nur spekuliert werden. Bekannt ist hingegen, dass zum Beispiel Staaten wie Israel schon seit dem Jahr 2007 eine digitale Waffe im Einsatz haben, mit der Luftüberwachungssysteme von Gegnern manipuliert werden können. Mit der Schadsoftware kann das Kontrollsystem eines Radars so verändert werden, dass bestimmte Flugbewegungen nicht angezeigt werden. Dadurch werden unbemerkte Luftoperationen zur Aufklärung oder auch zu Angriffszwecken ermöglicht.

Ganz abgesehen von den technischen Möglichkeiten von digitalen Waffen und den Konsequenzen, die aus ihrem Einsatz folgen, ist deren Entwicklung im Zuge des stillen Wettrüstens nicht unproblematisch. Wie gesagt muss die Einsatzmöglichkeit solcher Systeme getestet, gegnerische Systeme analysiert und der Verteidigungsfall geprobt werden. Dabei besteht die Gefahr, dass zu viel Vorwärtsverteidigung auch als Angriff gewertet werden könnte und sich auch de facto und de jure kaum mehr davon unterscheiden lässt.

Wenn wir uns noch einmal an das zur hybriden Kriegsführung Gesagte aus dem vorigen Kapitel erinnern, dann korrespondiert mit dem stillen Wettrüsten auch die Unsichtbarkeit von Macht und Fortschritt. Für die Verfolgung der Ziele im Rahmen der hybriden Kriegsführung ist es von großer Bedeutung, dass sich die Veränderung des Status quo etwa durch Propaganda, Sabotage oder andere Cyberoperationen schleichend, quasi in Zeitlupe vollzieht. Macht manifestiert sich hier also unscheinbar, fast unsichtbar in sehr kleinen Schritten. Auch wenn die Ziele langfristig verfolgt werden und die Aktionen manchmal nur indirekt wirken, das Wesentliche daran ist es, dass es verdeckt geschieht. Es handelt sich um einen „Tarnkappen-Einsatz im Schneckentempo", der den Faktor Zeit mit dem Faktor Unsichtbarkeit verbindet. Es ist ein Erfolg für die Akteure des Cyberkrieges, wenn sie möglichst lange unentdeckt bleiben. Darum sind sie bemüht, sich erstens möglichst unter der Schwelle von Gewaltakten und der Eskalation zu bewegen und zweitens dabei nicht sichtbar zu werden.

Was ist das Ziel des Cyberkrieges?

Im nächsten Schritt müssen wir uns in der Clausewitzschen Manier mit den Kriegszielen auseinandersetzen. Dabei muss kritisch hinterfragt werden, ob der Cyberkrieg ein Ziel hat oder überhaupt eines haben kann. In den seltensten Fällen ist der Cyberkrieg auf der Ebene des Schlachtfeldes anzusiedeln, wenngleich jeder Panzer heute ein fahrender Großrechner ist, der mit eigener Cyberabwehr ausgestattet sein muss. Vor dem Hintergrund der hybriden Kriegsführung ist vielmehr zu bedenken, dass Cyberoperationen gerade zum Ziel haben, Graubereiche zu erschließen und das Gefechtsfeld zu verzerren, zu entgrenzen oder zumindest dessen Linienverlauf zu verschieben. Darum kann im Cyberkrieg letztlich alles zum Angriffsziel werden: der Zusammenhalt einer Gesellschaft, die kritische Infrastruktur eines Landes, die Moral eines Akteurs, die Legitimität politischer Zielsetzungen, und so weiter. Sämtliche Domänen – angefangen bei der Politik und der Diplomatie über die Wirtschaft und den Finanzbereich bis hin zur kritischen Infrastruktur eines Landes – können als potenzielles Ziel infrage kommen. Viele Aktivitäten, die unter dem Stichwort Cyberkrieg diskutiert werden, lassen sich demnach nur schwer einem einheitlichen Ziel unterordnen. Ist die Motivation lediglich, dem Gegner größtmöglichen Schaden zuzufügen, zahlt dies freilich auf das Bestreben ein, in ideologischer, wirtschaftlicher oder individueller Hinsicht überlegen zu sein. Aber ist die Demonstration von Macht tatsächlich ein Ziel? Oder handelt es sich dabei nicht vielmehr um eine Konstante und einen überzeitlichen Treiber von Konflikten ganz generell. Denn was auch in Zukunft gleich bleiben wird, ist die Frage nach dem Machtverhältnis: Wer ist hier der Mächtige? Wer will Macht? Wer will Ruhm, Ehre oder Geld? Und auch, wenn diese Fragen gleich geblieben sind, können die Antworten heute und in Zukunft durchaus grundlegend anders ausfallen.

Ganz anders sieht es mit den Cyberkriegern aus. Eine einzelne Person hat die Macht, ein ganzes Unternehmen zu bedrohen oder sogar einen ganzen Staat herauszufordern. Dafür braucht er jedoch nicht einmal im Ansatz so viel Ressourcen, wie sie ein Staat für den Aufbau und den Unterhalt einer Armee aufwenden muss. Wir haben es also mit einer völlig neuen Machtkonstellation zu tun, mit der wir lernen müssen umzugehen. Was bedeutet es, in Zukunft „mächtig" zu sein? Ruhm und Ehre sind Begriffe, die heute ganz anders aufgeladen sind als früher. Wir müssen auch fragen, ob sich die Treiber wie Lust anders auswirken werden. Beispielsweise ist gerade im Cyberraum eine neue Art der Lust zu beobachten, nämlich die, Schaden zu verursachen. Es gibt Subkulturen, in denen es als ruhmreich gilt, großen Konzernen zu schaden, die als Sinnbild für einen schlechten Kapitalismus stehen. Hier haben wir es mit einer Art Neuerzählung eines alten Narrativs zu tun. Der digitale Robin Hood nimmt es den Reichen, ohne unbedingt das Erbeutete den Armen zu geben. Diese haben vielmehr einen symbolischen Gewinn, an dem sie sich erfreuen. In diesem Zusammenhang spielen auch Leaks eine wichtige Rolle. Diese sind ebenfalls eine Beute, die an die breite Öffentlichkeit verteilt werden. Große, mächtige Staaten wie die USA mussten einen großen Imageschaden verzeichnen, nachdem Julian

Assange und Edward Snowden im Rahmen der Wiki-Leaks die Vorgehensweise des amerikanischen Militärs aufgedeckt hatten.

Um sich der Frage nach dem Ziel von Cyberkriegsführung weiter zu nähern, muss es darum genauer um die Frage gehen: „Wer gegen wen?". Von einem Ziel im Sinne von Clausewitz kann nur dann sinnvoll die Rede sein, wenn es sich auf beiden Seiten um Staaten handelt. In diesem Zusammenhang müssen die Geheimdienste sowie die Divisionen einem genaueren Blick unterzogen werden, die im Auftrag oder im Namen von Staaten Aktionen im Cyberraum durchführen. Die Vereinten Nationen nennen drei Ziele, die solche Aktivitäten verfolgen können: 1) Online-Spionage, 2) Sabotageakte und 3) Angriffe auf kritische Infrastrukturen. Es geht also um Informationsgewinnung, Störung oder Unterbrechung von Kommunikationssystemen oder die Außerkraftsetzung von Anlagen und Systemen wie Kraftwerken, dem Strom- oder Verkehrsnetz oder der Wasserversorgung. Im Rahmen der heutigen Definition kann es also den Cyberkrieg noch nicht als eigenständiges Phänomen geben, sondern er stellt ein Nebenschauplatz dar, der dazu genutzt werden kann, übergeordnete Ziele (wie Raumgewinnung oder Machtwechsel) zu erreichen – er wäre jedoch das perfekte „Vorbereitungsmittel" dafür. Cyberattacken sind demnach nur eine neue Form der Kriegsführung und stellen eine Erweiterung des Kriegsgeschehens weg vom abgesteckten Schlachtfeld in die grenzenlose digitale Welt dar.

Wie sehr in der Realität die alten Grenzen noch eine Bedeutung haben und wo wir derzeit hinsichtlich der Bewertung von Cyberoperationen stehen, wurde im Juli 2020 klar. Erstmals in der Geschichte der EU wurden Cybersanktionen gegen Einzelpersonen aus Russland, Nordkorea und China verhängt. Konkret handelte es sich bei den Sanktionen um Einreiseverbote und das Einfrieren von Vermögenswerten. Alle Maßnahmen, die der EU zur Verfügung stehen, befinden sich unterhalb der Schwelle von bewaffneten Konflikten. Also selbst bösartige und schwerwiegende Cyberoperationen wie der Bundestagshack, NotPetya oder WannaCry gelten nicht als kriegerische Akte. Warum ist das so? Allen voran, weil derzeit aufgrund der Gesetzesgrundlage nicht „zurückgeschlagen" werden darf. Und auch mit der anderen Begründung bewegen wir uns weit weg von Clausewitz' Denken. Es mag viele vielleicht nicht verwundern, wenn es auf EU-Ebene vor allem um Bürokratie geht. Wenn die EU Cybersanktionen verhängt, müssen diese rechtmäßig sein – schließlich wird jeder Person, gegen die Sanktionen verhängt werden, das Recht eingeräumt, vor dem Europäischen Gerichtshof Klage wegen Nichtigkeit zu erheben. Um die Rechtmäßigkeit zu gewährleisten, ist darum zunächst eine sorgfältige und nachvollziehbare Untersuchung notwendig, mit der die Verantwortlichen eines Cyberangriffs eindeutig identifiziert werden. Diese dauert erst einmal sehr lange und bringt weitere Schwierigkeiten mit sich. Die Zuordnung („Attribution") von Cyberattacken sollte dabei sowohl in technischer, rechtlicher und politischer Hinsicht kohärent und konsistent sein. Allerdings handelt es sich bei der Attribution um einen souveränen Akt, für den die einzelnen EU-Mitgliedsstaaten verantwortlich sind. Wie so häufig gibt es in jedem Land ganz unterschiedliche Herangehensweisen, technische sowie geheimdienstliche Fähigkeiten. Der EU kommt die Aufgabe zu, all die unterschiedlichen Tätigkeiten rund um die forensische Beweissicherung zu koordinieren, diese zu sammeln und sich über die daraus gewonnenen Erkenntnisse auszutauschen.

Hat der Cyberkrieg einen Zweck?

Kurz zur Erinnerung: Bei der Zweck-Dimension des Krieges geht es nach Clausewitz darum, „den Gegner zur Erfüllung unseres Willens zu zwingen". Die entscheidende Frage ist, wer hier mit „uns" gemeint ist. Clausewitz selbst diskutiert dies auf der Ebene der Politik. Der Zweck des Krieges ist demnach von der politischen Willensbildung bedingt und ist darum auch mit dem Volk verknüpft. Ohne einen politischen Willen kann es demnach keine sinnvolle Rede von Krieg geben. Folgt man dieser Definition, kann es einen Cyberkrieg im luftleeren Raum nicht geben. Das bedeutet automatisch, dass das Cyberkriegsgeschehen an bestimmte staatliche oder politische Akteure gebunden ist. Betrachten wir diese darum etwas genauer.

Um hier ein letztes Mal auf Clausewitz zurückzukommen: Ein wichtiger Faktor seines Denkens war die Struktur zwischen Oberbefehlshaber und dem festen Heer. Davon setzte er die Aktivitäten von Einzelgruppen bzw. -kämpfern im Rahmen des Partisanenkrieges ab. Wenn wir uns jedoch die Akteure im Cyberraum systematisch anschauen, sind dort zunächst alle möglichen Gruppierungen wiederzufinden. Es gibt sowohl der Armee zugeordnete Einheiten, wie zum Beispiel das Cyberkommando der Bundeswehr, als auch Gruppierungen wie Fancy Bear, APT29, APT30, APT40 u. v. m., die mehr oder weniger frei agieren, als Söldner engagiert werden können oder sich mutmaßlich einzelnen Staaten zuordnen lassen. Interessant dabei ist, dass die Größe von Ländern bzw. Staaten zunehmend irrelevant wird. Ansonsten ließe sich nur schwer erklären, wie ein kleines und armes Land wie Nordkorea überhaupt auf der geopolitischen Weltkarte als einer der wichtigsten Gegner im Cyberraum auftauchen kann. Aber auch das nahm, wie wir wissen, schon

Sun Tzu vor 2500 Jahren vorweg, indem er Taktiken sowie Mittel und Wege aufzeigte, mit denen man gegen offensichtlich überlegene Gegner den Sieg erringen kann. Neue, unscheinbare Akteure wie digitale Nomaden bzw. Söldner oder digitale Krieger gehören also ebenso mit in das Spektrum an möglichen Kriegsteilnehmern, wie insgesamt die Linie zwischen Kriminalität und Kriegsgeschehen vermischt wird. Welche Konsequenzen das hat, wird vor allem das Thema des nächsten Kapitels sein. Für diesen Zusammenhang sei aber festgehalten, dass es ein wesentliches Kennzeichen für das Geschehen im Cyberspace ist, die Urheberschaft von kriegerischen Aktivitäten und die dahinter liegenden Motivationen feststellen zu müssen. Nur so kommen wir zu einer sinnvollen Unterscheidung von kriminellen Tätigkeiten, Vandalismus oder eben Cyberkrieg, unter den nicht einfach alles subsumiert werden kann, was an Gewaltakten im Cyberraum so passiert.

Cyberkrieg und Cyberdiplomatie

Dass es hier nicht nur um reine Gedankenakrobatik, sondern um eine notwendige Auseinandersetzung mit einer neuen Realität geht, zeigt sich dann, wenn man die Gegenseite des Cyberkrieges genauer in den Blick nimmt: den Frieden. Um den Frieden zu sichern, braucht es zukünftig auch so etwas wie Cyberdiplomatie. Ansonsten gäbe es – sofern man überhaupt irgendwie auf böswillige Aktivitäten im Cyberraum reagieren will – nur die Möglichkeit, mit ähnlichen Mitteln zu antworten, was eine Gewaltspirale und weitere Eskalation nach sich ziehen würde. Cyberdiplomatie ist der Versuch, die jetzige Diplomatie um eine weitere Dimension des Cyberspace zu erweitern und die Gefahren und Möglichkeiten in diesem Bereich mitabzudecken, um auf friedliche Art und Weise auf die gestiegene Bedrohungslage zu reagieren. Eine genaue technische, juristische und politische Einordnung ist dafür die Grundvoraussetzung. Um hier eine Vorstellung zu bekommen, wo wir aktuell stehen: Als Goldstandard – wenn es ausschließlich um den Aspekt der Attribution geht – gilt diesbezüglich die Five-Eyes-Allianz, ein Zusammenschluss der Nachrichtendienste der USA, Großbritanniens, Kanadas, Australiens und Neuseelands. Manche nennen diesen Geheim(dienst)bund auch den „exklusivsten Club" der Welt und er klingt fast ein wenig so, als handele es sich um eine Erfindung aus einem James-Bond-Film. Dabei gibt es diese Partnerschaft zwischen den genannten Ländern bereits seit 1946 als Fortsetzung der Zusammenarbeit, die während des Zweiten Weltkriegs entstand. Über die Schnelligkeit bei der Identifikation und Zuweisung von Verantwortlichen konnte man sich im Rahmen der Corona-Pandemie ein Bild verschaffen. Schon wenige Monate nach deren Ausbruch lag ein umfassendes Dossier vor, in dem China schwerwiegende Vorwürfe gemacht wurde, wie etwa Vertuschungsversuche vonseiten der chinesischen Regierung sowie die Theorie vom Ursprung des Virus im Labor. Um den Wahrheitsgehalt dieser Vorwürfe soll es an dieser Stelle nicht gehen, sondern wie gesagt lediglich um das Tempo. Auch wenn die Five-Eyes-Allianz mit Cyberdiplomatie nicht viel am Hut hat, macht dies deutlich, mit welcher Geschwindigkeit es möglich ist, Urheber von Cyberaktionen zu identifizieren. Zum Vergleich: Nachdem einzelne EU-Staaten im Rahmen von Cyberattacken wie dem Bundestag-Hack von 2015 oder NotPetya 2017 angegriffen wurden, dauerte es viele Monate und manchmal sogar Jahre, bis die Aktionen eindeutig bewertet und entsprechend Sanktionen verhängt wurden. Ob die Signalwirkung dieser Gegenmaßnahmen ihren

Zweck wirklich erfüllt hat, sei dahingestellt. Das Beispiel veranschaulicht aber auch noch einmal die neuen
Maßstäbe, die hier am Werk sind. Um mit einer veränderten Bedrohungslage umzugehen, für die es nicht
viel mehr braucht als eine Gruppe versierter Hacker
und Laptops, muss ein enormer Aufwand in personeller,
technischer sowie finanzieller Hinsicht betrieben werden.
Seit 2013 wissen wir durch die Enthüllungen von Edward
Snowden, dass dabei auch ethische Grenzen übertreten
werden. Im Rahmen der Überwachung des Internetver-
kehrs durch die NSA, die auch ihren Teil zur Five-Eyes-
Allianz beiträgt, wurde mit dem Programm PRISM der
gesamte Internetdatenverkehr überwacht und ausgewertet.
Auch wenn es das Ziel war, verdächtige Aktivitäten zu
erkennen und zu verfolgen, wurde damit zugleich auch die
digitale Kommunikation von Millionen unschuldiger und
unverdächtiger Bürger mitüberwacht. Bei dieser Schlepp-
netz-Technik ist es unvermeidbar, dass auch Daten von
Unbescholtenen mit abgefangen werden. Seither stellt sich
die Frage, was Sicherheit im Cyberraum bedeutet, ganz
neu dar. In den vergangenen Jahren wurde im Rahmen
der Entwicklung von Cybersicherheitsstrategien, wie sie
beispielsweise die EU ebenfalls seit 2013 verfolgt, eines
mehr als deutlich: Für einen neuen Krieg braucht es neue
Regeln.

6

Neue Regeln für einen neuen Krieg

Ich denke über etwas sehr viel Wichtigeres nach als über Bomben.
Ich denke über Computer nach.

John von Neumann, 1946

Heute gilt jeder Krieg als völkerrechtswidrig. Jede Androhung oder Anwendung von Gewalt zwischen den Mitgliedstaaten der Vereinten Nationen und ihren internationalen Beziehungen ist grundsätzlich verboten. Einzige Ausnahme von der Regel ist das Recht auf Selbstverteidigung und Gewalt, die im Rahmen von Sanktionen, die der UN-Sicherheitsrat beschlossen hat, verübt wird. Allerdings sah die Bewertung von Kriegen und Gewalt nicht immer so aus. Auch aufgrund von Clausewitz und seiner oben beschriebenen Rezeption galt der Krieg lange Zeit als Fortsetzung der Politik mit anderen Mitteln. Das änderte sich erst grundlegend im Lauf des 19. Jahrhunderts. Seither wurden eine Reihe von internationalen

© Der/die Autor(en), exklusiv lizenziert an Springer Fachmedien
Wiesbaden GmbH, ein Teil von Springer Nature 2023
P. Kestner, *Die Kunst des Cyberkrieges*,
https://doi.org/10.1007/978-3-658-40058-3_6

Konventionen geschlossen. Sie regeln die Einhaltung des humanitären Völkerrechts im Rahmen von bewaffneten Konflikten und dienen dem Schutz von Menschen, die verwundet sind, Kriegsgefangenen und Zivilisten, die nicht an den Kampfhandlungen teilnehmen. Die Geschichte des humanitären Völkerrechts ist schon für sich genommen interessant, liefert aber auch für unseren Zusammenhang wertvolle Erkenntnisse.

Schon im Lauf des 20. Jahrhunderts veränderte sich das Kriegsgeschehen aufgrund der technologischen Entwicklung in unterschiedlichsten Bereichen immer wieder grundlegend. Darum mussten auch die Konventionen stets aufs Neue angepasst und erweitert werden. Nach den Erfahrungen des Ersten Weltkrieges wurde beispielsweise im Genfer Protokoll von 1925 der Einsatz von chemischen und biologischen Waffen verboten. Es ist also nicht das erste Mal in der Geschichte, dass die Regeln für den Krieg aufgrund einer technischen oder wissenschaftlichen Entwicklung neu verhandelt werden müssen. Auch angesichts der bis dato unvorstellbaren Zerstörungskraft der Atombombe entzündete sich eine lange Debatte, wie sich Staaten künftig dazu verhalten sollen. Ein Resultat dieser Auseinandersetzung ist der Atomwaffensperrvertrag, den die fünf Atommächte USA, Russland, China, Frankreich und Großbritannien 1968 unterzeichneten. Jüngst wurde dieser durch den Atomwaffenverbotsvertrag ergänzt, der jedoch von einigen entscheidenden Staaten nicht mitverhandelt bzw. unterschrieben wurde und daher nicht von so großer Bedeutung ist. Wichtig ist hier festzuhalten, dass dieses Kapitel noch längst nicht abgeschlossen ist. Aber mindestens ebenso epochal wie die Erforschung der Kernenergie sowie deren zivile und militärische Nutzung ist die Erfindung des Computers und in der Folge die Entstehung des Cyberraumes. Das Zitat von John von Neumann von 1946 zeigt, wie früh er sich der epochalen Bedeutung des Computer-Zeitalters bewusst war. Der Abwurf der beiden Atombomben auf Hiroshima und Nagasaki war nur wenige Monate her. Denn in den kommenden Jahrzehnten wurde auf der Weltbühne eine ganz andere Ordnung und Regeln dafür ausgehandelt. Während des Kalten Krieges und der Zeit des Eisernen Vorhangs standen fast ausschließlich Fragen rund um den Umgang mit Atomwaffen bzw. Atommächten im Fokus. Der Cyberspace, der ebenfalls in dieser Zeit nach und nach entstand, war – wenn überhaupt – nur eine Rand- oder Begleiterscheinung. Seine Bedeutung wurde lange nicht erkannt. Das hat sich heute grundlegend verändert. Zwar ist der Umgang mit Kernenergie und der Einsatz von Atomwaffen bis heute hochrelevant und vielleicht sogar brisanter als jemals zuvor, aber es zeichnet sich auch ab, dass wir mit dem Cyberkrieg vor einer ganz anderen und neuartigen Herausforderung stehen, die darüber nicht in den Hintergrund treten darf. Heute stellen sich ganz neue Fragen, beispielsweise hinsichtlich der Zunahme von nichtstaatlichen Akteuren, die im Cyber- raum neben Staaten im Rahmen des Kriegsgeschehens eine immer bedeutsamere Rolle spielen. Dadurch werden bisher geltende völkerrechtliche Kategorien infrage gestellt und müssen neu verhandelt werden. Auch müssen wir uns fragen, was als „Waffe" oder „bewaffneter Angriff" gilt. Sowohl die Automatisierung von Waffensystemen als auch die Entwicklung von reinen Software-Waffen muss verstärkt Eingang in die Debatte finden. Denn der menschliche Faktor bei Kriegshandlungen, der bislang stets maßgeblich bei der Bewertung von Gewaltakten war, wird dadurch zunehmend in den Hintergrund gedrängt. Darum soll es hier um zwei Fragestellungen gehen. Zunächst um die Frage, warum wir überhaupt Regeln für den Krieg brauchen und wie diese historisch bislang ausbuchstabiert wurden. Und zweitens muss die Frage behandelt werden, welche technischen Neuerungen die Cyberkriegsführung mit sich bringt, für die neue Regeln sinnvoll oder gar notwendig sind.

Warum braucht es überhaupt Regeln für den Krieg?

Im Grunde ist der Krieg das genaue Gegenteil eines regelkonformen Verhaltens. Gesetze und Normen, die sonst gelten, werden im Krieg außer Kraft gesetzt. Der Krieg ist ein Ausnahmezustand. Und doch gibt es auch für diesen international anerkannte Abkommen und Regeln. Das heute wohl bekannteste Beispiel dafür ist das Haager Abkommen von 1907, auch Haager Konvention genannt, die 1949 durch die Genfer Konvention ergänzt wurde. Das moderne humanitäre Völkerrecht hat aber eine lange Geschichte. Eine der zentralen Figuren in diesem Zusammenhang ist Hugo Grotius (1583–1645). Er begründete die Völkerrechtswissenschaft als eigenes Forschungsgebiet und mit seinen *Drei Büchern zum Recht von Krieg und Frieden (De Jure Belli ac Pacis libri tres)* legte er 1625 den Grundstein für die Unterscheidung von legitimen und illegitimen Kriegen sowie das Völkerrecht, als dessen „Vater" er gilt. Gleichzeitig entwickelte er darin Argumente für den sogenannten „gerechten Krieg" (lat.: *bellum iustum*). Dieser rechtsgeschichtliche Diskurs weist weit in die abendländische Tradition zurück und beschäftigt sich mit der Frage, ob und unter welchen Voraussetzungen ein militärischer Konflikt rechtlich und ethisch legitim ist. Wird beispielsweise ein Staat von einem anderen überfallen, sollte es laut Grotius legitim und damit gerecht sein, sich auch mit militärischen Mitteln zu verteidigen. Grotius ist zu verdanken, dass die juristische und vertragsrechtliche Argumentation der zugrunde

liegenden Begründungen seit der Neuzeit auf dem Natur-
recht basieren.

Ein anderer wichtiger Meilenstein, der zum Völkerrecht von heute führte, ist der Dreißigjährige Krieg
beziehungsweise die politische Ordnung, die im Rahmen
der Friedensverträge des Westfälischen Friedens 1648
ausgehandelt wurde. Verfolgt man die Entwicklung des
humanitären Völkerrechts weiter, lassen sich zwei Auf-
fälligkeiten feststellen, die sich bis heute beobachten
lassen: Zum einen werden die Verträge meist dann
geschlossen oder erweitert, wenn direkt zuvor ein Krieg
stattgefunden hat. Zum anderen fällt auf, je schlimmer die
Gräueltaten während des Krieges waren, desto stärker wird
der Fokus auf den Schutz der Zivilbevölkerung gelegt. Es
ist also kein Zufall, dass beispielsweise die Genfer Konvention nach dem Zweiten Weltkrieg um wesentliche
Punkte erweitert wurde und seither einen umfassenden
„Schutz von Zivilpersonen in Kriegszeiten" sowie anderen,
nicht direkt am Krieg beteiligten Personen vorsieht. Da
der Cyberkrieg aber, wie weiter oben dargestellt, keinen
Ereignischarakter hat, sondern im Stillen verläuft und
gezielt in Grauzonen operiert, ist es fraglich, ob es in
Zukunft so einen Moment geben wird, der den Anlass
bietet, über die Veränderung und Anpassung der Regeln
an die neuen Gegebenheiten nachzudenken. Darum
möchte ich hier den Impuls geben, schon heute den Diskurs anzustoßen, wie der Cyberkrieg völkerrechtlich einzuordnen ist und welche Maßnahmen aus den Mitteln
und Methoden der Cyberkriegsführung abzuleiten sind.
Und schon der Vorsitzende der Diplomatischen Konferenz
von Genf, Max Petitpierre, sagte 1949, es sei zu Kriegszeiten sinnlos, Abkommen zwischen Kriegsparteien zu
schließen. Darum müsse der Krieg zu Friedenszeiten
geregelt werden. Wo stehen wir also heute? Vielleicht kann
auch hier die Geschichte einen Hinweis liefern. Denn

wir haben schon einmal eine Situation erlebt, die mit dem stillen Wettrüsten einigermaßen vergleichbar ist. Im Kalten Krieg kam es, wie es der Begriff ausspricht, nie zu richtigen Kampfhandlungen. Wir hatten es quasi mit einer Patt-Situation zu tun. Damals konnte diese dabei helfen, den Frieden zu wahren. Allen Beteiligten war damals klar, dass keiner den berühmten „roten Knopf" zuerst drücken will. Denn man kann sich gewiss sein, dass der andere dies dann auch tut.

In vielerlei Hinsicht ist dies beim Cyberkrieg im Moment auch so. Wenn ein Staat oder eine andere Organisation eine Cyberwaffe entwickelt, wird dieser Umstand in der Regel streng geheim gehalten. Der Grund ist einfach. Eine Schadsoftware kann nur einmal verwendet werden. Sobald ein Angriff bekannt ist und der Code öffentlich gemacht wird, können die Gegenseite und alle anderen potenziellen Gegner an der Lösung für Abwehr, Verteidigung und Gegenangriff arbeiten. Darum erleben wir – wie im Kalten Krieg – äußerst selten einen Show-off. Beim digitalen Wettrüsten gibt es auch keine Waffenparaden und kein digitales Säbelrasseln. Gerüchte und Leaks stellen eine neue Möglichkeit zur Machtdemonstration dar. Ebenfalls wie im Kalten Krieg erleben wir derzeit einen neuen Höhepunkt der Spionagetätigkeit und der Aktivität der Geheimdienste. Denn obwohl es kaum einen Schauplatz für die Machtdemonstration gibt, ist doch allen Beteiligten und Insidern klar: Die Bedrohungslage im Cyberraum ist enorm. Natürlich haben wir es hinsichtlich der nuklearen Bedrohung bis heute mit einer ungelösten und problematischen Gemengelage zu tun. Aber vielleicht ist genau das der Zustand, an den wir uns auch beim Cyberkrieg gewöhnen müssen. Mehr denn je gilt: „Friede ist nur eine Pause zwischen zwei Kriegen". Denn die Friedenszeiten verwischen durch den Cyberkrieg vollständig. Wie kann man vom Frieden sprechen, wenn es gleichzeitig regelmäßig zu Cyberattacken kommt, zu denen sich niemand bekennt? Wie definiert man überhaupt Sieg und Niederlage im Cyberraum? Gibt es so etwas wie eine digitale Zerstörung und wie könnte diese aussehen? Fragen wie diese sind essenziell, um sich auf den Ernstfall vorzubereiten. Der Schutz der Zivilbevölkerung und der kritischen Infrastruktur ist nicht nur eine völkerrechtlich relevante Frage, sondern auch eine ganz praktische, die sich die Politik, die Wirtschaft, aber auch jeder Einzelne stellen muss. Während es später noch intensiver um diese Fragestellung gehen soll, wird im Folgenden zunächst die völkerrechtliche Einordnung des Cyberkrieges im Fokus stehen.

Zur völkerrechtlichen Einordnung des Cyberkrieges

Ganz allgemein betrachtet gibt es innerhalb der internationalen Gemeinschaft einen Konsens darüber, dass das Völkerrecht auf den Cyberraum anwendbar ist. Was noch fehlt, ist eine einheitliche Rechtsauffassung darüber, welche Auswirkung und politische sowie juristische Bedeutung dies für die einzelnen völkerrechtlichen Normen hat. Der Zusammenhang, in den der Cyberkrieg hier eingebettet wird, ist dabei aus einem anderen Grund durchaus mit Vorsicht zu genießen. Denn ganz genau genommen handelt es sich beim Cyberkrieg, auch wenn der Begriff im Wort auftaucht, rein völkerrechtlich gesehen noch um keinen Krieg im eigentlichen, rechtlichen Sinne. Der Angriff mit Stuxnet auf das iranische Atomprogramm, der weiter oben im Zusammenhang mit dem Mittelalter beschrieben wurde, ist vielleicht der Cyberangriff, der der Verletzung des Gewaltverbots am nächsten kommt. Letztere ist im Art. 2 Abs. 4 der Charta der Vereinten Nationen (UN-Charta) geregelt. Der Absatz im Wortlaut:

> „Alle Mitglieder enthalten sich in ihren internationalen Beziehungen der Drohung mit Gewalt oder der Gewaltanwendung, die gegen die territoriale Unversehrtheit oder die politische Unabhängigkeit irgendeines Staates gerichtet oder sonst mit den Zielen der Vereinten Nationen unvereinbar ist."

Problematisch wird es schon mit den ersten beiden Wörtern des Absatzes. Denn wie sind Vorfälle zu bewerten, die nicht eindeutig einem Staat zuzuordnen sind? Hier besteht nach wie vor dringender Handlungsbedarf, indem beispielsweise international gültige Regeln aufgestellt werden, wie die Urheber von Cyberoperationen eindeutig ermittelt werden (Attribution). Freilich stehen wir hier nicht am Anfang. Erste Bestrebungen in diese Richtung gibt es seit 2013 auf EU-Ebene und im Forum der Vereinten Nationen. Gemeinsam sind sie auf der Suche nach Cybernormen, die im Völkerrecht verankert werden können, um auf dieser Basis in der Folge eine geltende internationale Ordnung für den Cyber- und Informationsraum (CIR) darstellen und durchsetzen zu können. Beispielsweise einigte man sich 2015 darauf, dass die Reaktion auf einen Cyberangriff stets proportional sein sollte. Sprich: Eine Gegenreaktion ist erst dann völkerrechtlich legitimiert, wenn eine Cyberattacke eine bestimmte Schwelle an Umfang und Effekt überschritten hat, um mit einem bewaffneten Angriff vergleichbar zu sein. In Fällen, in denen gegen das Gewaltverbot verstoßen wird und es im Zuge eines bewaffneten Angriffs zur physischen Zerstörung von Objekten oder zum Verlust von Menschenleben kommt, sichert Art. 51 der

UN-Charta angegriffenen Staaten das Recht zur Selbstverteidigung. Er lautet:

> „Diese Charta beeinträchtigt im Falle eines bewaffneten Angriffs gegen ein Mitglied der Vereinten Nationen keineswegs das naturgegebene Recht zur individuellen oder kollektiven Selbstverteidigung, bis der Sicherheitsrat die zur Wahrung des Weltfriedens und der internationalen Sicherheit erforderlichen Maßnahmen getroffen hat."

Angesichts solcher gravierenden Folgen, die eine Cyberoperation wie beispielsweise die durch Stuxnet auslösen könnte, muss zum heutigen Zeitpunkt gesagt werden, dass der Cyberkrieg aus völkerrechtlicher Perspektive noch nicht als Krieg im eigentlichen Sinne bewertet werden kann. Doch dies heißt nicht, dass sich dieser Umstand in Zukunft nicht verändern kann. Man denke nur an den großen Schaden und die hohe Zahl an Opfern unter der Zivilbevölkerung, die ein Cyberangriff auf ein Atomkraftwerk haben könnte. Auch wenn die Regierungen bislang nicht Cyberoperationen auf diese Weise klassifizierten oder diesen Fall auch nur diskutierten, spricht rein völkerrechtlich nichts dagegen, Angriffe mit Cyberwaffen als Gewaltakte einzustufen. Wo genau diese Schwelle liegt, wie der Graubereich, in dem der hybride Cyberkrieg ausgefochten wird, auszuloten und zu durchmessen ist, diese Aufgaben stellen sich heute unvermindert.

Warum sich die damit verbundenen Fragen stellen, kann die Geschichte wiederum gut beantworten. Denn im Rahmen der Entstehung des Völkerrechts und der humanitären Regeln für den Krieg gab es immer zwei Lager. Das eine Lager argumentierte von der Seite her, dass Krieg zur Menschheitsgeschichte gehört und gefragt werden muss, wann ein militärischer Konflikt und Gewalt gerechtfertigt ist und wann nicht. Damit verbunden war die Frage, wer Kriegspartei ist und welches Leben trotz des Krieges geschützt werden muss. Aus dem anderen Lager entstand im Lauf der Zeit die sogenannte Friedensbewegung, die vor allem seit dem 19. Jahrhundert aktiv an den Verhandlungen mitzuwirken versucht. Ihr Anliegen ist es, mit internationalen Abkommen wie den Genfer Konventionen eine Ordnung zu etablieren, die Krieg verhindert und eine friedliche Koexistenz einer Staatengemeinschaft zum Ziel hat. Selbst in Artikel 1 der UN-Charta heißt es, dass das Ziel der Gründung der Vereinten Nationen „Weltfrieden" und die Wahrung der internationalen Sicherheit sei. Beide Denkrichtungen sind bis heute in den Diskussionen wiederzufinden. Sie vereint die Fragestellung, wie brutal und ausufernd ein Krieg sein darf und ob es nicht Grenzen geben sollte, die verfeindete Parteien einhalten sollten, um unschuldiges Leben zu verschonen. Ziel dieser langen Auseinandersetzung war es, einen Konsens zu finden, dass bestimmte zivile Objekte wie Krankenhäuser oder Personengruppen wie Kinder, medizinisches Personal, alte oder behinderte Menschen im Zuge eines Krieges nicht angegriffen werden dürfen. Auch die Zerstörung der Lebensgrundlage der Zivilbevölkerung sowie Folter von Gefangenen ist laut den geltenden Regeln verboten. Wer sich nicht an sie hält, begeht ein Kriegsverbrechen und kann entsprechend vor dem Internationalen Strafgerichtshof (IStGH) mit Sitz in Den Haag angeklagt werden. Allerdings gehört zur ganzen Geschichte auch die Tatsache, dass wichtige Staaten wie die USA, Russland, China und Israel das dazugehörige Abkommen nicht unterzeichnet bzw. ratifiziert haben, sodass der IStGH für sie nicht zuständig ist. Sei es Zufall oder nicht – damit gehören just die vier Cybergroßmächte, die die Welt derzeit kennt, zu dem Kreis dieser Staaten.

Trotz solcher signifikanter Einschränkungen muss die Geschichte der Konventionen als ein Erfolg gewertet werden. Immerhin 196 Staaten haben inzwischen die Genfer Konventionen ratifiziert und sich damit dem Schutz verwundeter Soldaten, Kriegsgefangener, Schiffbrüchiger und der Zivilbevölkerung verpflichtet. Zudem hat die Entwicklung gezeigt, dass mit der Weiterentwicklung von Waffen und anderen militärisch genutzten Technologien auch eine Erweiterung der internationalen Verträge notwendig wurde. Nicht nur angesichts der neuen Risiken und Gefahren im Cyber- und Informationsraum, sondern auch aufgrund der jüngsten Kriege muss die Frage gestellt werden, ob es nicht an der Zeit ist, die bestehenden „Regeln des Krieges" kritisch zu hinterfragen und gegebenenfalls zu erweitern.

Der Cyberkrieg und der Wandel bewaffneter Gewalt

Auch wenn die Taktiken, Strategien, Vorgehensweisen und Motive, die zu Kriegen und Konflikten führen, über die Geschichte konstant oder zumindest ähnlich bleiben, ändern sich die Mittel und Techniken doch zum Teil ganz erheblich. Das hat Auswirkungen sowohl auf den Verlauf von Konflikten als auch deren Ende. Zum Beispiel sehen wir in der jüngsten Zeit immer seltener, dass ein Krieg mit rein militärischen Mitteln gewonnen werden kann. Da Landesgrenzen nicht mehr die Rolle spielten, wie sie es bislang taten, können sich Kriege zwischen zwei Staaten in Zukunft auch als rein innerstaatliche Konflikte darstellen. Auch der Einfluss von privaten Personen oder Privatunternehmen auf das Kriegsgeschehen, wie zum Teil in den jüngsten Konflikten zu beobachten war, bringt eine neue Qualität mit sich. Gerade darum weitet sich das Gefechtsfeld jedoch immer mehr in andere Bereiche und Ebenen

aus, die oben im Zusammenhang mit der hybriden Kriegführung ausführlich dargestellt wurden. Darum wird es
insgesamt schwieriger, die Grenzen dessen, was zum Krieg
gehört, zu fassen. Auch wenn die Definition diese bislang
nicht mit einbezieht, muss in Zukunft stärker darüber nach-
gedacht werden, inwiefern Wirtschafts- und Handelskriege,
Propaganda und Desinformation sowie andere Formen
der Cyberkriegsführung als Teil dessen begriffen werden
müssen, was einen Krieg ausmacht. Denn schon heute ist
absehbar, dass erstens konventionelle Waffensysteme und
militärisches Gerät wie Panzer, Flugabwehrsysteme, Funkgeräte, etc. selbst mit Technik ausgestattet werden, sodass
sie Teil des Cyberraumes werden. Darüber hinaus werden
zweitens neue intelligente und autonome Waffensysteme
entwickelt, deren Auswirkungen auf dem Schlachtfeld erst
erahnt oder von Filmen wie *Terminator* oder *Star Wars*
visualisiert wurden. Und schließlich zielen drittens reine
Software-Waffen sowie konzertierte Cyberoperationen
auf Bereiche, die bislang losgelöst vom Kriegsgeschehen
waren. Allein diese drei Entwicklungen machen es notwendig, eine grundsätzliche Neubewertung von Krieg
und bewaffneter Gewalt vorzunehmen. Wie kann
also in Zukunft der Schutz der Zivilbevölkerung und
kritischer Infrastrukturen sichergestellt werden, wenn
diese zum Ziel oder zum Schauplatz des Cyberkrieges
werden? Da der Cyberkrieg und Cyberoperationen bislang
formal nicht als Krieg bewertet werden bzw. nicht gegen
das Gewaltverbot verstoßen, müssen bisher die Genfer
Konventionen auch nicht zwingend eingehalten werden.
Das führt offensichtlich dazu, dass böswillige Akteure sich
genau auf diesen Bereich fokussieren und mehr denn je den
Cyber- und Informationsraum zum Austragungsort von
Konflikten machen.

Cyber als fünfte Dimension?

Was also genau ist dieser Cyberraum? Die Zeiten, in denen sich ein Krieg durch ein abgestecktes Schlachtfeld auszeichnet und seine Folgen daran gemessen werden können, sind vorbei. Vielmehr müssen wir uns mit der grenzenlosen digitalen Welt befassen und diese verstehen. Denn wir stehen heute an der Schwelle zu einem Zeitalter, in dem sich die kriegerischen Auseinandersetzungen ins Internet transferieren. Darum wurde der Cyberraum manchmal als fünfte Säule dargestellt, aber wie gerade bereits angedeutet steckt der Cyberraum eigentlich *in* vielen anderen Bereichen. Wir brauchen also eine genauere Definition, was der Cyberkrieg ist und wo vielleicht die Grenzen dessen liegen, was hier als „Cyber" bezeichnet wird.

Lange Zeit wurde das Militär in drei Aktionsgebiete bzw. Dimensionen aufgeteilt. Die Bodentruppen bzw. das Heer operierte an Land, die Marine im Wasser und die Luftwaffe sicherte den Luftraum. Vor wenigen Jahren wurde bereits der Weltraum als weitere Dimension erkannt und den anderen hinzugefügt. Als die verstärkende Bedrohungslage aus dem Cyberraum deutlich wurde, wurde in dieser Logik weitergedacht und der Cyberraum wurde zu den anderen als fünfte Dimension hinzuaddiert und entsprechend behandelt. Darum gibt es bei der Bundeswehr inzwischen Cybereinheiten, die vor der Computertastatur sitzen und auf diese Weise ihren Dienst vollziehen. Langsam setzt sich aber die Erkenntnis durch, dass dieses Verständnis viel zu kurz greift. Die Marine wird sich ebenso mit der Cyberdimension auseinandersetzen müssen wie das Heer und die Luftwaffe. Denn der Cyberraum umschließt alle anderen Dimensionen. Wenn

Frequenzstörer zur Kommunikationsstörung des Heeres eingesetzt werden, müssen diese wissen, wie sie darauf reagieren müssen.

Diese Aufteilung in unterschiedliche Dimensionen oder voneinander getrennte Bereiche betrifft im Übrigen nicht nur das Militär. Auch Unternehmen müssen lernen, den Cyberraum nicht als getrennte Dimension zu begreifen. Konkret bedeutet das, dass Unternehmen nicht eine Abteilung für Cybersecurity benötigen, sondern alle Abteilungen und im Prinzip jeder Mitarbeiter braucht ein Verständnis für Sicherheit im Cyberraum.

Die Waffen des Kriegs der Zukunft

Warum das so ist, wird verständlich, wenn wir uns die Waffen des Kriegs der Zukunft anschauen. Wie wir bereits gesehen haben, lässt sich an der Waffentechnik einiges ableiten. Im Zweiten Weltkrieg war die Entwicklung der Atombombe entscheidend für das Kriegsende und die anschließende völkerrechtliche Diskussion. Ich bin mir sicher, dass in Zukunft dasselbe hinsichtlich der Entwicklung des Computers und der Software-Waffen gesagt werden wird. Fragen wir uns dazu: Was kann mehr Schaden anrichten – eine 250 kg schwere Bombe oder ein USB-Stick oder vielleicht nur ein Mausklick? Ließ sich diese Frage vielleicht noch vor wenigen Jahren eindeutig beantworten, sieht dies heute schon ganz anders aus. Dazu muss man sich nur vor Augen halten, wie viele Menschenleben allein dadurch in Gefahr wären, wenn es gelänge, mit einer Software-Waffe Atomkraftwerke anzugreifen und eine Kernschmelze auszulösen.

Wir sehen heute erst die Anfänge dieser Entwicklung und umso wichtiger ist es, den Cyberraum nicht als etwas von den restlichen Sphären Getrenntes zu betrachten. Die fortschreitende Automatisierung und Digitalisierung betrifft allen voran auch die Militär- und Waffentechnik. Vollautonome Waffensysteme können schon bald ohne menschliches Zutun Ziele auswählen und ausschalten. Kommt es zu maschinellen Fehlern oder einer Fehleinschätzung, stellt sich auch hier die (völkerrechtliche) Frage nach dem Urheber und den Verantwortlichen. Wie und wann erfolgt hier der forensische Nachweis? Was passiert in Fällen, in denen Software gezielt manipuliert wird und zivile Opfer billigend in Kauf nimmt oder sogar provoziert? Später werden wir uns noch intensiv mit der Frage der Propaganda beschäftigen. Aber auch hier sei bereits auf die zusätzlich erschwerte Gesamtlage im Informationsraum hingewiesen. Wenn im Rahmen von verdeckten Militäroperationen gleichzeitig im Netz eine massive Informationsoffensive läuft, die alle Zusammenhänge verwischt und verkehrt, wie sieht dann eine angemessene Gegenreaktion aus – sowohl in militärischer als auch in rechtlicher Hinsicht?

Eine gewisse Übung im Umgang mit Desinformationskampagnen und Propaganda haben wir bereits durch den Kalten Krieg. Dessen Wiederkehr in Form von Fake News nimmt jedoch ebenfalls eine neue Dimension an. Denn Informationen und der sichere Informationsaustausch sind die Grundlagen der modernen Gesellschaft. Phänomene wie die Querdenker-Bewegung oder groß angelegte und konzertierte Aktionen zur Manipulation von Wahlen gehen weit über die reine Sachebene und den Meinungsaustausch hinaus. Um einen Schritt weiterzugehen, müssen wir in diesem Zusammenhang hier vor allem an Entwicklungen denken, die im Zusammenhang mit den Möglichkeiten der Künstlichen Intelligenz (KI) stehen. Denken wir dazu nur die sogenannten

„Deepfakes". Dabei handelt es sich um rein digitale Konstrukte menschlicher Identitäten, die jedoch die Grenzen zur Realität verwischen oder auch überschreiten. Eine entsprechend trainierte KI kann ein Video von einer realen Person analysieren, verändern und als neue, gefälschte Version ausgeben. Im Netz kursieren bereits beeindruckende Beispiele, die zur Demonstration der Fähigkeiten der KI dienen. Dabei werden die Reden von berühmten Persönlichkeiten und Politikern wie Bush, Obama und Trump genutzt, um ihnen Worte in den Mund zu legen, die sie unter Garantie so nie gesagt hätten. Dies ist jedoch nur eine Spielart dessen, was als Deepfake bezeichnet wird. Chatbots, die sich als Menschen ausgeben, werden dazu in der Lage sein, mit anderen auf eine Art zu kommunizieren, die sich nicht mehr von einer Konversation mit einem Menschen unterscheidet. Ein Deepfake kann als ein Profil in den sozialen Medien erscheinen, das real wirkende Personen zeigt, die nicht existieren. Wie echt so etwas aussehen kann, davon kann sich jeder selbst überzeugen. Auf der Internetseite https:// thispersondoesnotexist.com/ können beliebig viele Fotos von Menschen erzeugt werden, die es nicht gibt. Im Hintergrund läuft ein Algorithmus, der auf Basis einer Bilddatenbank trainiert wurde, die hunderttausende echte Bilder enthält. Das neuronale Netzwerk – eine Methode aus dem Bereich der Künstlichen Intelligenz, die die Funktionsweise des menschlichen Gehirns als Vorbild hat – lernt mithilfe von Feedback zu verstehen, wie ein Gesicht aussieht. Vom Erfolg dieser Methode kann sich jeder selbst ein Bild machen. Auch die Kombination aller unterschiedlicher Felder – Bildgenerator, die Manipulation von Videostreams und die Konversationsfähigkeiten – zeigen, worauf wir uns in Zukunft einstellen müssen.

Die Automatisierung des Krieges

Die Entwicklung und der Einsatz von Robotern auf dem Schlachtfeld sind den meisten wahrscheinlich auch aus Filmen wie *Terminator* bekannt. In der jüngsten Zeit spielen Überlegungen, die sich mit dieser neuen Realität beschäftigen müssen, durchaus im ernsthaften politischen Diskurs eine Rolle. Denn längst gehören autonome Fahrzeuge oder KI-gesteuerte Roboter zum Alltag – wenngleich manchmal mehr und manchmal weniger grazil. Aber niemand stellt mehr ernsthaft infrage, ob, sondern nur noch wann solche autonomen Systeme die Fähigkeiten von Menschen übertreffen. Darum ist es überfällig, sich über die Bedeutung dieser Entwicklung klarzuwerden und sich mit deren Konsequenzen auseinanderzusetzen. Dabei ist die zivile Nutzung solcher Technologien die eine Seite. Die andere ist deren militärischer Einsatz. Was sind die (völker-)rechtlichen, ethischen, sicherheitspolitischen und ganz praktischen Implikationen von autonomen Waffensystemen in strategischer sowie militärischer Hinsicht? In der breiten Öffentlichkeit gibt es dazu bislang kaum Wortmeldungen.

Eine der berühmtesten Szene aus dem Film *War Games* von John Badham aus dem Jahr 1983 zeigt einen selbstlernenden Supercomputer, der das Spiel Tic-Tac-Toe so oft gegen sich selbst spielt, bis er merkt, dass man es nicht gewinnen kann. Auf diese Weise wird ihm die Absurdität beigebracht, die einem nuklearen Krieg zwischen zwei Staaten innewohnt. Dabei steckt in dieser Szene vielleicht sehr viel mehr Wahrheit, als den Filmemachern aus dieser Zeit bewusst war. Es ist nicht unwahrscheinlich, dass im Cyberkrieg der Zukunft Algorithmus gegen Algorithmus und Maschine gegen Maschine kämpft.

Menschen werden dazu im Prinzip nicht mehr gebraucht. Schon heute werden Drohnen eingesetzt, die zwar noch vom Menschen gesteuert werden müssen, dies aber längst autonom könnten. Wer sich einen Eindruck über die Fähigkeiten von Robotern machen möchte, muss nur die Videos anschauen, die regelmäßig von Boston Dynamics, einem führenden Robotikunternehmen, das Laufroboter erforscht und entwickelt, die sich vollständig autonom bewegen können, veröffentlicht werden. Wer kann völkerrechtlich belangt werden, wenn solche autonomen Systeme für Opfer in der Zivilbevölkerung sorgen? Haftet der Hersteller? Die Regierung des Landes, für das ein System im Einsatz ist? Der General, der das autonome System aktiviert oder mit Zieldaten versorgt? Der „Automatic War" bzw. der „automatisierte Krieg", der im Zuge der Entwicklung von automatisierten Waffen, autonomen Flugzeugen und Drohnen entsteht, verwischt die Grenzen zwischen Computerspiel, Simulation und Wirklichkeit. Für ihn brauchen wir eine neue Denkweise. Jenseits der Frage nach menschlichen Opfern müssen wir uns hier auch mit einer neuen Kriegslogik beschäftigen, in der es keine menschlichen Verluste mehr gibt, in der es nur noch eine reine Materialschlacht gibt, oder als Krieg zwischen Bytes ausgefochten wird, in der wie beim Tic-Tac-Toe die Überlegenheit eines Gegners oder eine Patt-Situation erkannt wird, die gar nicht mehr im Realen ausgefochten werden muss.

Die Mathematik des neuen Krieges

Eine zentrale Veränderung, die im Zeitalter des Cyberkrieges diskutiert werden soll, ist die Mathematik des Krieges. Bis hinein in die jüngste Vergangenheit und selbst angesichts der Macht der Atombombe, mit der es möglich ist, ganze Länder und Kontinente mit einem Knopfdruck auszulöschen, gilt eine einfache mathematische Reziprozität der Kräfteverhältnisse. In einer Schlacht, in der 1000 Mann gegen 1000 Mann kämpfen, ist der Ausgang offen. Beim Verhältnis von 100.000 gegen 1000 muss sich die zahlenmäßig unterlegene Seite schon viel einfallen lassen, um dieses Ungleichgewicht auszugleichen. Im Cyberkrieg sind wir erstmals an einem Punkt in der Geschichte angekommen, an dem dies nicht mehr gilt. Der Schaden, der durch Einzelne verursacht werden kann, hat nicht mehr direkt mit einer zahlenmäßigen Über- oder Unterlegenheit zu tun. Die bisherigen Berechnungen, nach denen militärische Macht gemessen wurde, zielen ins Leere. Während die Höhe des Militärhaushalts bisher eine gute Vorstellung gab, welche Durchschlagskraft eine Militärmacht hat, ist dies heute keine Kenngröße mehr für Macht. Heute steht Intelligenz gegen Masse. Ein Einzelner kann mehr Schaden anrichten als 1000 Soldaten oder 100 Panzer. Diese Überlegungen führen uns in einen weiteren Graubereich, der neu verhandelt werden muss. Wenn im Rahmen der konventionellen Kriegführung über Angriffsziele entschieden wird, muss bzw. sollte die völkerrechtliche Unterscheidung in Zivilbevölkerung und zivile Objekte sowie Militär und militärische Ziele immer mit in Betracht gezogen werden. Diese Unterscheidung schließt jedoch nicht aus, dass es zivile Opfer geben kann. In diesem Fall wird von Kollateralschaden gesprochen. Eine einheitliche, international gültige Definition, was als Kollateralschaden gilt, gibt es zwar nicht. Allerdings ist schon heute absehbar, dass wir ein neues Verständnis davon brauchen. Denn ganz allgemein wird das Völkerrecht so ausgelegt, dass Konfliktparteien solche Mittel und Methoden auswählen sollen, die unnötiges Leid in der Zivilbevölkerung weitestgehend vermeiden. Alles, was weiter oben zur hybriden Kriegsführung gesagt wurde, steht dem diametral entgegen.

Echtzeit als neue Herausforderung

Aber nicht nur die alte Logik, dass der Stärkere den Schwächeren frisst, gilt nicht mehr. Nicht nur aufgrund der Techniken und Taktiken des Tarnens und Täuschens, wie sie Sun Tzu lehrte. Heute gilt vielmehr, dass der Schnellere den Langsameren frisst. Was damit gemeint ist, wird verständlich, wenn wir uns die Geschichte des Meldewesens näher anschauen. Diese ist geprägt von einer permanenten Beschleunigung. Und der Gipfel der Schnelligkeit im Cyberraum ist die Echtzeit. Diese wird heute zu einer echten informationstechnischen und interpretatorischen Herausforderung. Denn jeder echte Informationsvorsprung kann im Ernstfall über Sieg und Niederlage entscheiden. Stellen wir uns daher die Frage, wie genau die Meldekette aussieht, wie sie früher ablief und wie sie heute funktioniert.

Denken wir noch einmal zurück an den Marathon-Läufer, der uns bereits den Weg zur Kryptografie gewiesen hat. Dieser wurde mit dem Ziel losgeschickt, eine Information weiterzugeben. Neben den Gefahren und Risiken, die ihn vom Weg abbringen konnten, zählen solche, die die Information selbst kompromittieren können wie beispielsweise durch Erpressung. Auch die Zeit an sich, die zwischen dem Senden und Empfangen liegt, ist ein Problem. Die Information könnte längst veraltet, irrelevant oder revidiert worden sein. Im nächsten Evolutionsschritt wurden darum Läufer durch Reiter ersetzt. Auch mit Signalfeuern oder Rauch-zeichen konnten Informationen in kurzer Zeit über weite Distanzen übermittelt werden. Ihr Nachteil: Sie waren weithin sichtbar und jeder, der ihren Code kannte, konnte sie entsprechend mitlesen. Auch die Komplexität der Nachrichten war durch das Medium der Übertragung beschränkt. Je näher wir uns der Moderne annähern, desto

ausgefeilter wird die Nachrichtentechnik. Als techno-
logischer Durchbruch muss in diesem Zusammenhang
die Erfindung des Funks gelten. Mit ihm war es erstmals möglich, Informationen von gewissem Umfang
in verschlüsselter Form über große Distanzen in kurzer
Zeit zu übermitteln. Damit konnte sowohl das erlangte
Wissen über Truppenbewegungen des Gegners schnell
weitergegeben werden, um einen taktischen Vorteil
daraus zu erlangen, als auch gleichzeitig die eigenen
Truppen koordiniert werden, um den Vorteil umzu-
setzen. Dies sind aber lediglich die technische Seite und
der theoretische Vorteil. Aus unserer Clausewitz-Lektüre
wissen wir aber, dass die Realität eine ganz andere sein
kann. Auf der einen Seite spielen menschliche Faktoren
sowie Aspekte von Macht und Hierarchie eine wichtige
Rolle. Informationen, die innerhalb eines Systems weitergegeben werden, sind nicht einfach nur wertneutrale
Sachstände. Oftmals werden sie der Persönlichkeit des
Empfängers angepasst. Dies wissen wir insbesondere
aus Erfahrungen mit Diktaturen bzw. cholerischen oder
narzisstischen Autokraten. Negative Nachrichten werden
bei der Kommunikation nach oben dann gern geschönt
oder anderweitig verzerrt. Schließlich will niemand seine
eigene Karriere aufs Spiel setzen. Auf der anderen Seite
muss die physikalische Realität mitbedacht werden. Ein
Heer zu bewegen, bedeutet, eine große Masse an Leuten
zu organisieren. Der Faktor 10, 1000 oder 10.000 macht
dabei nicht nur einen quantitativen, sondern einen
qualitativen Unterschied. Was bedeutet es wirklich, wenn
ich Menschen in dieser Größenordnung von A nach B ver-
lege? Der logistische und zeitliche Aufwand darf bis heute
im Rahmen der konventionellen Kriegsführung nicht vernachlässigt werden.

Ganz anders sieht dies im Bereich der reinen Cyberkriegsführung aus. Wenn hier lediglich kleine Hackereinheiten

agieren oder mit ferngesteuerten oder autonomen Waffen-systemen operiert wird, kann die Verfügbarkeit und Distribution von Informationen in Echtzeit zu einem Risiko werden. Oder anders gesagt: Die Echtheit der Informationen wird absolut maßgebend. Falsch- oder Fehlinformationen können über Leben und Tod von unschuldigen Menschen entscheiden. Wie belastend die Unsicherheit darüber ist, davon berichten Soldaten, die von Containern aus Drohnen steuern und auf Befehl Ziele liquidieren müssen. Nicht zu wissen, ob man gerade einen unschuldigen Zivilisten oder einen potenziellen Terroristen getötet hat, ist eine psychische und physische Qual für die Betroffenen.

Heute erfolgt Aufklärung häufig über Drohnen und die Auswertung von Satellitenbildern. Selbst wenn dadurch der Anschein von objektiver Wahrheit und Verlässlich-keit erweckt wird, sieht es in der Realität dennoch häufig so aus, dass eine gewisse Restunsicherheit bleibt. Die uralten Methoden des Tarnens und Täuschens sind darum relevanter denn je. Eine der eindrücklichsten Szenen aus dem bereits zweimal erwähnten Film *Der Mann, der niemals lebte* zeigt genau diese Problematik. Sie spielt in der Wüste und es geht darum, dass der Agent Roger Ferris (Leonardo DiCaprio) an die Gegenseite übergeben werden soll und dort auf den Moment der Übergabe wartet. Mehrere tausend Meter über ihm schwebt eine Drohne, die Live-Bilder von der Szene nach Washington liefert. Der Zuschauer wird immer wieder in die Perspektive des Kontrollraums mitgenommen. Es handelt sich um einen Raum voller Agenten und mit zahlreichen Bildschirmen, was die technische Überlegenheit zeigen soll. Doch die Mitglieder des Terrornetzwerks wenden einen einfachen Trick an, gegen die all die Technik nichts anhaben kann. Sie kommen mit vier Autos und fahren bei ihrer Ankunft immer wieder im Kreis um Ferris. Sie wirbeln damit Staub auf, sodass die Kamera nicht mehr sehen kann. Dann findet die Übergabe statt. Ferris wird gezwungen, in eines der Autos einzusteigen. In der nächsten Szene fahren alle vier Autos in unterschiedliche Himmelsrichtungen davon. Im Kontrollraum hört man mehrfach die Frage: „Welchem Auto sollen wir folgen?" Eine Antwort darauf gibt es aber nicht.

Genau dieses Schweigen ist es, was die Herausforderungen von Echtzeit auf den Punkt bringt. Es ist das Zögern, die Unklarheit und die Ungewissheit, die den Moment des absoluten Jetzt auszeichnet. Je mehr die Jetzt-Zeit in das Kriegsgeschehen gezogen wird, desto schwieriger und unüberschaubarer wird dieses. Die weitreichenden Implikationen zeigen sich, wenn wir uns klarmachen, was es bedeutet, wenn in Zukunft ein Cyberangriff den Beginn eines Krieges nach sich ziehen wird. Denn dann kommt das zum Tragen, was wir weiter oben im Zusammenhang mit der Problematik der Attribution bereits beschrieben haben. Es wird unweigerlich zu einer Zeitdifferenz kommen, die zwischen der Cyberattacke und dem Moment des Beweises bzw. des Nachweises liegt, wer für den Angriff verantwortlich ist. Genau diese zeitliche Lücke ist kennzeichnend für den Cyberkrieg. Sie kann der einen Seite in ganz praktischer Hinsicht einen taktischen Vorteil verschaffen. Sie steht aber auch symbolisch für ein Machtvakuum, mit dem wir uns eingehender befassen müssen.

Die aktuelle Situation: Machtkampf und Machtvakuum

Wir erleben aktuell eine Situation, die es zusätzlich erschwert, einen offenen Diskurs zu führen. Denn es geht einerseits um einen Machtkampf und gleichzeitig um ein herrschendes Machtvakuum. Ein Machtkampf ist auf vielen Ebenen zu beobachten. Es fängt schon damit an, wenn man sich die Vorgehensweise innerhalb der EU ansieht, wenn es um die Attribution von Cyberattacken geht. Sicherheitspolitik, zu der auch die Zuordnung von Cyberangriffen gehört, ist Sache der einzelnen Mitgliedstaaten. Hier wirkt wieder das Enigma-Prinzip: Selbst, wenn ein Staat und dessen Geheimdienst die Fähigkeit besitzen, genau zu identifizieren, wer für einen Cyberangriff verantwortlich war, sind sie nur sehr zögerlich, diese Informationen weiterzugeben. Schließlich will man weder seine Methoden und Quellen preisgeben, noch möchte man, dass diese Informationen in falsche Hände geraten, oder sie kompromittieren. Dies ist nur eines von vielen Beispielen, die zeigen, wie sehr man sich in diesem Bereich noch gegenseitig misstraut und versucht, seine eigene Machtposition auszubauen und zu festigen. Denn noch ist nicht abschließend geklärt, wer die neuen Supermächte im Cyberspace sein werden. Mehr noch: Aktuell ist sogar unklar, wer auf der großen Weltbühne die Supermacht des 21. Jahrhunderts sein wird. Denn selbst die USA, die ohne Zweifel die vergangenen Jahrzehnte die Spitzenposition eingenommen haben, verlieren derzeit in vielen Bereichen an Einfluss und stehen sowohl wirtschaftlich, politisch und auch gesellschaftlich vor großen Herausforderungen. Gleichzeitig wittern Anwärter wie China, Indien, aber auch die EU als Staatenverbund ihre Chance und versuchen, diese zu nutzen. Ein solcher Wettstreit um Macht, Einflussnahme und globale Vorherrschaft bringt aber gleichzeitig auch die Gefahr mit sich, dass neue Kriege und Konflikte ausgetragen werden. Hinzu kommt, dass sich die gesamte Welt auf neue Bedingungen – sei es hinsichtlich des Klimawandels oder aufgrund des digitalen Wandels – einstellen muss.

Aus dem bisher Gesagten wurde bereits klar, dass die Konfliktlinien neu und anders als gewohnt verlaufen werden. Neben staatlichen Akteuren werden vermehrt auch private Unternehmen und Individuen in solche Konflikte hineingezogen werden. Staaten, die ihre wirtschaftliche Dominanz ausbauen wollen, werden nicht davor zurückschrecken, mit allen zur Verfügung stehenden Mitteln Industriespionage zu betreiben oder alle Daten zu stehlen, die sie unter ihre Fingernägel bekommen können. Auch darum brauchen wir international verbindliche Regeln für die Cyberkriegsführung. Ansonsten steuern wir auf eine Zeit zu, in der Chaos herrscht, jederzeit schwer kalkulierbare zwischenstaatliche Konflikte ausbrechen können und jeder Einzelne in den Cyberkrieg hineingezogen werden könnte.

Das Montreux-Dokument als Vorbild?

Seit den 1990er-Jahren ist bereits eine Tendenz zu beobachten, die auch für unseren Zusammenhang von Relevanz sein könnte. Bei bewaffneten Konflikten waren immer häufiger private Militär- und Sicherheitsunternehmen beteiligt. Darum wurde auf die Initiative des Internationalen Komitees des Roten Kreuzes das Montreux-Dokument verfasst. Es wurde im Jahr 2008 von 17 Staaten verabschiedet, ist allerdings nicht völkerrechtlich verbindlich. Dennoch könnte das Montreux-Dokument als Vorbild oder zumindest als Ausgangspunkt für die nötigen Anpassungen und Veränderungen des Völkerrechts dienen. Denn es beinhaltet unter anderem Vorschläge für Vorgehensweisen und Methoden, um mit privaten Sicherheitsunternehmen umzugehen und Fragen ihrer Haftbarkeit zu verhandeln. In diesem Zuge wurde auch geklärt, ob und wie sie im Rahmen der nationalen Rechtsprechung für mögliche Verbrechen zur Rechenschaft gezogen werden können. Diese Diskussion muss nun fortgesetzt und erweitert werden. Was ist mit privaten Unternehmen oder Personen, die im Bereich Cybersicherheit operieren? Wenn Dienstleistungen oder Technologien, die diese anbieten, für Kriegszwecke eingesetzt werden, handelt es sich im Prinzip um einen vergleichbaren Fall wie bei den privaten Sicherheitsfirmen, die in Kriegsgebieten eingesetzt wurden. In diesem Zusammenhang muss ebenfalls die Unterscheidung zwischen Krieger, Soldat und Söldner erneut aufgegriffen und diskutiert werden. Welche Bedeutung haben diese Begriffe im Rahmen des Cyberkriegsführung? Fallen nur Menschen, die digitale Ressourcen als Waffen einsetzen, unter diese Definition oder auch Bots und Bot-Farmen?

In diesem Zusammenhang muss aber auch die Rolle von anderen privaten Unternehmen diskutiert werden. Große Konzerne wie Google oder SpaceX haben die Macht, sich ins Kriegsgeschehen einzumischen. Dass sich Google sehr wohl bewusst ist, welche Bedeutung die eigenen Daten und damit verknüpften Services für Konfliktparteien haben können, lässt sich daran ablesen, dass der Konzern jüngst eine Funktion von Google Maps in der Ukraine deaktivierte. Das Live-Tracking-Feature, das Daten zur aktuellen Verkehrslage in Echtzeit auswertet, ermöglicht es Nutzern, beispielsweise Staus zu umfahren. Was im Alltag einen praktischen Zweck erfüllt, kann im Krieg missbraucht werden. Informationen zum Verkehrsaufkommen bieten auch Rückschlüsse darüber, wann, wo und in welche Richtung gerade Flüchtende das Land verlassen. Sie oder die Infrastruktur, die sie nutzen, könnten schnell zum Opfer von Angriffen werden. Um ihre Sicherheit zu schützen, entschloss sich Google, genau diese Funktion im gesamten Gebiet der Ukraine zu deaktivieren. Auch Angaben darüber, wie belebt manche öffentlichen Plätze oder Einkaufszentren sind, sind derzeit dort aus demselben Grund nicht verfügbar. Neben solchen Sicherheitsbedenken wiesen die Daten jedoch auch eine militärische und nachrichtendienstliche Ebene auf. Auch wenn dies nicht Teil der offiziellen Verlautbarung war, gibt es jedoch auch Berichte darüber, wie ganz andere Staus in den ersten Tagen des Krieges über Google Maps angezeigt wurden. Die in das Land einmarschierenden Truppen wurden vom Suchmaschinen-Konzern also ebenfalls erfasst. Daran sieht man, wie schnell ein privates Unternehmen heute als Akteur in ein Kriegsgeschehen hineingezogen werden kann.

Auch ein anderes Unternehmen und eine damit eng verknüpfte Privatperson gerieten im Rahmen dieses Krieges in die Schlagzeilen. Elon Musk verkündete früh, dass das Satelliten-Netzwerk seines Unternehmens Starlink als Ersatz für die zerstörte Infrastruktur die Internetversorgung der Ukraine aufrechterhalten werden soll. Allein mit diesem Schritt machte sich er sowohl sich selbst als Person als auch sein Unternehmen zu einem potenziellen Ziel für Cyberangriffe – aber auch für ganz reale Angriffe auf die Satelliten im Weltall, sofern eine Kriegspartei über solche Fähigkeiten verfügt. Denn so nobel und begrüßenswert die Geste auf der einen Seite ist, so sehr kann darüber hinaus nicht geleugnet werden, welche zentrale taktische Funktion die Übermittlung von Daten und Informationen im Rahmen von Kriegen auf der anderen Seite hat. Schon immer war die Durchtrennung der Versorgung mit Nachschub und Information des Gegners ein wichtiges Ziel von Kriegstaktiken. Ganz unabhängig davon, zu welchem Zweck das von Starlink bereitgestellte Netzwerk verwendet wird, soll hier jedoch die völkerrechtliche Dimension betrachtet werden. Würde man das Montreux-Dokument auf diesen Fall anwenden, wäre das Unternehmen selbst dafür verantwortlich zu gewährleisten, dass die Regeln des Völkerrechts im Rahmen der Nutzung der zur Verfügung gestellten Services eingehalten werden. Damit haben wir zwei Beispiele von Unternehmen, die Teil eines Kriegsgeschehens geworden sind, die das Spektrum der möglichen Reaktionen und der Implikationen aufzeigen. Dies ist jedoch nur ein kleiner Vorgeschmack auf die vielfältigen Verwicklungen von privater Wirtschaft und zwischenstaatlichen Konflikten.

Zur Aktualität der Genfer Konventionen

Die Genfer Konventionen sind ein wichtiges Messinstrument, mit dem Gemeinsamkeiten, aber auch Unterschiede zwischen Cyberkrieg und konventionellen Kriegen erfasst werden können. Einerseits lässt sich ein Wandel der Art der Waffen und der Kriegsführung sowie beim Verlauf von Konflikten feststellen. Gleichzeitig sehen wir, dass die Genfer Abkommen an Aktualität nichts verloren haben – denn im Kern werden die Kriege der Gegenwart und der Zukunft nach wie vor um dieselben Konstanten geführt wie bereits in der Vergangenheit. Und wie in der Vergangenheit gelingt es den beteiligten Parteien nicht, die gebotene Menschlichkeit einzuhalten. Darum bleibt es zu befürchten, dass die Weiterentwicklung des humanitären Völkerrechts erst dann im Rahmen von Friedensverhandlungen und neuen Abkommen stattfinden wird, nachdem neue Konflikte deutlich gemacht haben, warum wir neue Regeln für den neuen Krieg brauchen. Aber wer weiß: Vielleicht wird der nächste Krieg wieder mit Steinschleudern und Knüppeln ausgetragen. Oder es handelt sich um einen Krieg, bei dem ausschließlich Avatare sich gegenseitig verprügeln.

Notwendigkeit einer neuen Sprache

Eine weitere Anpassung, die notwendig werden wird und zum Teil schon verändert wird, wird es im Bereich der Militärsprache geben. Im Kapitel über Propaganda wird es noch ausführlicher darum gehen, welche Macht die Sprache hat. Aber schon an dieser Stelle muss generell gefragt werden, ob die aktuelle Sprache und die verwendeten Begriffe noch zeitgemäß sind bzw. inwiefern diese an die neue Realität angepasst werden müssen. Sprache, und insbesondere Militärsprache, hat weitreichende Implikationen. Wenn hier Formulierungen auch nur kleine Nuancen daneben liegen, kann ein gefährlicher Interpretationsspielraum eröffnet werden.

Die Grenzen und die Möglichkeiten der Zuordnung von Angriffen (Attribution) werden durch die technologische Entwicklung immer mehr verwischt. Die Rolle der Geheimdienste nimmt zu, während der Einsatz konventioneller Streitkräfte gleichzeitig zurückgeht. Die völkerrechtlich hochrelevante Frage, die salopp formuliert lautet: „Wer „killt“ wen?“, lässt sich im Cyberkrieg immer schwerer beantworten. Um das heutige und zukünftige Ausmaß und die damit verbundene neue Realität dieser Entwicklung deutlich zu machen, werden im folgenden Kapitel Techniken und Taktiken des Cyberkrieges vorgestellt.

Teil III

Die Kunst des Cyberkrieges

Während sich die ersten beiden Blöcke des Buches sich mit der Geschichte und den Denkern der Antike, des Mittelalters, der Neuzeit und der Moderne befasst haben, kommen wir mit dem dritten Block in die Gegenwart und Zukunft des Cyberkrieges. Denn so viel wir aus der Geschichte für den Cyberkrieg lernen können, so sehr stellt er uns doch auch vor die Herausforderung, bestimmte Aspekte neu zu denken. Welche technischen Neuerungen sind relevant und was bedeuten sie in taktischer Hinsicht? Was bedeuten diese Entwicklungen für jeden Einzelnen? Und wie können wir mit der Propaganda umgehen, die eine zentrale Begleiterscheinung des Cyberkrieges darstellen? Auch dabei können wir uns der Vergangenheit bedienen: Was unterscheidet die heutige Propaganda von der früherer Zeiten? Und was lehren uns die bisherigen kriegerischen Aktivitäten im Cyberraum?

7

Techniken und Taktiken des Cyberkrieges

Unsere einzige Chance, langfristig zu überleben, besteht darin, in den Weltraum zu expandieren. Die Antworten auf diese Fragen zeigen, dass wir in den letzten hundert Jahren große Fortschritte gemacht haben, aber wenn wir über die nächsten hundert Jahre hinaus fortfahren wollen, ist die Zukunft im Weltall. Deshalb befürworte ich die Weltraumflüge.

Stephen Hawking

A long time ago in a galaxy far, far away…

Star Wars, Intro

Jeder Star-Wars-Fan wird bei diesen Worten gleich die Fanfaren und das Erklingen des gesamten Orchesters im Ohr haben, mit dessen Auftakt jeder der Filme beginnt. Nicht zum ersten Mal nehmen wir die Welt der Science Fiction zum Anlass, um etwas über unsere heutige Welt und die Zukunft zu lernen. Denn der Wettlauf um das

© Der/die Autor(en), exklusiv lizenziert an Springer Fachmedien Wiesbaden GmbH, ein Teil von Springer Nature 2023
P. Kestner, *Die Kunst des Cyberkrieges*,
https://doi.org/10.1007/978-3-658-40058-3_7

Weltall hat längst begonnen – sowohl in ziviler als auch in militärischer Hinsicht. Auch der Cyberkrieg wird dort geführt werden, da er, wie gerade ausgeführt, ein integraler Teil aller Dimensionen ist. Es ist sogar gut vorstellbar, dass der Cyberkrieg im Weltall seinen eigentlichen Ausgang nehmen wird, wie wir gleich noch sehen werden.

Schon im Jahr 2020 reagierte die Bundeswehr auf diesen Umstand mit der Gründung einer Operationszentrale für Luft- und Weltraum: dem „Air and Space Operations Centre" (ASOC). Darin führte die Bundeswehr mehrere ihrer Fähigkeiten zusammen, um der wachsenden militärischen Bedeutung des Weltraums als operative Dimension Rechnung zu tragen. Weltraumoperationen gehören damit zwar noch längst nicht zum Alltag der Bundeswehr. Viele Technologien, die zur Überwachung und Durchführung von Operationen des Luftraums benötigt werden, benötigt man auch für Einsätze im Weltall. Zudem befinden sich dort bereits relevante technische Infrastrukturen, die schon heute im Einsatz und kaum mehr aus dem Leben aller Menschen wegzudenken sind. Satellitennetzwerke ermöglichen sowohl die zivile als auch die militärische Navigation, aber auch Kommunikation, Datenübermittlung und Aufklärung. Darum zählen weltraumbasierte Satelliten auch zur kritischen Infrastruktur und müssen entsprechend geschützt werden.

Denn auch wenn das vielen Menschen nicht stark im Bewusstsein ist, das technologische Wettrüsten hat längst begonnen und hat eine enorme Bedeutung. Vielen dürfte dabei sofort das Vorhaben einfallen, den Mars zu besiedeln. Zwar hat dieses Projekt die größte mediale Aufmerksamkeit erhalten, doch ist es bei weitem nicht das einzige geplante Vorhaben, das jenseits unserer planetaren Grenzen liegt. Auf dem Mond lagern beispielsweise zahlreiche Bodenschätze wie Titan, Platin, Aluminium oder

andere Metalle der Seltenen Erden. Permanente Mond-
stationen sind darum ebenso bereits in Planung wie
Bergbauprojekte zum Abbau der dort befindlichen Rohstoffe. Die Motivation hinter solchen Großprojekten
ist denkbar einfach: Es geht dabei um unvorstellbar viel
Geld und damit auch wieder um Gier. Das erste Unternehmen, dem es gelingt, Rohstoffe auf dem Mond abzu-
bauen und zur Erde zu transportieren, würde auf einen
Schlag eine Bewertung im Bereich von über einer Billion
Dollar haben. Hinzu kommt der symbolische Zugewinn
an Ruhm, es als erstes geschafft zu haben.

Eine ganze Reihe von Unternehmen vor allem aus den
USA und China haben zudem bereits damit begonnen,
im Orbit unseres Planeten Satellitennetzwerke aufzubauen. Starlink, eine der vielen Firmen von Elon Musk,
macht genau das mit bisher größtem Erfolg. Sein ehr-
geiziges Ziel lautet, 48.000 Starlink-Satelliten in einen
Low Earth Orbit (LEO) zu bringen. Ein einzelner Satellit
ermöglicht dabei eine Datenverbindung mit der Band-
breite von 17 Gigabit pro Sekunde. Zum Vergleich: Eine
USB-3.1-Verbindung schafft 10 Gigabit pro Sekunde.
Wenn die gesamte Konstellation mit 48.000 Satelliten am
Himmel ist, ergäbe das eine Kapazität von 816 Terabit pro
Sekunde und damit die etwa achtfache Leistungsfähigkeit
eines Glasfaserkabels. Auch ein chinesisches Staatsunter-
nehmen kündigte an, nach einem ähnlichen Prinzip wie
Starlink eine eigene Konstellation aufbauen zu wollen. Die
Funktionsweise von solchen Satellitennetzwerken sieht
folgendermaßen aus: In erdnahen Umlaufbahnen werden
nach und nach tausende Satelliten platziert, die einen
lückenlosen Zugang zum Internet auf der Erde ermöglichen. Damit wird aber nicht nur eine zusätzliche Infrastruktur aufgebaut, die die Verbindungen sicherer, zum
Teil schneller und resilienter macht. Sie ermöglicht es
auch mehr Menschen als jemals zuvor in der Geschichte,

überhaupt auf das Internet zuzugreifen. Das bedeutet eine massive politische und ökonomische Machtverschiebung und auch eine Veränderung in der Ausgestaltung von Machtbeziehungen. Auch wenn für viele Bewohner der westlichen Welt das Internet zu einem Grundbedürfnis wie der Zugang zu Wasser und sauberer Luft geworden ist, sollte man nicht vergessen, dass es nach wie vor 37 % der Weltbevölkerung gibt (das sind rund 2,9 Mrd. Menschen), die laut Angaben der Vereinten Nationen noch niemals in ihrem Leben das Internet genutzt haben. Eine kritische Infrastruktur ist zudem niemals einfach nur eine kritische Infrastruktur – schon gar nicht, wenn es sich um dabei um den Zugang zum Internet handelt. Das erste vollständig funktionsfähige Satellitennetzwerk wird eine extreme Konzentration von wirtschaftlicher und politischer Macht darstellen. Die Möglichkeiten zur politischen Einflussnahme sind enorm. Ein Unternehmen oder ein Staat, der diese Infrastruktur kontrolliert, könnte auch darüber entscheiden, wer Zugang zum Internet hat bzw. wer nicht und unter welchen Bedingungen ein Informationsaustausch stattfindet. Es ist leicht vorstellbar, dass dies als Grund ausreicht, um die neu entstehenden Satellitennetzwerke sowohl physisch als auch mit Mitteln der Cyberkriegsführung anzugreifen. Was bei dieser Entwicklung bisher auffällt: Deutschland und Europa spielen dabei bislang keine Rolle. Das heißt auch, dass sie keinerlei Mitspracherecht oder Spielraum bei der Ausgestaltung der neu entstehenden digitalen Infrastruktur haben oder den rechtlichen Rahmen gemäß ihrer Wertvorstellung mitbestimmen können. Ob es noch gelingt, den Vorsprung anderer Unternehmen und Staaten durch Kooperationen oder Verhandlungen aufzuholen, ist vollkommen offen. Darüber darf die Bedeutung dieser Projekte aber nicht verkannt werden. Es steht hier nichts weniger als eine geopolitische Neuordnung auf dem Spiel. Ein offenes, freies und global zugängliches Internet ist keine Selbstverständlichkeit und alles andere als gewiss.

Die Bedeutung einer globalen Internet-Infrastruktur

Die Macht, die von den Kommunikationssatelliten ausgeht, macht sie zu einem potenziellen Angriffsziel. Weitere Relevanz bekommt das Weltall auch dadurch, dass beispielsweise Interkontinentalraketen zunächst einmal die Atmosphäre verlassen und sich kurze Zeit im Weltraum befinden, bevor sie mit ihrem Zielanflug beginnen. Sobald sich dort waffenfähige Satellitensysteme befinden, was nur eine Frage der Zeit ist, könnten sie dort beispielsweise von einem EMP-System oder Laser-basierten Waffen angegriffen werden. Beim EMP (für engl. „electromagnetic pulse", bzw. deutsch: „elektromagnetischer Impuls") handelt es sich um ein Waffensystem, bei dem – wie bei einem Blitz – kurzzeitig eine starke elektromagnetische Strahlung emittiert wird. Sämtliche elektronischen Bauteile, Schaltkreise und Platinen werden dadurch im Wirkfeld eines EMPs zerstört. Die Dimensionen an Wirksamkeit, die die EMPs in den *Matrix*-Filmen zugeschrieben bekommen haben, gibt es in der Realität natürlich bis jetzt noch nicht. Aber vielleicht wird es in Zukunft noch interessante Anwendungsbereiche für diese Technologie geben. Denn ein EMP ist ein wahrer Elektronik-Killer und damit eine durchaus effektive Waffe im Cyberkrieg. Dadurch, dass es aber so enorm viel Energie braucht, handelt es sich momentan zugleich um ein wenig praktikables Instrument. Eine Alternative zum EMP sind Elektronik-Störer, die mit sehr viel weniger

Energieaufwand ebenfalls einen sehr großen Schaden anrichten können. An diesem Punkt, an dem wir darüber nachdenken, auf welche konkrete Weise sich verfeindete Staaten im Weltraum gegenseitig bekämpfen können, müssen wir uns fragen: Wie weit entfernt sind wir wirklich von der Galaxie, in der im Krieg der Sterne Gut gegen Böse kämpft?

Die globale Internet-Infrastruktur, wie sie derzeit entsteht, ist nicht die erste ihrer Art. Schon im 19. Jahrhundert entstand mit den Telegrafenverbindungen ein weltweit operierendes Kommunikationssystem. Sein Entstehen und seine Nutzung verdeutlichen uns, welche Bedeutung einer solchen Infrastruktur zukommt. Denn schon die Telegrafie wirkte sich auf das Machtverhältnis von Staaten aus. Staaten nutzten es von Beginn an dazu, ihre administrativen und militärischen Handlungsspielräume zu erweitern. Sie beförderten den Ausbau des Telegrafennetzes, um schneller Informationen über Entwicklungen in den Kolonien zu erhalten und darauf reagieren zu können. Damals wie heute sind die Zuverlässigkeit und Sicherheit der Infrastruktur von maßgeblicher Bedeutung, wenn es um deren Nutzung zu administrativen, diplomatischen, nachrichtendienstlichen oder militärischen Zwecken geht. Weiter oben habe ich behauptet, dass der Cyberkrieg im Weltraum beginnen könnte. Um die historische Tragweite der globalen Internet-Infrastruktur zu ermessen, sei in diesem Zusammenhang kurz an den Beginn des Ersten Weltkriegs erinnert. Das Deutsche Reich zählte zu diesem Zeitpunkt mit seinem Seekabelbestand zu den vier größten Kabelmächten der Welt. Direkt nach dem Ausbruch des Ersten Weltkriegs gehörte es zu einer der ersten Aktionen des britischen Oberkommandos, einen Großteil der internationalen Kabelverbindungen des Deutschen Reichs zu unterbrechen. Erst 1925, also viele Jahre nach Kriegsende, wurden diese wieder in Betrieb genommen. Die taktische Signifikanz von technischen Innovationen im Bereich der Kommunikationsinfrastruktur sollte also nicht unterschätzt werden.

Technik und Taktik des Cyberkrieges

Ebenso wie „Cyberspace" und „Space" über die Technik eng miteinander verbunden sind, besteht auch eine Verbindung zwischen den Taktiken der konventionellen Kriegsführung und dem zukünftigen Cyberkrieg. Allerdings sehen wir erneut, wie alte Begriffe und Definitionen auf den Prüfstand gestellt werden. Rekapitulieren wir dazu kurz, welche Formen der Kriegsführung es laut Lehrbuch gibt und wie diese sich durch Cyber verändern. Zwischenstaatliche Kriege sind wohl der Prototyp des klassischen Krieges, bei dem, ganz nach Clausewitz, der Einsatz militärischer Mittel zum Erreichen politischer Ziele dient. Hier werden wir gleich sehen, wie die technische Transformation selbst der klassischen Form des Krieges seine Definition strapazieren wird. Gehen wir aber zunächst weiter durch die Formen des Krieges. Eng mit dem klassischen Krieg verwandt ist die sogenannte aktive, harte oder kinetische Kriegsführung. Damit sind alle Formen der direkten militärischen Gewalt gemeint, die eingesetzt werden, um physischen Schaden zu verursachen, bis hin zum Tod gegnerischer Soldaten. In Abgrenzung zu zwischenstaatlichen Kriegen sind Bürgerkriege innerstaatliche Konflikte, bei denen es zwar auch um Gebietsansprüche gehen kann, die aber auch ein Kampf um Ressourcen, soziale Unterdrückung oder andere Gründe als Ursache haben können. Bürgerkriege zeichnen sich unter anderem auch durch den Einsatz militärischer Mittel aus, aber auch durch Guerilla-Taktik oder Terroranschläge. Neben den zwischenstaatlichen Kriegen und Bürgerkriegen treten seit dem ausgehenden 20. Jahrhundert die „neuen Kriege" auf. Deren Verlauf wird häufig mit dem Terminus der asymmetrischen Kriegführung beschrieben, weil es ein großes Ungleichgewicht bei den verfeindeten Parteien gibt. Als ein paradigmatisches Beispiel dafür gilt der moderne Terrorismus in seiner Ausprägung nach dem 11. September 2001. Ebenfalls als neuer Krieg gelten solche Konflikte, bei denen es um Ressourcen geht wie zum Beispiel in Somalia, im Sudan oder im Kongo. Es ist kein Zufall, dass die Einsätze der Bundeswehr in Afghanistan, in Mali oder im Südsudan in der Regel nicht als Krieg bezeichnet werden. Unabhängig von dem bisher Gesagten muss das, was wir oben als hybride Kriegsführung definiert haben, betrachtet werden. Auch wenn die Begriffe hybrid und asymmetrisch immer wieder synonym gebraucht werden, meinen sie in der Praxis doch sehr unterschiedliche Dinge. Während mit asymmetrischen Kriegen schlicht solche gemeint sind, bei denen die verfeindeten Parteien sich durch eine Ungleichheit hinsichtlich ihrer militärischen, waffentechnischen oder zahlenmäßigen Stärke auszeichnen, meint hybride Kriegsführung eine Vermischung von unterschiedlichen Ebenen und Dimensionen, in denen gehandelt wird, das Operieren in Graubereichen sowie das kreative Verwenden von unterschiedlichsten Mitteln und Methoden, mit denen der Krieg ausgetragen wird.

Losgelöst von all diesen Formen des Krieges stehen noch die weichen Kriege, die ohne den Einsatz von Waffen auskommen. Weich werden sie bezeichnet, weil sie auf dem Gebiet z. B. der Kultur oder der Religion geführt werden. In den USA gibt es seit einem berühmt gewordenen Auftritt von Colin Powell, damals amerikanischer Außenminister, beim Wirtschaftsforum in Davos den Ausdruck „Soft Power". Er erklärte, dass Maßnahmen wie der Marshall-Plan ebenfalls dazu geeignet wären, strategische Ziele, die sonst mit harten Mitteln durchgesetzt würden, zu erreichen.

An dieser Stelle klammern wir die weiche Kriegsführung aus, wenngleich im Kapitel über Propaganda mehr als deutlich werden wird, dass der Cyberkrieg auch hier für wesentliche Veränderungen sorgt. Da es hier aber vor allem um Technik und Taktik gehen soll, können wir sehen, dass alle anderen Formen der Kriegsführung prinzipiell offen für technologische Neuerungen und Innovationen sind, die wiederum zu einer Neubewertung der Taktik führen müssen. Diese Ansicht war lange Zeit alles andere als Common Sense. Alte Überzeugungen werden aber häufig von der Realität eingeholt. Im *Weißbuch 2016*, einem der wichtigsten Grundlagendokumente der Bundeswehr, ist zu lesen: „Die Auswirkungen von Cyberangriffen können denen bewaffneter Auseinandersetzungen entsprechen und in die nichtvirtuelle Welt eskalieren. Zwar ist auf absehbare Zeit nicht davon auszugehen, dass es zu einem ausschließlich im Cyber- und Informationsraum ausgetragenen zwischenstaatlichen Konflikt kommt, bereits heute sind Operationen im Cyber- und Informationsraum jedoch zunehmend Bestandteil kriegerischer Auseinandersetzungen." Der Cyberkrieg und all die vielfältigen Elemente, die zu ihm zählen, werden jedoch alle Kriegsformen in der ein oder anderen Art betreffen. Der Cyber- und Informationsraum kann nicht getrennt von allen anderen Sphären betrachtet werden. Angefangen von der politischen Ebene, die strategische Ziele auf Basis von Informationen formuliert und über eine technische Infrastruktur kommuniziert, über die Ebene des Militärs, mit dem Meldewesen und softwaregesteuerten Waffen- und Verteidigungssystemen, bis hin zum einzelnen Individuum, das sich im Netz bewegt oder auf die technische Infrastruktur um es herum angewiesen ist. Je mehr wir uns bewusst sind, dass die digitale Dimension wie ein Schleier über allem liegt, desto mehr müssen alle bisherigen Erwägungen zur theoretischen Definition von Kriegen und den praktischen taktischen Ausformungen überdacht werden.

Der Unterschied zwischen Kriegern und Soldaten im digitalen Häuserkampf

Diese Ausformung des Cyberkrieges ist eine, bei dem die Soldaten niemals zu sehen sein werden. Aber spielt die Kategorie des Soldaten im Cyberkrieg überhaupt noch eine tragende Rolle? In vielen modernen Kriegen können wir beobachten, dass es dabei immer auch zahlreiche Freiwillige aus aller Welt gibt, die die eine oder andere Seite unterstützen. Dabei können Hacker auf unterschiedlichste Art und Weise Schaden verursachen. Sie können zum Beispiel geheime Dokumente leaken und veröffentlichen, Netzwerke oder Webseiten lahmlegen oder abschalten. Bei all diesen Aktionen handelt es sich aber nicht um kriegerische Handlungen im Sinne von Clausewitz. Handelt es sich aber um versierte Angreifer, denen es beispielsweise gelingt, die Geheimnisse von wichtigen Institutionen wie Banken aufzudecken oder in die Systeme von Streitkräften einzudringen und dort Informationen zu stehlen, die sie im Internet veröffentlichen, kann dies durchaus erheblichen Schaden anrichten. Dabei handelt es sich aber um Aktionen, die mehrere Wochen oder gar Monate dauern und eventuell der Vorbereitung dienen können.

Hier sei noch einmal auf Clausewitz und seine oben kurz erwähnte Schrift über den „kleinen Krieg" verwiesen. Dort machte er sich bereits über neue Formen des Krieges und die sogenannte Partisanen-Technik Gedanken. Auch im Cyberspace findet sich diese Form der Kriegsführung. Der digitale Häuserkampf verläuft wie der echte unübersichtlich. Harmlose Umgebungen können zum Kampfschauplatz werden. Akteure, die eben noch wie normale Nutzer aussahen, verwandeln sich in einer Sekunde zu einem Angreifer. Nicht selten handelt es sich um die berüchtigten Teenager, die laut Klischee im Keller des Hauses ihrer Eltern sitzen und den ganzen Tag vor dem Rechner hängen. In der Tat lässt sich beobachten, dass Script Kiddies, wie sie im Cybersecurity-Jargon heißen, mit Computerspielen und Simulationen trainieren, was sie dann in die Tat umsetzen. Auf Hackathons zeigen sie ihre Fähigkeiten, die sie über viel Jahre trainiert haben. Die Grenzen zwischen Spiel, Simulation und Wirklichkeit verschwimmen dabei immer mehr. Ähnlich wie die virtuellen, künstlich erzeugten Welten immer realer werden, wird die reale Welt immer stärker von der virtuellen Welt durchdrungen. Man denke hier auch an das entstehende Metaverse. Je nachdem, welche Technologie und Variante sich dabei durchsetzen wird, wird dabei mithilfe von Virtual- oder Augmented-Reality-Brillen die echte Welt mit der digitalen Welt verschmolzen. Spiele wie *Capture The Flag,* die es sowohl als reales Geländespiel gibt als auch in virtueller Form, stehen symbolisch für diese Verschmelzung. Sowohl in der realen als auch der virtuellen Variante geht es darum, sich Taktiken zu überlegen, wie die gegnerische Flagge gestohlen werden kann. Jedes Team muss sich jedoch gleichzeitig auch über die Verteidigung Gedanken machen und das eigene Netzwerk bzw. die eigene Basis bzw. Flagge entsprechend absichern. Aus dem Spiel kann jedoch schnell Ernst werden. Denn auch staatliche Player werden verstärkt als digitale Söldner für diese neue Form des Häuserkampfes eingesetzt. Sie tarnen und unterscheiden sich auf den ersten Blick

in nichts von den Millionen und Milliarden anderen
Menschen im Netz. Im Ernstfall können sie jedoch hinter
einer „Tür" bzw. in einem harmlos daherkommenden
Netzwerk auftauchen und agieren. Solche Schläfer können
Jahre lang inaktiv sein und sich absolut unauffällig verhalten. Im entscheidenden Moment können sie jedoch das
Zünglein an der Waage sein. Wenn ein staatlicher Akteur
auf digitale Partisanen bzw. Schläfer in einem großen
Umfang setzt, könnte auch eine neue Form des digitalen
Terrorismus entstehen, bei dem jederzeit ein Schläfer
aktiviert werden kann und von innen heraus einen lokal
begrenzten Schaden, beispielsweise in Form von Leaks
oder der Weitergabe von vertraulichen Informationen, verursacht.

Aber auch der bisherige, konventionelle Häuserkampf
könnte im Zeitalter des Cyberkrieges vollständig anders
als bislang verlaufen. Der Partisanen- bzw. Häuserkampf ist eine der gefährlichsten Vorgehensweisen, um
eine Stadt einzunehmen oder anzugreifen. Denn sie geht
stets mit hohen Verlusten einher und ist ein Kampf um
jeden einzelnen Meter. Dabei werden Türen eingetreten,
Fensterscheiben mit Granaten eingeworfen und Fallen aufgestellt. Manchmal ist es erforderlich, sich mehrere Tage
auf engstem Raum und unter widrigsten Bedingungen
auf die Lauer zu legen, nur um einen versteckten Scharf-
schützen zu erwischen. Selbst die fähigsten Armeen der
Welt drücken sich vor dieser Form des Kampfes. Der
Häuserkampf ist darum stets die letzte Möglichkeit, die
in Betracht gezogen wird. Gleichzeitig wird er gerade
aus diesem Grund auch von der Gegenseite taktisch eingesetzt, um der anderen Seite hohe Verluste beizufügen.

Der Häuserkampf im digitalen Dorf könnte jedoch
im Vergleich dazu gänzlich anders verlaufen. Noch bevor
ein einziger Schuss fällt, würde zunächst eine Flotte von
Mini-Drohnen, ausgestattet mit Wärmebildkameras,

durch alle Straßen, Gassen und Häuser fliegen und ein ziemlich genaues Bild darüber zeichnen, wie viele bewaffnete Gegner es gibt, wo sie sich befinden und ob es sich um ein zugängliches oder verschlossenes Haus handelt. Anschließend werden die Funksignale in allen Parzellen ausgewertet, um zu sehen, an welchen neuralgischen Punkten gerade viel kommuniziert wird. Im nächsten Schritt würden digitale Störsender dafür sorgen, dass die Gegner untereinander nicht mehr kommunizieren können. All das gab es früher in dieser Form nicht und ist im Prinzip technisch heute schon mehr oder minder machbar. Jeder, der einmal Google Maps benutzt hat, kennt sicher die Live-Funktion, über die abgelesen werden kann, wie stark bestimmte Cafés oder Arztpraxen gerade frequentiert sind. Allerdings ist damit der Häuserkampf noch nicht beendet. Vielmehr wird dieser transformiert zu einer Technikschlacht. Denn auch die Gegenseite wird sich entsprechend ausrüsten und mit Techniken und Taktiken des Tarnens und Täuschens dafür sorgen, dass das klare Bild, das die Gegenseite versucht zu bekommen, wieder eingetrübt wird. Die Tendenz ist aber klar: Die Verluste werden massiv nach unten geschraubt, der Häuserkampf entschärft und der Partisanenkampf vollständig verändert. Die Kunst des Versteckens und die Taktik des Tarnens und Täuschens werden im digitalen Zeitalter demnach immens an Bedeutung gewinnen. Denn wenn erst einmal die Drohnen über ein Gebiet geflogen sind und Informationen gesammelt wurden, stellen sich eigentlich nur noch taktische Fragen.

Wenden wir uns also der taktischen Ebene zu, was bedeutet, das Schlachtfeld noch genauer in den Blick zu nehmen. Wie schnell sich ein Übergang von einem Paradigma zum nächsten vollziehen kann und welche Auswirkungen dies hat, haben wir bereits im Zusammenhang mit dem Mittelalter gesehen. Auf das Zeitalter der Ritter, die mit Rüstung, Schwert und Axt als dominierendem Waffensystem ausgestattet waren, folgten der Bogen und die Armbrust – und der Untergang des Rittertums. Die neue Waffentechnik war auch verantwortlich dafür, dass alle bisher gültigen Überlegungen zu Angriff und Verteidigung infrage gestellt und eine neue Praxis gefunden werden musste. Darum müssen wir auch heute die verschiedenen neuen Waffensysteme betrachten, um zu sehen, ob und inwiefern die bisher gültigen Überzeugungen und Glaubenssätze noch tauglich sind.

Die neue Technik des Krieges

Wer die Zukunft des Cyberkrieges in seinem vollen Umfang verstehen möchte, muss also weit über die Ebene von Codes, Software und Programmen hinausgehen. Ebenso wie diese nichts wert sind ohne die Computer, auf denen sie geschrieben werden und zum Einsatz kommen, dürfen auch andere Maschinen, die mit Software laufen, nicht ausgeblendet werden. Dazu gehören – um nur einige wenige zu nennen – Roboter ebenso wie Drohnen, Panzer, Waffensysteme, Radaranlagen und Satelliten, aber auch Autos, Smartphones, Produktions- und Landmaschinen, Zentrifugen und, die größte Anlage von allen, das Stromnetz. Gerade weil diese eine Kombination von Software und Hardware darstellen, könnten sie zum Ziel von Cyberangriffen werden. Gehen wir aber einen Schritt weiter, dann kommen wir zu softwaregesteuerten Maschinen, die ganz andere Implikationen mit sich bringen.

Schon im Rahmen der völkerrechtlichen Betrachtung gab es erste Berührungspunkte mit autonomen Waffensystemen. Im Fachjargon spricht man auch von einem UMS, für: „Unbemanntes militärisches System". Eine alternative, ebenfalls gängige Bezeichnung für diese Gattung von Waffen wird aus dem Englischen übernommen und lautet „Lethal Autonomous Weapon System" oder kurz: LAWS. Letztere unterstreicht den Zweck dieses tödlichen Waffensystems noch einmal deutlich. Entscheidend ist hierbei der Punkt, dass weder für die Auswahl noch für die Bekämpfung des Ziels menschliches Zutun nötig ist. Dafür braucht es ein Zusammenspiel von Sensorik, Rechenleistung und Softwarefähigkeiten. Letztere basieren auf Algorithmen aus dem Bereich der Künstlichen Intelligenz. Eine Frage, die sich hier sofort stellt, lautet, ob und wie der Mensch hier überhaupt noch Kontrollmöglichkeiten haben kann. Die Flugabwehr basiert zum Teil schon heute auf diesen Prinzipien und funktioniert vollautomatisch. Allerdings ist der Luftraum ein nicht gerade komplexer Einsatzbereich, weswegen es hier technisch recht einfach möglich ist, autonome Lösungen zu entwickeln. In der öffentlichen Debatte wurde vor allem über bewaffnete Drohnen debattiert. Was aber ist, wenn das Kriegsgeschehen in Zukunft von laufenden, fahrenden und fliegenden Robotern, Panzern bzw. Drohnen dominiert werden, die sich sowohl autonom fortbewegen als auch feuern können? An dieser Stelle sollen die moralischen, ethischen und rechtlichen Fragen einmal ausgeblendet bleiben und nach den praktischen und taktischen Konsequenzen gefragt werden – schließlich wollen wir wissen, wie der Krieg der Zukunft aussieht.

Eine erste Veränderung entsteht dadurch, dass Entscheidungsprozesse beim Einsatz von LAWS vom Menschen auf die Maschine übertragen werden. Dabei müssen wir uns gar nicht ins Reich der Science Fiction begeben und uns Roboter wie den Terminator vorstellen. Denn schon heute sind Entscheidungen, die Menschen treffen, immer häufiger datengestützt. Angefangen bei der Auswahl und Erhebung der Daten über ihre Filterung und Aufbereitung bis hin zu ihrer Verarbeitung durch Algorithmen – all diese Prozesse sind relevante Punkte, die am Ende zu einer Entscheidung über Leben und Tod führen könnten. Wo genau zieht man die Grenze, ob es sich noch um eine vom Menschen getroffene Entscheidung handelt? Besonders bei Fehlentscheidungen wird die Schuld dafür schnell auf die Maschine geschoben, was zeigt, dass Algorithmen schon heute einen Anteil bei der Ausarbeitung von Handlungsoptionen innehaben. Man darf getrost infrage stellen, ob derjenige, der eine Entscheidung auf einer bestimmten Datenbasis trifft, wirklich nachvollziehen kann, wie diese wirklich zustande kam.

Die Übertragung von Kompetenzen vom Menschen auf die Maschine ist eine zwangsläufige Begleiterscheinung der Digitalisierung und Automatisierung unserer Lebenswelt. Es ist ein regelmäßig zu beobachtendes Phänomen, dass Assistenzsysteme oder lernfähige Programme zunächst einmal im Rahmen ihrer Trainingsphase dem Menschen noch unterlegen sind. Doch sobald sie einmal eine spezielle Fähigkeit beherrschen, die sie durch eine selbst gesammelte Datenbasis erlangt haben, sind sie dem Menschen in diesem speziellen Gebiet weit überlegen. Man denke nur an die Erfolge von KI-Programmen in Spielen wie Schach, Go oder Poker. Bei der Auswertung von medizinischen Bildern, auf denen es Krebszellen von gesunden Zellen zu unterscheiden gilt, kann eine entsprechend trainierte KI längst mit den Ärzten mithalten und diese zum Teil übertreffen. Auch die Bahn setzt immer häufiger auf die Vorschläge einer KI, wenn Fahrpläne durch Unregelmäßigkeiten durcheinander kommen und Streckenbelegungen ad hoc neu geplant werden müssen. Autopiloten zur Steuerung von Flugzeugen oder Autos werden in den kommenden Jahren ebenfalls die Fähigkeit von Menschen bei dieser Tätigkeit übertreffen.

Sobald sich ein bestimmtes Problem der Wirklichkeit mit Logik lösen lässt, sind solche lernfähigen Systeme dazu in der Lage, einen regelbasierten Lösungsweg zu entwickeln. In manchen Bereichen ist es sogar sinnvoll und von Vorteil, wenn man autonome Systeme im Einsatz hat. Eine ferngesteuerte Drohne muss ihren Einsatz abbrechen, sobald einmal die Kommunikationsverbindung zwischen ihr und der Steuerungszentrale abreißt. Ein Missionsabbruch kann aber im schlimmsten Fall das Leben anderer Soldaten im Einsatz oder von Zivilisten gefährden. Hier sind autonome Drohnen, die ihre Mission selbständig durchführen können, also durchaus taktisch von Vorteil. Da Drohnen in Zukunft verstärkt in Schwärmen eingesetzt werden, fällt eine Steuerung durch Menschen aus der Ferne als Option künftig aufgrund der Komplexität und der Datenmengen, die dafür zu übertragen sind, weg. Auch aus einem ganz anderen Grund wird die Entwicklung von LAWS weiter vorangetrieben: das Wettrüsten. Wenn die Gegenseite solche Waffensysteme einsetzt, muss man selbst allein aus taktischen Gründen ebenfalls dazu in der Lage sein, auf diese potenziellen Angriffe entsprechend reagieren zu können.

Der Cyberkrieg als Krieg ohne Menschen

Auf die Automatisierung der Waffensysteme, die sich auf diese oder ähnliche Weise vollziehen könnte, folgt die Idee des „Automatic War", also der vollständigen Automatisierung der Kriegsführung. Diese neue Denkweise von Waffengewalt, bei der es zu keinen menschlichen Verlusten kommt, lässt sich auch als reiner Material- bzw. als reiner Byte-Krieg verstehen. Wohin führt diese Entwicklung? Treiben wir dieses Szenario einmal aus

Gründen der Anschaulichkeit auf die Spitze und führen zwei Gedankenexperimente durch. Das erste beginnt durchaus positiv. Wir gehen davon aus, dass der Cyberkrieg der Zukunft einer ist, bei dem gar keine Menschen mehr sterben müssen. Stellen wir uns dazu ein idealisiertes und abgestecktes Schlachtfeld vor. Auf diesem Schlachtfeld treffen sich die Roboter, Drohnen und Panzer zweier im Krieg befindlicher Gegner, um sich zu bekämpfen. Es gibt keine menschlichen Verluste mehr, weil der Krieg ausschließlich zwischen Maschinen und deren Elektronik ausgetragen wird. KI-gesteuerte Roboter müssen gegen KI-gesteuerte Panzer und Drohnenschwärme antreten. Zwar wird auch dieser Krieg noch Milliarden verschlingen und nur von den mächtigsten Staaten finanzierbar sein. Aber es wird ein Stück weit auch ein virtuelles Kräftemessen von einer KI mit einer anderen. In einem nächsten Schritt kann man sogar die kinetische Dimension der Kriegsführung virtualisieren und das Kräftemessen ausschließlich im Cyberraum austragen. Dann stehen sich irgendwann nur noch Maschine vs. Maschine bzw., noch einen Schritt weiter gedacht, Algorithmus vs. Algorithmus gegenüber.

Das zweite Szenario, das die taktischen Veränderungen im Cyberkrieg veranschaulichen soll, lässt sich am ehesten als Drohnenkrieg beschreiben. Stellen wir uns dazu vor, eine Kriegspartei entscheidet sich dazu, den Gegner mit Drohnen zu attackieren. Welche Möglichkeiten stehen dafür im Moment zu Verfügung? Eine ebenso plumpe wie effektive Lösung besteht darin, Drohnen mit einem Sprengsatz auszustatten und diese auf eine Kamikaze-Mission zu schicken. Sprich: Sie steuert vollautomatisch auf das festgelegte Ziel zu und bringt sich dort zum Absturz. Im Regelfall wird für diesen Zweck nicht nur eine, sondern mehrere Drohnen auf den Weg geschickt. Mit einer modernen Flugabwehr gelingt es meist, einen großen Teil einer solchen Flotte abzuschießen, aber einigen gelingt es doch immer, ihr Ziel zu erreichen. Ein Grund dafür sind die inzwischen ausgefeilten autonomen Flugfähigkeiten, zu denen auch Ausweichmanöver gehören. Da Drohnen, die auf eine Kamikaze-Mission geschickt werden, so oder so nicht mehr zurückkehren, spielen materielle Verluste keine Rolle, solange wenigstens eine ihr Ziel erreicht. Wer seine Kosten senken will oder ohnehin wenig Geld in der Kriegskasse hat, greift zu den günstigen Varianten aus dem Elektronik-Markt. Manch einer würde sich wundern, wie groß der Effekt selbst solcher kleinen Geräte im Zweifel ist. Versetzen wir dieses Szenario aber weiter in die Zukunft. Was passiert, wenn nicht nur eine Seite Drohnen losschickt, sondern beide? Und wie verändert sich die Taktik, wenn nicht nur einzelne Drohnen, sondern ein Drohnenschwarm losgeschickt wird?

Roboter und Drohnen werden das Schlachtfeld der Zukunft bevölkern. Der Krieg wird zum Krieg der Technologie-Unternehmen und des technischen Fortschritts. Allen voran die Schwarmintelligenz, die nach dem Vorbild der Natur gebildet wird, um große Mengen von Geräten mit einem einfachen Set von Regeln zu koordinieren, wird für taktische Vorteile sorgen. Um das Potenzial von Drohnenschwärmen zu erkennen, muss man sich nur an Silvester die technischen Spektakel anschauen. Drohnenshows sind die neuen Feuerwerke in verschiedenen Metropolen dieser Welt. Die massenhafte Freisetzung und Koordinierung von Drohnen dienen jedoch sehr viel mehr als nur einem kurzen Lichtschauspiel. Während ihre Bedienung heute noch zentral erfolgt, nach einem festen Programm, gehört die Zukunft der dezentralen Steuerung. Dabei kann lediglich noch das Ziel einer Aktion definiert werden, während der Drohnenschwarm selbständig den optimalen Weg von

A nach B finden wird. Wenn 500 Drohnen heute dafür ausreichen, um beeindruckende Bilder an den Nachthimmel zu zaubern, brauchen wir nicht so viel Fantasie, um uns vorzustellen, mit welcher Kreativität ein Angriff erfolgen kann. Die einzige Vorgabe lautet dann nur noch: Die Drohnen eines Schwarms dürfen nicht ineinander fliegen. Wer den Flug von Bienen oder Vögeln analysiert oder auch nur beobachtet hat, weiß, mit welcher Vielfalt und Präzision, aber auch mit welcher Macht vergleichbare Wesen in der Natur agieren. Die Schönheit, die wir dem Vogelflug abgewinnen können, verwandelt sich schnell in den blanken Horror, wenn ein Schwarm von Mini-Drohnen, die mit Kleinstmengen an Plastiksprengstoff ausgestattet sind, nach und nach und in rasender Geschwindigkeit aus einem Schwarm heraus dasselbe Ziel angreifen. Es muss aber nicht gleich das Himmelfahrtskommando sein. Auch im Bereich der Luftaufklärung können Drohnenschwärme schon bald einen Detailgrad an Informationen liefern, der wieder bezogen auf die Taktik, einen Unterschied wortwörtlich zwischen Tag und Nacht macht. Jeder, der bereits Erfahrung mit den technischen Fähigkeiten von Drohnen gemacht hat, die sich mittlerweile auf Ebay oder Alibaba bestellen lassen, hat eine leise Vorahnung dessen, was im militärischen Bereich schon bald zum Standard gehören wird. Mimikry, also die Nachahmung der Natur, oder kurz: Tarnung, wird hier den ultimativen Vorteil verschaffen. Drohnen, die so aussehen und sich so verhalten wie Libellen, Vögel oder Bienen, können sich untereinander verständigen und Gebiete auskundschaften, ohne dass jemand etwas bemerkt. Man möchte sich gar nicht vorstellen, was erst passiert, wenn Drohnen oder Roboter mit KI-Fähigkeiten oder autonomen Waffensystemen wie den LAWS ausgestattet werden. Schon heute müssen sich die Militärs aller Länder dringend mit der Frage beschäftigen, wie man sich in solchen Szenarien einen taktischen Vorteil verschaffen kann bzw. was man gegen solche Waffensysteme tun kann.

Im Cyberkrieg, der solche Ausformungen angenommen hat, hilft es eigentlich nur noch, den Gegner in Echtzeit zu hacken, um die Drohnen zum Absturz zu bringen oder um die Kontrolle der Drohnenschwärme zu übernehmen und sie schnurstracks zurückzuschicken, wo sie hergekommen sind. Freilich sind wir heute noch nicht so weit. Im Moment hilft nur brachiale Gewalt. Zur Not werden Drohnen mit der Keule oder mit klassischen Waffen vom Himmel geholt. In Zukunft zählt aber nur noch die Kombination aus Schnelligkeit und Geschicklichkeit. Wer am schnellsten hackt, gewinnt auf dem Schlachtfeld. Das ist dann die Realität des echten Cyberkrieges. Von Szenarien wie diesen muss man im Grunde genommen ausgehen, wenn man heute die Aufgabe der Aufstellung einer Cyberarmee angeht.

Ein Markt für Schwachstellen

Kein System ist zu einhundert Prozent sicher. Jede Software und jede Hardware hat Sicherheitslücken. Jeder, der eine solche Schwachstelle kennt, kann sie ausnutzen. Sie können das entscheidende Einfallstor sein, über das ein Angriff erfolgt. Unternehmen kennen dieses Risiko und sind darum bemüht, alle Sicherheitslücken schnellstmöglich im Rahmen von Softwarepatches oder Updates zu schließen. Ein Betriebssystem wie Windows oder eine Software-Suite wie Microsoft Office, die von Millionen von Menschen jeden Tag genutzt werden, sollten sicher sein. Eine Sicherheitslücke verspricht nicht nur einen erfolgreichen Angriff, sondern auch eine enorme Reichweite und entsprechend größtmöglichen Schaden. Das wissen Unternehmen ebenso wie Regierungen und verschiedene Interessenverbände und veranstalten aus diesem Grund sogenannte Bug-Bounty-Programme, also „Softwarefehler-Kopfgeld-Programme". Dabei werden Prämien ausgeschrieben, die für jeden Fehler (im Englischen „bug" bezeichnet) und jede Sicherheitslücke gezahlt werden, die von den Teilnehmern im Code gefunden werden. Solche Bug-Bounty-Programme sind die Gegenmaßnahme von Herstellern auf das sogenannte „stockpiling", also das Anlegen eines Vorrats von Sicherheitslücken. Genau das machen nämlich Akteure wie beispielsweise Hackergruppen im Darknet, die gezielt und systematisch nach Wegen für zukünftige Angriffe suchen. Selbstredend werden solche Sicherheitslücken von ihnen geheim gehalten, um den Überraschungseffekt für den Angriff auszunutzen. Darum wird bei dieser Art von Cyberattacken auch von „Zero-Day-Exploit" gesprochen. Denn bei einem Angriff, der eine solche Schwachstelle ausnutzt, haben Software-Hersteller bzw. deren Entwickler genau null Tage Zeit, um den Fehler zu beheben und Schaden abzuwenden. Angesichts dieser Drohung ist es nicht verwunderlich, welchen Wert solche unerkannten Sicherheitslücken haben. Unternehmen wie Microsoft ist das Aufdecken eines neuartigen Fehlers zwischen 10.000 Dollar im Fall von Office-Programmen und 100.000 Dollar beim Betriebssystem Windows wert. Zerodium, ein Unternehmen, das sich auf Zero-Day-Exploits spezialisiert hat, zahlt sogar Bounty-Summen bis zu 2,5 Mio. Dollar. Nicht immer muss gleich der Cyberkrieg als Drohkulisse dienen. Der Bereich der organisierten Kriminalität reicht schon aus, um die Motivation hinter solchen Programmen verständlich zu machen. Der wirtschaftliche Schaden, der mit einer Zero-Day-Attacke angerichtet werden kann, ist enorm. Nicht alle Unternehmen und Organisationen, die betroffen sind, machen es öffentlich, darum sind wir auf Schätzungen angewiesen. Aber demnach liegt der jährliche Schaden, der durch Cyberkriminalität weltweit verursacht wird, in der Größenregion von hunderten Millionen Dollar. Trotz dieser vergleichsweise hohen Beträge vonseiten der Hersteller kann mit diesem Wissen im Darknet teilweise deutlich mehr verdient werden. Auch Staaten oder Geheimdienste zahlen ebenfalls sehr viel mehr als die Hersteller. Hier kommt die Gier wieder ins Spiel und setzt eine ganz eigene Marktdynamik in Gang.

Wir leben in einer kapitalistischen Welt und angesichts solcher Summen kann es nicht verwundern, dass ein Markt für solche Sicherheitslücken entstanden ist. Nicht nur Hersteller zahlen viel Geld für Schwachstellen in Programmen. Im Darknet sind Handelsplattformen entstanden, über die Zero-Day-Sicherheitslücken einfach per Mausklick gekauft werden können. Dadurch können wiederum kleinere Staaten, organisierte Gruppen oder auch Einzelpersonen, denen vielleicht selbst die Ressourcen und die Fähigkeiten fehlen, um große Angriffe zu organisieren, gewaltigen Schaden anrichten. Eine legitime Art, um an die Schwachstellen zu kommen, sind die oben erwähnten Bug-Bounty-Programme. Hier wird, in Abgrenzung zum Schwarzmarkt bzw. dem Darknet, darum auch vom „weißen Markt" gesprochen. Der Schwarzmarkt für Schwachstellen und andere illegale Güter und Dienstleistungen ist gigantisch. Es ist überflüssig zu erwähnen, dass es hier keine offiziellen Erhebungen und Statistiken gibt und weiterhin geben wird. Aber Schätzungen zufolge werden hier jedes Jahr mehrere Milliarden Dollar umgesetzt, sodass dieser Schwarzmarkt das Umsatzvolumen des weltweiten Waffen-, Drogen- und Menschenhandels (geschätzt: 500 Mrd. US$) übersteigt. Auf dem Schwarzmarkt für Cyberkriminalität wird natürlich weit mehr verkauft als nur Zero-Day-Lücken. Ebenso zum Sortiment gehörten Botnetze (automatisierte, im Netzwerk-Verbund arbeitende Schadprogramme), gestohlene Kreditkarteninformationen und Identitäten, Hackerdienstleistungen sowie Exploit-Kits, mit denen die eingekauften Schwachstellen direkt ausgenutzt werden können.

Den Markt für Zero-Days zu verstehen, ist wichtig für das Verständnis der Bedrohungslage im Cyberraum insgesamt. Denn zu den Schwarzmarkt-Kunden gehören nicht nur der klischeehafte Hacker und der Cyberkriminelle, sondern auch Regierungen, Geheimdienste und Unternehmen. Der Austausch zwischen den Geschäftspartnern ist natürlich von höchster Diskretion und Verschwiegenheit geprägt und erfolgt ausschließlich über verschlüsselte Kanäle. Dass hier gerade die Zero-Day-Lücken so im Fokus stehen, ist ebenfalls kein Zufall. Sie gehören mit zu den teuersten digitalen Gütern, die auf dem Schwarzmarkt für Cyberkriminalität gekauft werden können. Der Grund: Mithilfe dieser Schwachstellen kann nicht nur effektiv eine große Menge von Menschen bzw. Systemen angegriffen werden. Vielmehr stellen sie eine Möglichkeit dar, einen Angriff mit extremer Präzision durchzuführen. In der Presse wurde vor einigen Jahren beispielsweise eine Schwachstelle bekannt, die eindrücklich demonstrierte, welches Potenzial darin steckt. Es handelte sich um eine Zero-Day-Lücke von iPhones, mit der es möglich war, durch das einfache Versenden bzw. den Empfang einer SMS die Kontrolle über das gesamte Telefon zu übernehmen. Eine Aktion auf der Seite des Nutzers war dabei nicht nötig. Diese Schwachstelle mit der Bezeichnung CVE-2016-4657 war ein wesentlicher Bestandteil der Spyware namens

Pegasus, die von einem israelischen Unternehmen entwickelt und an mehrere Staaten verkauft wurde, um beispielsweise potenzielle Terroristen, aber auch Journalisten und Politiker abzuhören und zu überwachen. Laut den Veröffentlichungen des Recherche-Netzwerks „Pegasus Project", das die Zusammenhänge rund um die Spyware aufklärte, wurde die Software beispielsweise rund um den Mord am Journalisten Jamal Khashoggi verwendet. Auch europäische Staaten wie Ungarn setzten angeblich auf Pegasus, um investigative Journalisten zu überwachen. Das Pegasus Project wertete auch eine Liste von 50.000 Telefonnummern aus, die ursprünglich den Organisationen *Amnesty International* und *Forbidden Stories* zugespielt wurde. Darunter fanden sich zahlreiche berühmte Persönlichkeiten. Zu den Staats- und Regierungschefs, die während ihrer jeweiligen Amtszeit ausgespäht wurden, zählen unter anderem der Präsident Frankreichs, Emmanuel Macron, der Premierminister Ägyptens, Mustafa Madbuli, der Präsident der Republik Südafrikas, Cyril Ramaphosa, sowie der Präsident des Europäischen Rates, Charles Michel. Kurz nach offiziellem Bekanntwerden der Sicherheitslücke im mobilen Betriebssystem iOS schloss Apple sie im Rahmen eines Updates. Sicherheitslücken wie diese werden für Millionenbeträge verkauft, gerade weil sie zu den effektivsten digitalen Waffen umfunktioniert werden können. Die hohen Preise zeigen natürlich auch an, wie selten sie sind. Nicht zuletzt wird dadurch aber auch deutlich, dass eines der größten Probleme der Cybersicherheit die Logik des Kapitalismus angenommen hat und zu einem Markt geworden ist. Zu dieser Diskussion gehört auch, dass Hersteller von Software und Elektronik, anders als beispielsweise Autohersteller, nicht für ihre Produkte sowie deren Sicherheit haften.

Cybersicherheit in der digital vernetzten Welt

Mit der steigenden Digitalisierung des Alltags steigt auch das Cyberrisiko und die Anzahl von Sicherheitslücken. Auch hier müssen wir zunächst die beiden Ebenen Software und Hardware betrachten. Auf einer ganz basalen Ebene sind Sicherheitslücken Fehler im Code, also Ungenauigkeiten beim Programmieren, die einen Missbrauch von Funktionen zulassen. Um hier eine Vorstellung zu bekommen: Nach derzeitigen Schätzungen befinden sich in 1000 Zeilen Code etwa 10 Fehler. Dabei muss nicht jeder dieser Fehler gleich eine Sicherheitslücke sein. Moderne Programme wie beispielsweise Internet-Browser kommen auf gut und gerne 20–30 Mio. Zeilen Programmcode. Ein MacOS-Betriebssystem von Apple umfasst weit mehr als 86 Mio. Zeilen Code. Diese Zahlen sollen hier genügen, um zu demonstrieren, welcher Aufwand betrieben werden muss, um Sicherheitslücken zu finden. Übrigens sind mehr Code-Zeilen nicht zwangsläufig gleichbedeutend mit besseren Programmen. Ganz im Gegenteil: Dadurch steigt Potenzial, dass sich darin noch mehr Sicherheitslücken finden lassen. Zum Vergleich: Das Space Shuttle, mit dem die NASA mehrere Astronauten und viele Tonnen Material in die Erdumlaufbahn gebracht hat, brauchte dafür nicht mehr als 400.000 Zeilen Code, und deren Computer hatten die Leistung von heutigen Taschenrechnern.

Die Funktionsweise des Markts im Bereich der Consumer-Elektronik hat ebenfalls Einfluss auf die Cybersicherheit. Seit dem Erscheinen des ersten iPhones erwarten die Fans spätestens nach einem Jahr ein völlig neues Modell mit vollständig neuem Betriebssystem, Funktionen und Geschwindigkeiten. Dieser Rhythmus wurde von zahlreichen anderen Herstellern übernommen und zum Teil sogar übertroffen. Mit der steigenden Veröffentlichungsrate von neuen Geräten und der Anzahl von Code-Zeilen im Hinterkopf muss jedem klar sein: Eine fehlerfreie Software kann es nicht geben. Denken wir nun auch noch an die immer höher werdende Zahl von Geräten, die miteinander vernetzt sind, dann steigt nicht nur die Komplexität, sondern auch die Zahl von möglichen Angriffspunkten. Ein immer wieder gern herangezogenes Beispiel ist das Smart Home. In der Tat genügt es schon, wenn auf der vernetzten Glühbirne das WLAN-Passwort ungeschützt hinterlegt ist, um sich Zugang zu einem Netzwerk zu verschaffen. Dazu muss gesagt werden, dass ein Smart Home allein – abgesehen von den Gefahren, die sich für den Einzelnen daraus ergeben – noch kein allgemeines Sicherheitsrisiko darstellt. Eine Stadt, in der ein Drittel oder die Hälfte der Haushalte aus Smart Homes besteht, könnte aber schon zu einem kollektiven Problem werden, da es sich um ein interessantes und lukratives Angriffsziel handelt.

Die Verwundbarkeit von Staaten steigt also durch die fortschreitende Vernetzung der Bürger bzw. von Privathaushalten und weiteren Geräten. Aus dieser Verknüpfung leiten sich weitreichende Erwägungen und ganz konkrete Maßnahmen ab, denen sich Regierungen stellen müssen. Ist es beispielsweise im Interesse der nationalen Sicherheit, alle auf dem Schwarzmarkt im Darknet angebotenen Zero-Day-Schwachstellen aufzukaufen? Oder sollte ein Gesetz erlassen werden, das Hersteller dazu verpflichtet, solche Sicherheitslücken zu kaufen und mit einem Software-Patch zu beheben oder im Schadensfall Verantwortung zu übernehmen? Längst gibt es auf staatlicher Ebene ein Bewusstsein für die mit Sicherheitslücken verbundenen Gefahren und Risiken.

In den USA gibt es seit 2008 auf Bundesebene einen spezifischen Review-Prozess („Vulnerabilities Equities Process", kurz: VEP), bei dem Fall für Fall analysiert und bewertet wird, wie mit einer Zero-Day-Schwachstelle umgegangen wird. Handelt es sich um eine Sicherheitslücke, die für einen Angriff genutzt werden kann, stehen am Ende des Prozesses zwei Optionen zur Verfügung: Entweder man hält die Erkenntnis über eine Schwachstelle geheim, um sie gegebenenfalls selbst benutzen zu können. Oder man teilt sie dem Hersteller mit, damit dieser sie schließen kann. Dass zahlreiche Institutionen der US-Regierung den VEP nutzen, wurde erst 2016 durch eine Anfrage im Rahmen des Freedom-of-Information-Acts, dem Gesetz zur Informationsfreiheit, bekannt. Ein Jahr später veröffentlichte die US-Regierung ganz offiziell die Pläne rund um den VEP. Wiederum ein Jahr später begann im Herbst 2018 auch die deutsche Bundesregierung sich mit dem Thema zu befassen und einen eigenen VEP-Prozess zu etablieren.

Zwar war es ein richtiger Schritt, das Thema Cybersicherheit zum Teil der politischen Agenda zu machen. Aber darin drückt sich ein anderes, viel weitreichenderes Problem aus. Der Umgang mit Schwachstellen wie den Zero-Day-Sicherheitslücken oder anderen Cyberrisiken wird als nationale Aufgabe verstanden. Dabei handelt es sich um eine globale Bedrohung. Wir alle nutzen Technologien aus den USA, China oder Japan. Wenn nun jede Regierung dieser Welt versucht, auf eine eigene, landesspezifische Art und Weise mit diesen Bedrohungen umzugehen, wird das dahinterliegende, strukturelle Problem nicht gelöst. Natürlich stehen hier mehrere Interessen gegeneinander, die den Handlungsspielraum eingrenzen: der Schutz der eigenen Bevölkerung, internationale Sicherheitserwägungen, das Geheimhalten eigener militärischer Fähigkeiten sowie wirtschaftliche Interessen.

Zero-Day-Schwachstellen werden auch für geheimdienstliche Aktivitäten wie etwa Spionageoperationen
oder digitale Überwachung genutzt, weil aus bekannten
Gründen hierfür noch keine Abwehrmöglichkeit bzw.
Lösung erstellt wurde. Das heißt, dass Nachrichtendienste, das Militär oder auch Strafverfolgungsbehörden,
die selbst von den Sicherheitslücken profitieren oder diese
offensiv einsetzen wollen, sogar ein genuines Interesse
daran haben, diese offenzuhalten. Darum wird derzeit
im Bereich der Cybersicherheit ein gefährliches Spiel
gespielt. Sowohl böswillige Akteure wie Hackergruppen
oder Cyberkriminelle als auch Regierungen und ihre
Institutionen erforschen und sammeln Sicherheitslücken,
halten Informationen darüber aber geheim. Denn ein und
dieselbe Lücke kann also sowohl zur Verteidigung als auch
zum Angriff bzw. zur Überwachung des Gegners genutzt
werden. Solange hier kein Umdenken stattfindet, wird sich
auch an der Gesamtsituation und der Gefahrenlage im
Cyber- und Informationsraum nichts ändern. Im Gegenteil: Durch die Verbreitung von billiger Elektronik mit
geringeren Sicherheitsstandards und der zunehmenden
Vernetzung steigt das globale Cybersicherheitsrisiko.

Ein Wettlauf mit der Zeit

Zero-Day-Lücken haben eine Halbwertszeit. Mehrere
Studien haben sich damit befasst, ihre genaue Lebensdauer herauszufinden. Die Datengrundlage und auch
die Ergebnisse solcher Untersuchungen sind angesichts
der vergleichsweise undurchsichtigen Gesamtsituation
nur eine grobe Annäherung an die Realität. Da aber die
Sicherheitslücken eine hohe taktische Relevanz haben,
ist es wichtig, sich mit dieser Frage auseinanderzusetzen. Denn der taktische Wert einer Schwachstelle, die

bekanntlich nutzlos wird, sobald sie von der Gegenseite oder dem Hersteller erkannt wurde, steht und fällt mit ihrer Lebensdauer. Ein gewisser Teil der Sicherheitslücken, etwa ein Viertel davon, wird relativ schnell entdeckt und geschlossen. Manche von ihnen, etwa ein weiteres Viertel, können aber bis zu zehn Jahre überleben und genutzt werden.

Der Faktor Zeit spielt aber auch beim Beheben von Sicherheitslücken eine Rolle. Der Name „Zero-Day" besagt zwar, dass Entwickler null Tage Zeit haben, damit ist aber noch nichts darüber gesagt, wie lange sie tatsächlich brauchen, um eine Lösung zu finden und an alle Nutzer auszuspielen. Dasselbe gilt im Übrigen für die andere Seite: Auch diejenigen, die die Lücken entdecken und diese zu ihrem Zweck ausnutzen wollen, brauchen meist ein paar Wochen bis zu einem Monat, bevor sie ein Exploit-Tool programmiert, getestet und zum Einsatz bereit haben. Ganz ähnlich sieht es mit der Patch-Entwicklung aus. Auch dessen Fertigstellung kann gut und gerne bis zu zwei Monate in Anspruch nehmen. Die benötigte Zeit hängt natürlich sehr stark von der Art der Sicherheitslücke ab. In den meisten Fällen geht es sehr viel schneller, bis ein Patch entwickelt ist, da es sich bei einem Großteil der Schwachstellen in Programmcodes um eher kleinere Fehler handelt. Häufig genügt schon ein Tag, um eine Lücke zu schließen. Bei Sicherheitslücken in Betriebssystemen oder anderen Programmen kommt auch noch hinzu, dass alle Nutzer – von der Einzelperson bis hin zum Konzern mit tausenden Mitarbeitern oder computergestützten Fertigungshallen – ein Update bzw. die Installation des Sicherheits-Patches durchführen müssen. Auch dies kann zu einer Verzögerung führen, die von Angreifern ausgenutzt werden kann. Im Durchschnitt führen all diese Zusammenhänge und Komplikationen dazu, dass ein Zeitfenster von ungefähr 200 Tagen bis hin zu wenigen Jahren zur Verfügung steht, um eine gravierende Sicherheitslücke zu nutzen.

Kann sich ein Staat gegen den Cyberkrieg schützen?

Cybersicherheit und -abwehr ist sowohl eine staatliche Aufgabe als auch eine individuelle, eher technische Angelegenheit. Ein Beispiel für letzteres ist der sogenannte „Kill Switch". Dabei handelt es sich um eine Sicherheitsvorkehrung, beispielsweise für militärisch genutzte Laptops. Damit diese nicht in falsche Hände geraten können, bzw. diese keinen Schaden damit anrichten können, verfügen diese in der Regel über eine ganz bestimmte Tastenkombination, die innerhalb eines gewissen, vorab definierten Zeitraum gedrückt werden muss. Erfolgt diese Eingabe einmal nicht, führt dies zum sofortigen Löschen der gesamten Festplatte. Mit Vorkehrungen wie diesen soll sichergestellt werden, dass bestimmte Informationen nie in falsche Hände geraten können. Eine Alternative dazu ist das sogenannte „Geofencing". Dabei wird mithilfe von geografischen Koordinaten ein begrenzter Raum definiert, innerhalb dessen ein Gerät funktioniert oder auf die Daten zugegriffen werden kann, die darauf gespeichert sind. Versucht jemand, das Gerät zu stehlen und es an einem sicheren Ort zu hacken und für die eigenen Zwecke zu verwenden, werden entweder ebenfalls alle Daten gelöscht oder ein Zugriff verweigert. Übrigens werden diese beiden Techniken auch in der Hackerszene verwendet, um im Fall eines polizeilichen oder anderweitigen Zugriffs die Beweislage zu erschweren.

Angesichts der oben gezeichneten Szenarien vom Cyberkrieg der Zukunft machen sich aber Staaten verstärkt Gedanken über geeignete Schutzmaßnahmen zur Verteidigung und Abwehr von groß angelegten Cyberattacken und -angriffen. Natürlich ist kein Land dazu in der Lage, alle Bedrohungen aus dem Cyberraum vollständig zu stoppen. Heute funktioniert dies ähnlich wie bei der Abwehr von geplanten Terrorangriffen. Um potenzielle Täter rechtzeitig ausfindig zu machen, müssen die Nachrichtendienste, Staatsanwaltschaften und Sondereinheiten jedoch mit entsprechenden Methoden vorgehen, die sie immer wieder in die Situation bringen, zwischen den Rechten des Einzelnen und dem Schutz der Allgemeinheit abzuwägen. Bei einem Cyberangriff auf einen Staat handelt es sich um einen vergleichbaren aggressiven Akt, der sich meistens gegen zivile Einrichtungen oder Menschen richtet. Für Regierungen ist es nicht einfach, diese zu schützen, ohne gleichzeitig an die Grenzen des Daten- und Informationsschutzes zu gelangen.

Bei der Diskussion rund um die digitalen Verteidigungsmittel brachte Isaac Ben-Israel von der Universität Tel Aviv schon öfter das Konzept eines „Cyber Domes" zur Sprache. Dabei handelt es sich um das digitale Äquivalent zum Iron Dome, einem mobilen bodengestützten Abwehrsystem, das Städte wie Tel Aviv und andere bewohnte Gebiete in Israel vor dem Beschuss durch Raketen schützen soll. Das System gilt als äußerst effektiv und darum ist der Wunsch verständlich, es in die Cyberwelt zu übertragen. Allerdings lässt sich ein solches Konzept nicht eins zu eins in die digitale Welt übersetzen. Denn zur Wahrheit von Online-Abwehrsystemen gehört auch: Zu viel Sicherheit im Netz durch den Staat bringt Einschränkungen mit sich. Ein System, das eine vergleichbare Durchschlagskraft wie der Iron Dome hätte, wäre so invasiv, dass sich jeder einzelne Bürger in seiner

Privatsphäre angegriffen fühlen würde. Wie die Gleichung aus Cybersicherheit und Privatsphäre gelöst werden kann, ist bis heute nicht klar und vielleicht wird der Kampf um beides uns noch sehr lange begleiten.

Ein Blick in die Literatur kann hier aufschlussreich sein, was das konkret bedeutet. Erinnern wir uns dazu noch einmal an George Orwell *1984* zurück. Vieles, was damals als Fiktion ersonnen wurde, ist heute schon Realität. In Städten wie Peking, aber auch London gehört die Überwachung des öffentlichen Raums zur Realität. Auf jeden Einwohner kommen dort zwischen 60 und 70 Kameras. Allerdings ist diese Form der Beobachtung nur ein kleiner Aspekt dessen, was an „Sicherheitstechnik" zum Einsatz kommen kann. Hinzu kommt die Auswertung von Bewegungsdaten, Kreditkarten- und Payment-Daten oder Suchmaschinenanfragen. Mithilfe von biometrischen Analyse-Tools kann darüber hinaus, ohne das Wissen und das Einverständnis der Menschen, ein ziemlich exaktes Bild erstellt werden, wer genau sich wo aufhält. Wer glaubt, dass das Erheben dieser Daten unproblematisch sei, muss nur in die Länder schauen, die bereits einen Schritt weiter getan haben. Wenn es ein Wissen über das Verhalten von Menschen gibt, kann dieses dazu eingesetzt werden, sie nicht nur zu überwachen, sondern sie auch zu kontrollieren. Beispielsweise kann gutes, gesetzeskonformes Verhalten im Rahmen eines Punktesystems belohnt werden. Wer sich besonders anstrengt, erhält einen hohen Social Credit Score und damit verbundene Privilegien wie den Zugang zu bestimmten Räumen, die Möglichkeit, ohne das Hinterlegen von Pfand Fahrräder oder Autos zu leihen, Vergünstigungen im ÖPNV oder Steuererleichterungen. Allein das Bewusstsein, dass die eigene Kommunikation erfasst und ausgewertet wird, hat direkten Einfluss darauf, wie wir uns äußern. Auch hier können wir uns fragen, was uns die Geschichte lehrt, wie

Menschen auf solche Machtverhältnisse reagieren. Das nächste Kapitel befasst sich darum eingehend damit, wie beispielsweise das Tarnen und Täuschen auch ein Ausweg für den Einzelnen darstellen kann.

Abschließend möchte ich hier aber ein weiteres Mal eine Lanze für die Beschäftigung mit der Vergangenheit und dem Lernen aus der Geschichte brechen. Dies ist nicht nur ein Leitmotiv dieses Buchs – auch die Forensik ist auf dieses Vorgehen angewiesen und leistet damit ebenfalls einen wesentlichen Beitrag zur Verteidigung. Wenn es um das Aufdecken von Akteuren und die Benennung der Urheber eines Cyberangriffs geht, geschieht dies in der Regel in zwei Schritten. Im ersten Schritt wird eine technische Forensik durchgeführt, auch IT-Forensik genannt. Dabei werden alle Spuren untersucht und gesichert, die Angreifer in den betroffenen Computern und Systemen hinterlassen haben. Hier werden technische Artefakte und Indizien gesammelt, die Hinweise auf die Angreifer liefern könnten. Der zweite Schritt ist durch Forensik der Historie gekennzeichnet. Auch wenn Angreifer die Muster anderer imitieren, um durch Täuschung den Verdacht auf andere zu lenken, so zeigt sich doch, dass auch Hacker Menschen sind. Jeder Mensch verhält sich bewusst oder unbewusst auf eine für ihn ganz eigene Art und Weise. Die wissenschaftliche Beschäftigung mit vergangenen Cyberangriffen dient demnach auch dem Schutz vor zukünftigen Angriffen.

8

Überleben im Cyberraum: Strategien für jeden Einzelnen

Wenn man bedenkt, wie sich die Dinge seit etwa 1930 entwickelt haben, fällt es einem schwer, an das Überleben der Zivilisation zu glauben.

George Orwell

Das hier ist eine verdammt harte Galaxis. Wenn man hier überleben will, muss man immer wissen, wo sein Handtuch ist!

Douglas Adams

Dieses Buch ist mit *Die Kunst des Cyberkrieges* betitelt. Wie wir bei Sun Tzu gelernt haben, handelt es sich bei der Kriegskunst tatsächlich auch um ganz konkrete Anweisungen, Handlungsempfehlungen und strategische sowie taktische Überlegungen. Man könnte demnach auch erwarten, dass hier einige handfeste Hinweise zu finden sind, wie man sich im Cyberkrieg im Idealfall verhalten sollte. Einerseits handelt es sich bei diesem Buch um keinen Ratgeber, andererseits hält jedoch die Geschichte

© Der/die Autor(en), exklusiv lizenziert an Springer Fachmedien Wiesbaden GmbH, ein Teil von Springer Nature 2023
P. Kestner, *Die Kunst des Cyberkrieges*,
https://doi.org/10.1007/978-3-658-40058-3_8

einiges an Einsichten und Lektionen bereit, was sich als eine Art „To-do" für Friedenszeiten verstehen lässt. Stellen wir uns also der Frage: Was braucht man heute zum Überleben im Cyberraum? Auch hier kann uns die Geschichte, aber auch die Literatur mit einschlägigem Material versorgen, an dem wir lernen können. Bis hierher wurde bereits viel von historischen Kriegen, berühmten Schlachten und anderen militärischen Auseinandersetzungen gesagt und geschrieben. Doch soll dieses Buch mehr sein als ein Buch über Militär, Armeen oder Kriege. Denn der Cyberkrieg ist ja gerade etwas, das die Grenzen aller bisherigen Formen des Krieges sprengt, Gesetzmäßigkeiten neu definiert und auch auf einer individuellen Ebene Folgen nach sich ziehen kann. Der Cyberkrieg betrifft alle Menschen gleichermaßen und darum müssen wir uns auch auf einer ganz persönlichen Ebene damit auseinandersetzen. Wenn das, was weiter oben über den neuen Krieg und die hybride Cyberkriegsführung gesagt wurde, tatsächlich stimmt, dann muss sich auch jeder Einzelne fragen, was diese Entwicklung für ihn bedeutet. Denn bei einem Cyberangriff kann die Bevölkerung in Chaos versetzt werden. Kritische Infrastrukturen können ausfallen, es kann Stromausfälle geben, die Lieferketten zusammenbrechen oder das Benzin ausgehen. Wer sich hier ein genaues Bild machen möchte, wie die Folgen eines solchen Szenarios aussehen könnten, dem sei die Lektüre des Romans *Blackout* (2012) von Marc Elsberg empfohlen, auf den ich etwas später noch zurückkommen werde. Gerade die Beschäftigung mit solchen Geschichten und die Auseinandersetzung mit den historiografischen Details kann eine enorme Hilfestellung bieten.

Das „Byzantinische Problem", der menschliche Faktor und eine Warnung

Genau das zeigt sich beispielsweise am „Byzantinischen Problem" oder „Byzantinischen Fehler". Dabei handelt es sich ein Phänomen, das in der Informationstechnik beschrieben wird. Mit dem Begriff wird ein bestimmtes Fehlermuster beschrieben, bei dem gleich mehrere Punkte (z. B. Prozessoren in einem komplexen System oder Netzwerk) Fehler verursachen. Auch wenn es sich um ein faszinierendes Gebiet handelt, möchte ich hier nicht so sehr in die technischen Details einsteigen, denn das eigentlich Interessante ist etwas anderes. Wenn man im Bereich der Informationstechnik vom Byzantinischen Problem hört, wird meist kurz darauf verwiesen, dass der Begriff seinen Ursprung in der Geschichte hat und etwas mit Generälen zu tun hat – aber in den seltensten Fällen wird der genaue Hergang der Ereignisse erzählt, sondern lediglich kurz angerissen, um zur technischen Beschreibung überzugehen, warum komplexe Informationssysteme versagen können. Der historische Hintergrund ist die Eroberung von Konstantinopel, die fast gescheitert wäre. Wir schreiben das Jahr 1453. Konstantinopel (das heutige Istanbul) ist die Hauptstadt des Oströmischen Reiches (auch: Ostrom, Byzantinisches Reich, oder kurz: Byzanz genannt). Zu diesem Moment bestand das byzantinische Reich fast tausend Jahre. Wie es für untergehende Imperien typisch ist, war Byzanz bereits von einer Dekadenz und einer Niedergangsstimmung geprägt. Im Osten des Landes fielen große Gebiete an die türkischen Seldschuken und im Westen Europas breitete sich die katholische Kirche aus. Gleichzeitig strebte das osmanische Reich seit dem 13. Jahrhundert auf und expandierte nach Kleinasien, Europa und von Türken beherrschte Gebiete. Auch Konstantinopel wurde in diesem Zuge bereits mehrfach erfolglos belagert. Die Stadt war nicht nur deswegen von Bedeutung, weil sie die Hauptstadt des Byzantinischen Reiches war. Sie stand auch für Reichtum und Macht. Denn die geografische Lage von Konstantinopel machte sie über viele Jahrhunderte zu einer enorm wohlhabenden Handelsstadt. Das liegt an ihrer optimalen Lage: Sie liegt direkt am Bosporus, der Meerenge, die das Mittelmeer mit dem Schwarzen Meer verbindet und damit die wichtigste Handelsverbindung zwischen Europa und Asien darstellt. Es ging also um viel, und entsprechend verzweifelt versuchte Kaiser Konstantin XI. seine Stadt zu verteidigen und Hilfe zu organisieren. Am Ende war er so verzweifelt, dass er sogar bereit war, die orthodoxe oströmische Kirche im Rahmen der Kirchenunion unter Führung des katholischen Papstes zusammenzuführen.

Der Moment, Konstantinopel anzugreifen, war also mehr als günstig. Und so befahl Sultan Mehmet II. den Aufmarsch der osmanischen Armee, die je nach Quelle zwischen 50.000 und 400.000 Mann stark war. Trotz aller Bemühungen standen zur Verteidigung von Konstantinopel jedoch nur 10.000 Mann zur Verfügung, was Kaiser Konstantin XI. jedoch geheim hielt. Zudem wusste er, dass die Stadt über eine der damals besten Verteidigungsanlagen überhaupt verfügte. Dazu gehörten insgesamt mehr als 20 km Stadtmauern, die an kritischen Stellen in mehreren aufeinanderfolgenden Mauerreihen angeordnet waren und über 20 m breite Gräben verfügte. Hinzu kamen hohe Verteidigungstürme. Allerdings reichten die 10.000 Mann nicht aus, um alle Verteidigungsanlagen ausreichend zu bestücken. Zunächst versuchten die Osmanen die Stadt zu belagern

und an einzelnen kritischen Stellen – etwa vom Wasser
aus, wo es nur eine einzelne Mauer zur Verteidigung
gab – anzugreifen. In den ersten Wochen starteten die
Osmanen mehrere Sturmangriffe, konnten dabei ihre
Überzahl nicht nutzen. Zum Teil erlitten die Angreifer
dabei schwere Verluste. Darum änderte sich die Taktik,
die nun lautete, von allen Seiten gleichzeitig anzugreifen.
Der Legende nach entbrannte ein Wettstreit unter den
osmanischen Generälen. Nach einer so langen Belagerung
wollte jeder der Erste sein, dem es gelingt, die Stadt einzunehmen und als großer General in die Geschichte ein-
zugehen. Als es um die konkrete Vorbereitung des finalen
Angriffs ging, mussten sich die Generäle aber auch untereinander absprechen, damit ein koordiniertes Vorgehen
gewährleistet war. Da sich alle siegessicher waren, gingen
sie nach und nach das Risiko ein, bei der Weitergabe der
Informationen an den jeweils anderen, eine kleine Ver-
fälschung vorzunehmen. Anstatt die geplante Uhrzeit
(etwa 5 Uhr morgens) weiterzugeben, unterschlägt der
erste General eine Viertelstunde, um sich selbst einen Vorteil zu verschaffen. Solche Effekte können sich dann auf-
summieren und zu einem völlig unkoordinierten Verhalten
führen. Wenn in der Informatik vom byzantinischen
Problem gesprochen wird, geht es in der Regel um dieses
Prinzip der Konsensbildung innerhalb komplexer Systeme.
Der menschliche Faktor, der ebenfalls in dieser Geschichte
miterzählt wird, also das Element des Ruhmes, den jeder
General für sich sichern will, wird allerdings meist unter-
schlagen. Dabei liegt genau darin oft ein Schlüssel zum
Verständnis von komplexen Netzwerken. Denn hinter den
Computern und Netzwerkpunkten sitzt immer auch ein
menschliches Wesen, das es ebenso zu verstehen gilt wie
das technische System und seine Funktionsweise.

Wie sich die Eroberung von Konstantinopel en détail
vollzog, beschreiben die Quellen leider nicht. Man kann

aber ohnehin davon ausgehen, dass hier ein gehöriges Maß an Mythenbildung mit im Spiel war. Erzählungen wie diese sollte man darum mit Vorsicht genießen. So oder so wird mit dem byzantinischen Problem bis heute demonstriert, dass selbst eine scheinbare Überlegenheit den menschlichen Faktor nicht ausschaltet. Ebenfalls unabhängig vom Wahrheitsgehalt ist die Tatsache interessant, dass gerade diese historische Episode ihren Weg bis in die Informatik gefunden hat. Auch das zeigt die Macht von Geschichte bzw. Geschichten, denn die Konsensfindung ohne Beteiligung eines Dritten galt lange Zeit als ein unlösbares Problem – ebenso wie Konstantinopel als uneinnehmbare Stadt galt. Heute ist das byzantinische Problem bzw. dessen Lösung zu einem Standard der Finanzindustrie geworden.

Sei ein Spartaner!

Ganz am Anfang des Buches haben wir uns bereits mit der Antike beschäftigt. Dabei haben wir bereits von den konkurrierenden Stadtstaaten in Kleinasien und auch von den berüchtigten Spartanern gehört. Jeder, der bereits den Film *300* gesehen hat, kennt die Mythen, die sich um dieses kleine Völkchen ranken. Worauf basiert aber dieser Mythos? Die Spartaner galten tatsächlich in der Antike als überlegene Kämpfer. Zurückzuführen ist diese militärische Überlegenheit auf dem Schlachtfeld auf das Prinzip des ewigen Trainierens auf das Unvorhergesehene. Angelegt ist diese Stärke im spartanischen Erziehungssystem, das sich durch seine Strenge und Abhärtung auszeichnete. Bereits im Alter von sieben bis acht Jahren wurden die männlichen Kinder von ihren Eltern getrennt und mussten ein hartes körperliches ·Training absolvieren, das sie auf den Dienst in der Armee vorbereitete. Zur Ausbildung

gehörten darum sowohl die Ausbildung in Kampf-
techniken als auch das Lesen und Schreiben. Zudem
erhielten sie nur das Notwendigste, was sie zum Überleben
brauchte, gewöhnten sich damit an den Hunger bzw.
lernten, sich selbst Essen zum Beispiel durch die Jagd zu
besorgen. Wer durchhielt, war mit 20 Jahren bereit, um in
die Armee von Sparta einzutreten.

Das Verhalten der Spartaner ist aus einem ganz
bestimmten Grund für die heutige Zeit von Interesse.
Denn was tun wir, wenn wir uns im Cyberspace bewegen?
Wir sitzen am Computer oder am Smartphone und
befinden uns in der Regel in den eigenen vier Wänden
– also einem sicheren Raum, in dem wir eigentlich
nichts zu befürchten haben. Häufig sind wir auch unter-
wegs an öffentlichen Plätzen – dort gibt es zahlreiche
Ablenkungen, die uns davon abhalten, auf kleine Details
oder Unauffälliges zu achten. Oder wir begegnen dem
Cyberspace bei der Arbeit, wo wir ihn zum Austausch
mit Kollegen oder zur Übertragung von Daten und
Informationen benutzen – auch in diesen Situationen
lenken wir unsere Konzentration dann eher auf unsere
berufliche Tätigkeit und nicht auf andere Dinge. All das
sind Lernsituationen, in denen wir für den Umgang mit
dem Cyberraum trainiert werden. Denn der Cyberspace
liegt quasi wie ein Schleier über allen anderen Lebensbereichen, ob wir ihn bewusst wahrnehmen oder nicht.
Es handelt sich darüber hinaus, und man muss fast sagen
„leider", um einen sehr bequemen Ort, den man nicht
als etwas Störendes oder gar Bedrohliches wahrnimmt.
Gerade darin liegt eine Gefahr. Denn wenn wir unser
Bewusstsein nicht darauf trainieren, achtsam zu sein, dann
erschlafft dieses wie ein Muskel, den man lange nicht
benutzt. Vielleicht wäre es eine gute Übung sich zu fragen:
Wie würden sich wohl die Spartaner heute auf den Einsatz
im Cyberspace vorbereiten?

(Er-)Kenne dich selbst

Es ist eine der ältesten Grundmaximen der abendländischen Philosophie: Erkenne dich selbst. Der Legende
nach stand genau dieser Spruch über dem Orakel von
Delphi. Es ist auch sicher kein Zufall, dass gerade dieser
Satz in seiner lateinischen Übersetzung, „Temet Nosce",
in einer Schlüsselszene des Films The Matrix (1999,
Regie: Lana & Lilly Wachowski) vorkommt. In der Szene
spricht Neo (Keanu Reeves) mit dem Orakel (Gloria
Foster), um herauszufinden, ob er der Auserwählte ist.
Die Welt, die in *The Matrix* dargestellt wird, eignet sich
in vielerlei Hinsicht, um unsere echte Cyberwelt zu verstehen. Die gesamte Welt, in der die Menschen im Film
leben, besteht aus der Matrix, einer Projektion, letztlich aus Daten. Weiter oben haben wir geschrieben, dass
auch der Cyberraum als etwas begriffen werden muss, das
alles andere durchdringt und miteinander in Bezug steht.
Insofern kann auch der Satz des Orakels aus dem Matrix-
Film als etwas begriffen werden, das uns in unserer Welt
weiterhilft. Was bedeutet es, sich selbst zu kennen bzw.
zu erkennen? Es bedeutet, sich selbst und die Motivation
des eigenen Handelns zu verstehen. Sind wir getrieben
von Macht, Gier, Lust, Reichtum oder Ruhm? Wer in
der entscheidenden Situation über die inneren Treiber
nachdenkt, kann oft das Schlimmste verhindern. Oft
lauern die größten Gefahren dann, wenn solche niederen
Instinkte angesprochen werden. Die Verheißung von
schnellem Geld, der Befriedigung von Lust oder die Gier
nach Macht und Ruhm funktionieren einfach zu gut.
Ein anderer Aspekt der Selbsterkenntnis lautet: Jeder ist
verletzlich. Im Cyberraum gilt: Jede Schwäche, die man
hat, wird auch ausgenutzt werden. Das Austesten von
Schwachstellen für zukünftige Angriffe gehört zu den
Standard-Vorgehensweisen von Hackern und anderen

böswilligen Akteuren, die Cyberattacken oder Cyberoperationen planen. Wer sensible Daten (Fotos, Pass-
wörter etc.) ungesichert auf dem Computer lagert oder
persönliche, private Informationen öffentlich bekannt
macht, darf sich nicht wundern, wenn solche Akteure
diese am Ende dazu nutzen, einem zu schaden. Ein
gesundes Vertrauen in anderen Menschen zu entwickeln,
gehört zu einem guten gesellschaftlichen Zusammen-
leben dazu. Allerdings darf dies nicht missverstanden
werden, allen Menschen blind zu vertrauen. Da es aber
diesen natürlichen Hang in uns gibt, zunächst einmal
das Gute im anderen zu vermuten, wird dies im Internet schamlos ausgenutzt. Das liegt auch daran, dass wir
uns in einer Umgebung befinden, in der wir uns wohl-
fühlen, wenn wir im Netz surfen. Oft sind wir in der
eigenen Wohnung, liegen auf der Couch oder sind an
einem Ort, der nicht bedrohlich ist, wie die U-Bahn,
ein Bus oder der öffentliche Raum. Wir Menschen vertrauen selbst dann anderen Menschen, wenn wir es nicht
sollten. Viele kennen die Situation, wenn man bereits ein
seltsames Gefühl in der Magengegend hat und die Vermutung naheliegt, dass etwas gerade zu schön ist, um
wahr zu sein. Und trotzdem klickt man auf einen E-Mail-
Anhang, folgt einem Link oder lädt eine Datei herunter.
Es sind genau diese schwachen Momente, die sich vermeiden lassen, wenn wir uns selbst kennen und wissen,
wie wir ganz persönlich, aber auch, wie wir als Menschen
funktionieren. Solche Lektionen sind insbesondere dort
eine Notwendigkeit, wo Menschen an oder in kritischen
Infrastrukturen oder privaten und militärischen Schnittstellen tätig sind. Denn gerade dort steht viel auf dem
Spiel und selbst kleine Fehler können große Auswirkungen
haben. Auch hier kann man sich zur Veranschaulichung
Material aus der Literatur bzw. dem Bereich Film vor
Augen führen. Man denke beispielsweise an die Szenen

der Massenpanik aus der Thrillerserie *Blackout* (2021) mit Moritz Bleibtreu in der Hauptrolle. Die Serie basiert auf dem Roman *Blackout – Morgen ist es zu spät* von Marc Elsberg, der darin durchdekliniert, was es bedeutet, die Reaktion der gesamten Bevölkerung in die Überlegungen einzubeziehen, wenn es im Zuge einer Cyberattacke zu einem flächendeckenden Stromausfall in Europa kommt.

Das Versagen der Sinne

Unser Gehirn ist sicherlich eines der faszinierendsten Organe, die es in der Natur überhaupt gibt. Nicht nur, weil es zu unfassbaren Erkenntnissen fähig ist, sondern auch, weil in ihm und seiner physiologischen Struktur unsere Gattungsgeschichte aufbewahrt ist. Das hat Vorteile, aber auch eklatante Nachteile, wie wir gleich sehen werden. Der älteste Teil unseres Gehirns, der Hirnstamm, entwickelte sich bereits vor 500 Mio. Jahren. Dort sind lebenswichtige Funktionen wie das Atmen, die Regulation des Herzschlages sowie die Nahrungsaufnahme verortet. Da es unsere evolutionäre Vergangenheit repräsentiert und es im Prinzip demjenigen ähnelt, über das auch Reptilien verfügen, wird es auch Reptilienhirn genannt. Vereinfacht ausgedrückt wird dieser Teil unseres Gehirns immer dann aktiv, wenn es um unüberlegte Handlungen geht, um rein emotionales Verhalten oder besonders starke Affekte. Die Aufgabe des Reptilienhirns ist aber nicht zu unterschätzen. In vielen Situationen und über viele Jahrtausende sicherte es unser Überleben. Waren unsere Vorfahren auf der Flucht vor einem Raubtier, wussten sie in Sekundenbruchteilen, ob es sinnvoll ist, anzugreifen, sich tot zu stellen oder lieber wegzurennen. Auch wenn unser Lebensumfeld sich längst grundlegend verändert hat, ist dieses Hirnareal nach wie vor vorhanden und aktiv. Nun sind aber virtuelle Gefahren vollständig anders in ihrer Erscheinung und ihrem Ablauf, sodass unser Abwehrorgan Nummer eins keine Chance mehr hat, adäquat darauf zu reagieren. Darauf müssen wir uns einstellen. Das Reptilienhirn hat im digitalen Zeitalter ausgedient. Das liegt daran, dass wir echte Gefahren körperlich und sinnlich spüren. Am Computer spüren wir jedoch nicht. Wenn auf dem Bildschirm etwas Gefährliches passiert, löst das keinen Reflex in den Menschen aus. Der Laptop wird nicht heiß und es ertönt kein lautes Geräusch. Das bedeutet, das einzige Sinnesorgan, das wir auf die neuen Gefahren und Risiken hintrainieren können, ist unser Gehirn – genauer gesagt, unsere Frontallappen und Temporallappen, in denen sich Funktionen wie Impulskontrolle, Sozialverhalten und Gedächtnis befinden. Eine weitere Taktik im digitalen Zeitalter könnte also lauten: Schalte dein Hirn ein und denk an die Geschichte. Dazu kann es hilfreich sein, sich Triggerpunkte für virtuelle Ereignisse zu überlegen. Das können Merkhilfen sein, wie sich E-Mail-Anhänge stets als kleines virtuelles Holzpferd zu visualisieren, oder Angewohnheiten, wie sich umzusehen, bevor man seine privaten Daten weitergibt, selbst wenn man allein im Raum sitzt. Der Fantasie sind dabei keine Grenzen gesetzt und je individueller so ein Merksystem ist, desto effektiver funktioniert es.

Wie verstecke ich mich in der Cyberwelt?

Die Digitalisierung hat zahlreiche Aspekte mit sich gebracht, die das Leben grundlegend verändert haben. Dazu gehört auch der sogenannte gläserne Mensch.

Sobald man ein technisches Gerät benutzt, im Internet surft oder auch nur den öffentlichen Raum betritt, der mit Kameras überwacht wird, hinterlässt man gewollt oder ungewollt Datenspuren. Wohin diese Entwicklung führen kann, verrät entweder ein Blick in Länder, in denen diese Art der technischen Überwachung schon weit fortgeschritten ist, wie beispielsweise in China, oder ein Blick in die Literatur wie etwa das in der Einleitung bereits etwas ausführlicher aufgegriffene Werk *1984* von George Orwell. Die Herausforderung, die sich in einer solchen Welt stellt, lautet: Gibt es überhaupt noch eine Möglichkeit, nicht sichtbar zu sein? Oder anders gefragt: Wie kann ich mich verstecken? Hier gibt es mehrere Möglichkeiten, die man sich überlegen kann. Eine führt zurück zu Sun Tzu und den beiden Techniken vom Tarnen und Täuschen. Wer beispielsweise seine Spuren verwischen möchte, kann zu einfachen Tricks greifen. Anstatt ein Ticket zu kaufen, über das eindeutig nachvollziehbar ist, wohin die Reise geht, kauft man 5 Tickets, die alle in unterschiedliche Himmelsrichtungen weisen. Wer sichergehen möchte, nicht über das eigene Handy getrackt zu werden, kann dieses einfach in den einen Zug legen, aber mit einem anderen fahren. Zugegeben, solche Aktionen sind mit einem gewissen monetären und logistischem Aufwand verbunden und sind eher etwas für die Profis – aber die gute Nachricht lautet, dass es nach wie vor Mittel und Wege gibt, um auch im digitalen Zeitalter die eigenen Spuren zu verwischen oder mögliche Verfolger in die Irre zu leiten. Mir geht es mit diesen Beispielen auch nicht so sehr darum, praktische Tipps zu geben, sondern das Denken zu schärfen, welche digitalen Spuren wir überhaupt hinterlassen, die für andere lesbar sind. Inspirationen, welche weiteren Möglichkeiten es in dieser Hinsicht noch gibt, finden sich auch in Filmen wie dem ebenfalls bereits erwähnten *Der Mann, der niemals lebte*. Darin werden mehrere alte Techniken dargestellt, gegen die jede noch so fortgeschrittene Technologie nichts anhaben kann. Eine bewährte Vorgehensweise, um keine digitalen Spuren zu hinterlassen und abhörsicher miteinander zu kommunizieren, besteht darin, kleine Zettel zu beschreiben und sich diese unbemerkt in die Hand zu drücken. Alle in den ersten Kapiteln beschriebenen Techniken aus der analogen Welt wie Steganografie und Kryptografie oder die Tricks der Geheimdienste sind in diesem Zusammenhang relevanter denn je. Eine Abwandlung der Kommunikation via handbeschriebenen Zetteln wurde tatsächlich auch viele Jahre in Afghanistan von den Taliban eingesetzt. Sie beschrieben kleine Zettel und klebten sie an Mülltonnen. Wer nicht wusste, worum es sich wirklich handelte, musste annehmen, es handele sich um Müll. Je stärker die digitale Überwachung ausgebaut wird, desto wichtiger ist es, sich über Wege Gedanken zu machen, der Cyberwelt zu entfliehen. Dafür gibt es kaum etwas Wertvolleres, als das Verfolgen bewährter historischer Spuren, Techniken und Vorgehensweisen.

Ghost in the Shell

Der Satz „Ich habe nichts zu verbergen" begegnet einem immer wieder in der Auseinandersetzung mit Anonymität im Netz und dem individuellen Verhalten, wenn es um die persönlichen Daten und den Schutz der Privatsphäre geht. Aussagen wie diese blenden jedoch aus, dass die eigene Identität ein schützenswertes Gut ist, dessen Wert uns vielleicht erst dann wirklich bewusst wird, wenn es uns einmal genommen wurde. Denn der Diebstahl von

Identitäten ist ein weit verbreitetes Phänomen. Es geht wieder um die alte Taktik vom Tarnen und Täuschen: Wer im Namen eines anderen Verbrechen begeht, kann so den Verdacht von sich selbst weg lenken und die Schuld auf andere schieben. Denn die strafrechtliche Verfolgung arbeitet mit den Methoden der Forensik und wird dann zunächst auf die natürliche Person stoßen, deren Identität sie ermittelt hat. Natürlich entwickelt sich die Technologie auch in diesem Bereich weiter. Mithilfe von semantischen Netzen, einer Methode aus dem Bereich der Künstlichen Intelligenz, lässt sich die Zuordnung von Identitäten durch die Analyse der Datenspuren und Metadaten – sofern es diese in ausreichender Menge gibt – erleichtern. Dies sollte jedoch niemanden in Sicherheit wiegen, sondern vielmehr zeigen, dass wir es hier mit einem immer mehr an Bedeutung gewinnenden Schauplatz des zukünftigen Cyberkrieges zu tun haben.

Aber nicht nur uns Menschen stehen die Fähigkeiten zum Tarnen und Täuschen zur Verfügung. Dank der jüngsten Entwicklungen im Bereich der Künstlichen Intelligenz begegnet uns immer häufiger das weiter oben bereits beschriebene Phänomen der Deepfakes. Die Angst vor ihnen ist genau die Angst vor dem Verlust der eigenen Identität. Diese können nämlich nicht nur eine Pseudoidentität erfinden, sondern auch darauf hintrainiert werden, eine vorhandene Identität zu imitieren. Alle Informationen, die wir im digitalen Raum von uns hinterlassen, können dazu genutzt werden, um eine Identität zu stehlen. Man selbst ist dann nichts weiter als ein Namenloser. Die berühmte Cyberpunk-Erzählung *Ghost in the Shell*, die auf einen japanischen Manga von Masamune Shirow aus dem Jahr 1989 zurückgeht, denkt genau diese Entwicklung weiter. Was passiert, wenn eine Identität unabhängig vom Körper eines Menschen ein Eigenleben haben kann? Wörtlich übersetzt heißt der originale Titel von „Ghost in the Shell", der aus drei Bestandteilen besteht, so viel wie: „Angriff", „Hülle" und „Mobile Einsatztruppe". Im Japanischen, einer sehr bildhaften Sprache, gibt es viele Anspielungen und Doppeldeutigkeiten. „Hülle" kann ebenso „Verhüllung" heißen. Im Englischen wiederum bedeutet „Shell" ebenso „Hülle", meint aber im Bereich der Informatik auch eine „Benutzerschnittstelle". Die verschiedenen Comics und Verfilmungen von *Ghost in the Shell* erzählen alle von einer Zukunft, in der sich Menschen synthetische Körperteile oder Organe einsetzen lassen, um sich selbst zu optimieren. Solche Menschen, die ganz oder teilweise aus Implantaten bestehen, nennt man auch Cyborgs. In dieser Welt ist es auch möglich, den Geist eines Menschen, also seine Identität, ganz in einen künstlichen Cyborg zu übertragen. Problematisch wird diese Kombination in dem Moment, in dem es einem Hacker gelingt, die Sicherheitsbarrieren zwischen Ghost und Shell zu überwinden und zum „Puppenspieler" zu werden, indem er die Steuerung des Ghost in the Shell übernimmt. Aus heutiger Perspektive klingt dies eindeutig nach düsterer Zukunftsvision und einer Dystopie. Darüber darf aber nicht vergessen werden, dass es schon heute zahlreiche Entwicklungen gibt, die genau in diese Richtung deuten. Neuralink, ein weiteres Unternehmen von Elon Musk, arbeitet an einer elektronischen Schnittstelle, die das menschliche Gehirn mit einem Computer verbinden kann. Mit dem Brain-Computer-Interface (BCI) soll eine direkte Kommunikation zwischen Mensch und Maschine möglich werden. Dazu wird ein entsprechender Chip im Gehirn implantiert, der die elektromagnetischen Ströme der Nervenzellen ausliest. Auf diese Weise soll es in Zukunft möglich sein, Computer und andere technische

Systeme direkt mit Gedanken zu steuern. Zwar ist es noch ein weiter Weg, um von diesem Punkt zur Übertragung eines Bewusstseins vom Menschen auf eine Maschine zu kommen. Aber die ersten Schritte, die in diese Richtung weisen, sind bereits getan.

Ein Hinweis zu Bitcoin und anderen Kryptowährungen

Wenn es darum geht, sich zu verstecken, oder um die Fähigkeit, der Cyberwelt zu entfliehen oder gar aus einem Land zu fliehen, in dem es eine repressive Regierung gibt, hört man unweigerlich von Bitcoin und anderen Kryptowährungen. Denn diese stellen eine Möglichkeit dar, das eigene Vermögen unbemerkt über die Landesgrenzen zu schaffen. Das Narrativ, das in diesem Zusammenhang immer wieder auflebt, lautet folgendermaßen: Je mehr ein Staat Zugriff auf seine Bürger anstrebt und diese „durchleuchtet", desto beliebter werden die digitalen Währungen, weil sie es ermöglichen sollen, dem Staat die Kontrolle zu entziehen und diese selbst zu übernehmen. In der Tat scheint es verführerisch zu sein, sich einfach nur zwölf Begriffe zu merken und überall auf der Welt hinreisen zu können, wohin man möchte, und doch sein gesamtes Vermögen dabei zu haben. Das Elegante an dieser Lösung: Man kann ganz ohne technische Geräte über die Grenzen gelangen und hat doch den Schlüssel zu den digitalen Währungen mit dabei. Die Wirksamkeit dieses Narrativs lässt sich sogar an der Entwicklung der Kurse ablesen. Jedes Mal, wenn es zu Spannungen in Ländern wie Taiwan, China, Russland oder Afghanistan kommt, steigen die Wechselkurse, weil Menschen versuchen, auf diese Weise ihr Geld aus dem Land zu schaffen.

Dabei sei ein Hinweis erlaubt, da es auch hier in Zukunft keine absolute Sicherheit über diesen Sachverhalt gibt: Spätestens zu dem Zeitpunkt, an dem sich die Meldung über die Entwicklung von Quantencomputern häufen, sollte man sich den Wettlauf zwischen „Hase und Igel" oder den Kryptogrammen und den Codebrechern ins Gedächtnis rufen.

Tue das, was niemand erwartet

Wenden wir uns aber wieder der Dialektik von Verstecken und Gefunden-werden zu. Ein wichtiges Mittel, um digitale Spuren auszuwerten, ist die Analyse von Verhaltensmustern. Bekanntlich ist der Mensch ein Gewohnheitstier und gerade darum lässt sich Verhalten so gut aus der Kenntnis vergangener Ereignisse vorhersagen. Schon Sun Tzu setzte auf Taktiken zum Angriff und Verteidigung durch Verwirrung. Meist setzen böswillige Akteure auf dieses Mittel. Im digitalen Zeitalter stiftet sicherlich kaum etwas mehr Verwirrung als Desinformation und alternative Fakten. Aber dies ist nur eines von vielen Beispielen. Verwirrung lässt sich auch über automatisierte Bot-Programme oder Deepfakes herstellen, die den Anschein erwecken können, als handele es sich um viele Personen beziehungsweise ein und dieselbe Person. Aber die Verwirrungstaktiken lassen sich auch zu Verteidigungszwecken einsetzen. Mit unseren Daten und Verhaltensmustern hinterlassen wir im Netz Spuren, die es anderen ermöglichen, uns zu verstehen und mögliche Schwächen auszunutzen. Ein Weg, Verwirrung zu stiften, ist das Verwenden von vielen und wenn möglich auch anonymisierten E-Mail-Adressen für unterschiedliche Zwecke. Wer nur eine Mailadresse für alles nutzt, ist leicht zu identifizieren und auch ein leichtes Ziel für einen Angriff. Auch das Verwenden von Pseudonymen macht es der Gegenseite schwer, ein klares Bild von einer Person zu bekommen.

Nichts ist umsonst!

Im digitalen Zeitalter gilt: Entweder du zahlst oder du bist die Ware. Dieser Grundsatz ist eine der wertvollsten Erkenntnisse, die großes Schutzpotenzial mit sich bringen. Er gilt für jegliche Aktivitäten online. Bekanntlich ist Aufmerksamkeit im Netz die neue Währung, die im Rückschluss wiederum sehr viel Geld wert sein kann. Auch zahllose Angriffe durch trojanische Pferde konnten nur gelingen, weil genügend Menschen glaubte, dass sie vielleicht durch Zufall etwas gewonnen haben, dass es etwas gratis gibt, wenn sie auf einen Link klicken oder ihnen auf andere Weise das Glück hold war. Beim echten trojanischen Pferd handelte es sich um ein vergiftetes Geschenk, dessen Lektion leider zu viele vergessen haben.

Vielen mag vielleicht ein solcher Verweis auf die griechische Antike wenig hilfreich vorkommen, weil die damalige Zeit mit der heutigen nicht vergleichbar sei. Und ja, auf den ersten Blick hat man scheinbar nicht viel gegen die Übermacht von großen Konzernen, Hackern oder böswilligen Akteuren in der Hand. Dennoch kommt es auf den Einzelnen und seine Fähigkeit an, im richtigen Moment achtsam zu sein. Diese Achtsamkeit ist es, die trainiert werden kann, wenn wir in die Geschichte blicken und an das Menschliche und Allzumenschliche denken. Denn oft sind es niedere Triebe, die angesprochen werden: die Gier nach Geld, das Versprechen von Nähe und Sicherheit oder die Lust. Darum sollte man sich immer wieder in Erinnerung rufen: Wenn etwas nichts kostet, bist du die Ware.

„Back to the Roots"

In vielerlei Hinsicht könnte man die Lektionen, die in diesem Kapitel versammelt sind, mit der Überschrift „Back to the Roots" überschreiben. Denn es geht um eine Rückbesinnung auf basale, zutiefst menschliche Erkenntnisse. Die konkreten Gegenmaßnahmen, die sich daraus ableiten lassen, sind individueller Natur und lassen sich kaum verallgemeinern. Darum sollten Ratgeber und feste Regeln immer mit etwas Argwohn betrachtet werden. Sie können Sinnvolles enthalten, aber wer sich zu sehr darauf verlässt, kann in eine Falle treten.

Man könnte also auch sagen, dass es eine Frage des Lebensstils ist. Wir brauchen ein neues Bewusstsein dafür, was Überleben in der Cyberwelt bedeutet. Viele Menschen wären überrascht, wie hilflos und aufgeschmissen sie ohne ihr Smartphone sind. Was würde man tun, wenn man von jetzt auf gleich ohne jegliche technische Hilfsmittel in einem Waldgebiet ausgesetzt würde? Wie überlebt man im modernen Alltag heute ohne Handy? Hier muss jeder zu einer neuen und individuellen Form des Survivals finden. Da sich die digitale Welt durch Sichtbarkeit, Daten und Informationen auszeichnet, könnte man deren Gegenteil als „Ninja-Style" beschreiben. Wörtlich aus dem Japanischen übersetzt bedeutet Ninja so viel wie ‚Verborgener'. Die Ninjas, eine speziell ausgebildete Truppe von Kämpfern im alten Japan, beherrschen die Kunst des Versteckens und Verbergens. Sie verstehen sich darin, sich unsichtbar zu machen und sich zu tarnen. Die Fähigkeit, sich undercover zu verstecken, zählt wahrscheinlich als eine der effektivsten Methoden des Selbstschutzes – früher und heute, im digitalen Zeitalter, erst recht. Sie versetzt einen in die Lage, in relativer Sicherheit die Situation oder das Gegenüber zu beobachten oder abzuwarten. Damit stellt sie die Gegenthese zur Echtzeit und der damit verbundenen Problematik des sofortigen Handelns dar. Man verschafft sich Zeit, nachzudenken und zu reflektieren.

Die Psychologie der Masse, des Einzelnen und des Urmenschen

Wenn wir Antworten auf dem Feld der Psychologie suchen, finden wir weitere Taktiken, die erfolgversprechend sind. Einerseits, wenn wir uns das Phänomen der Psychologie der Massen genauer anschauen. Der französische Philosoph Gustave le Bon hat um 1900 erstmals dieses Phänomen eingehend beobachtet und beschrieben. In seiner Studie „Die Psychologie der Massen" schreibt er:

> „Die Hauptmerkmale des Einzelnen in der Masse sind also: Schwinden der bewussten Persönlichkeit, Vorherrschaft des unbewussten Wesens, Leitung der Gedanken und Gefühle durch Beeinflussung und Übertragung in der gleichen Richtung, Neigung zur unverzüglichen Verwirklichung der eingeflößten Ideen. Der einzelne ist nicht mehr er selbst, er ist ein Automat geworden, dessen Betrieb sein Wille nicht mehr in der Gewalt hat. Allein durch die Tatsache, Glied einer Masse zu sein, steigt der Mensch also mehrere Stufen von der Leiter der Kultur hinab. Als einzelner war er vielleicht ein gebildetes Individuum, in der Masse ist er ein Triebwesen, also ein Barbar."

Der Einzelne kann sich also im Verhältnis zur Masse verstehen und sich dieser mehr oder weniger unbewusst hingeben und in ihr aufgehen. Ebenso kann er sich die Funktionsweise der Masse aber auch bewusst machen und sich entsprechend so verhalten, als wäre er Teil der Masse, während er die Masse eigentlich zur Tarnung nutzt. Das Untergehen in der Masse kann demnach als Methode des Unsichtbarwerdens verwendet werden.

Die Masse kann auch in anderer Hinsicht zum Tarnen und Täuschen genutzt werden. Eine Masse muss nicht zwangsläufig eine Masse an Menschen sein. Zwar dachte le Bon vor allem an große Menschenmengen, weil er diese als modernes Phänomen kennenlernte. Als Massenphänomen lässt sich heute aber auch die Überflutung mit Informationen und Daten verstehen. Wer sich verstecken möchte, kann entsprechend auch eine große Zahl von Bots verwenden, die als Kopien des eigenen Selbst erscheinen, aber Spuren in immer andere Richtungen hinterlassen.

Kenntnisse aus dem Reich der Psychologie sind ganz allgemein ein nützliches Tool, um die Mechanismen von Angriff und Verteidigung in der Cyberwelt zu verstehen und zu durchschauen. Angreifer erscheinen häufig als „sexy", während Verteidiger eher „langweilig" daherkommen. So eine Unterscheidung mag plakativ sein, aber in der Geschichte ist sie jedoch häufig in dieser einfachen Form zu beobachten. Dazu noch einmal ein Zitat aus der *Psychologie der Massen*:

> „Die Geschichte lehrt uns, dass in dem Augenblick, da die moralischen Kräfte, das Rüstzeug einer Gesellschaft, ihre Herrschaft verloren haben, die letzte Auflösung von jenen unbewussten und rohen Massen, welche recht gut als Barbaren gekennzeichnet werden, herbeigeführt wird."

Als Ergänzung zu Le Bons Ausführungen passt gut ein etwas weniger bekannter Text von Sigmund Freud, dem Erfinder der Psychoanalyse. Im Text „Unser Verhältnis zum Tode", den er 1915, also kurz nach Ausbruch des Ersten Weltkriegs veröffentlicht hat, schreibt er angesichts des Massensterbens, das ihn schockierte: „Der Krieg lässt den Urmenschen in uns wieder zum Vorschein kommen." Was meint er nun mit dem Urmenschen? Dazu führt er in seiner psychologischen Untersuchung aus:

> „Der Urmensch hat sich in sehr merkwürdiger Weise zum Tode eingestellt. (…) Der Tod des anderen war ihm recht, galt ihm als Vernichtung des Verhassten, und der Urmensch kannte kein Bedenken, ihn herbeizuführen. Er war gewiss ein sehr leidenschaftliches Wesen, grausamer und bösartiger als andere Tiere. Er mordete gerne und wie selbstverständlich. Den Instinkt, der andere Tiere davon abhalten soll, Wesen der gleichen Art zu töten und zu verzehren, brauchen wir ihm nicht zuzuschreiben. Die Urgeschichte der Menschheit ist denn auch vom Morde erfüllt."

Aus Freuds Perspektive macht das fünfte Gebot „Du sollst nicht töten!" nur vor diesem Hintergrund Sinn, weil es zeigt, dass „wir von einer unendlich langen Generationsreihe von Mördern abstammen." Solche Sätze sind für viele Menschen schwer zu ertragen, weil wir gerne ein besseres Bild von uns als Menschen und uns als Menschheit hätten. Die idyllischen Darstellungen von den Urmenschen als Jäger und Sammler, die friedlich durch die Steppen streiften, mag zwar eine schöne Vorstellung sein, könnte aber weiter von der Realität entfernt sein, als uns lieb ist.

Der Cyberkrieg wird die psychologische Seite des Menschen und sein Verhältnis zum Sterben noch einmal ganz anders auf die Probe stellen als zu Freuds Zeiten. Denn das moderne Schlachtfeld ist digital. Das Massensterben, wie es damals auf dem Schlachtfeld zu beobachten war, wird es in der Form kaum mehr geben. Vielmehr erleben wir eine Virtualisierung des Tötens. Soldaten können tausende Kilometer entfernt in einem Container sitzen und auf Bildschirme starren, auf denen sie Live-Bilder sehen, die von Drohnen übertragen werden. Dann entscheiden sie über Leben und Tod und treten vielleicht eine Stunde später vor die Tür und befinden sich in einer friedlichen Umgebung. Was macht dieses Setting mit dem Urmenschen in uns?

9

Propaganda – Wie sie früher funktionierte und was sie heute ist

Das erste Opfer eines jeden Krieges ist die Wahrheit

Hiram Johnson (zugeschrieben)

Von wem genau dieses Zitat stammt, ist bis heute ungeklärt und ist vielleicht auch eine Pointe, die zum Inhalt des Satzes nur zu gut passt. Aber auch schon Sun Tzu wusste: „Jede Kriegführung gründet auf Täuschung." Insofern braucht es keinen exakten Ursprung der in dem Hiram Johnson zugeschriebenen Satz steckenden Wahrheit. Was zählt: Heute ist diese Einsicht aktueller und brisanter denn je. Über Einflussnahme, Desinformation und Propaganda können heute politische und militärische Ziele erreicht werden, für die man im „Alten Rom" noch hätte Legionen in Marsch setzen müssen.

© Der/die Autor(en), exklusiv lizenziert an Springer Fachmedien Wiesbaden GmbH, ein Teil von Springer Nature 2023
P. Kestner, *Die Kunst des Cyberkrieges*,
https://doi.org/10.1007/978-3-658-40058-3_9

Propaganda als Teil der digitalen Kriegsführung

Dass wir es gerade hier mit einer so gestiegenen Bedrohungslage zu tun haben, liegt auch an einer einfachen Tatsache. Es ist enorm kostengünstig und bislang ohne nennenswerte Konsequenzen möglich, Ziele im Cyberraum anzugreifen. Zudem lassen sich hier Angriffe in diesem Bereich gut tarnen, sodass sie einem ungeübten Auge nicht als solche erscheinen. Hier rollt kein Panzer und kein Soldat feuert auch nur einen Schuss ab. Doch reicht es oft aus, digitale Söldner damit zu beauftragen, Bits und Bytes zu bewegen, um das Recht eines anderen Staates zu untergraben und die Legitimität seiner Geschichte und seiner Kultur zu unterwandern. Im Rahmen der hybriden Kriegsführung können diese Ziele ebenso auf die übergeordnete Strategie einzahlen wie ein direkter Angriff – vielleicht sogar noch effektiver. Die Mittel und Methoden von Propaganda eignen sich deswegen so ideal für diesen Zweck, weil es in ihrem Kern um Macht geht. Die Macht, die Realität zu deuten. Wem es gelingt, eine bestimmte Interpretation der Wirklichkeit durchzusetzen, hat diese verändert, ohne Gewalt anzuwenden. Ein Narrativ, das die Existenzberechtigung eines Staates infrage stellt, muss demnach als Waffe im Informationsraum verstanden werden. Wird ein Krieg entsprechend vorbereitet, kann dies den Gegner derart schwächen, dass militärische Streitkräfte sehr viel leichter eingesetzt werden können.

Mehr als Propaganda

Hier bewahrheitet sich einmal mehr: Das Schlachtfeld der Zukunft ist auch digital. Propaganda und Desinformationskampagnen können im Rahmen der hybriden

Kriegsführung ein wesentlicher Teil der Vorbereitungs-
phase sein. Dieser kann, muss aber kein militärischer
Schlag folgen – in der Regel wird erst Jahre später klar,
welchem Zweck bestimmte Aktionen dienten. Es lassen
sich zahlreiche andere Eskalationsstufen denken, die
über Jahre und Jahrzehnte ein Land unter Druck setzen
können. Angefangen von medialer Beeinflussung über die
Unterwanderung und Delegitimierung von Regierungen
und Gesellschaften bis hin zur Desinformation und Sub-
version – die Spielarten der weichen Kriegsführung
sind vielfältig und sind weit mehr als „nur" Propaganda.
Dennoch zielen sie ins Herz von Ländern und den
Menschen, die darin leben. Sie greifen die Moral- und
Wertvorstellung an, versuchen Lücken im Rechtssystem
auszunutzen und immer häufiger wird auch Migration
als Waffe benutzt. Der Angriff auf kritische Infrastruktur
erfolgt im Winter, um Menschen zur Flucht zu bewegen.
Oder es werden gezielt Informationen gestreut, dass über
eine bestimmte Route die Einwanderung in ein Land
möglich sei. Die Manipulation von Information und ihre
Ummünzung als Waffe eröffnet einen neuen Angriffs-
vektor der hybriden Kriegsführung.

Der Krieg der Zukunft ist ein Informationskrieg

Jeder Krieg ist in Zukunft unweigerlich auch ein Stück
weit ein Informationskrieg. Auch in der Geschichte spielte
dieser Aspekt, wenngleich mit rudimentären Mitteln,
immer schon eine Rolle. In Zukunft handelt es sich aber
nicht mehr um einen Nebenschauplatz, sondern mehr
und mehr um einen zentralen Ort der Kampfhandlungen.
Zum einen und allem voran, weil die Informationsgewinnung längst ein zentrales Anliegen eines jeden Staats

und der Geheimdienste geworden ist. Zum anderen, weil die Berichterstattung der Medien, spätestens seitdem die Zeitungen zum Massenmedium wurden, eine tragende Rolle hinsichtlich der Informationsverbreitung und damit auch der Moral und auch der Propaganda einnehmen. Im Zeitalter von Social Media gilt dies umso mehr, als dass viele Menschen ihre Informationen nicht mehr durch redaktionelle Inhalte erhalten oder den vormals etablierten Medien nicht mehr vertrauen. Dies öffnet der Manipulation von Information, der Verbreitung von Fake News sowie von Propaganda Tür und Tor.

Wir haben oben im Zusammenhang mit der hybriden Kriegsführung davon gesprochen, dass es von Vorteil sein kann, in Graubereichen zu operieren. Je mehr das Vertrauen in neutrale Information untergraben wird, desto leichter wird es, die Bevölkerung eines verfeindeten Staates zu verunsichern, den inneren Zusammenhalt zu stören und deren Motivation zu untergraben. Solche Aktionen zahlen direkt und indirekt auf mögliche Kriegsziele ein.

Doch es geht nicht nur um die Beeinflussung oder Manipulation der Massen. Auch der Einzelne steht hier im Fokus von Propagandaangriffen. Ob in Demokratien oder Autokratien – Macht konzentriert sich stets auf einzelne Personen oder einen überschaubaren Kreis von Einzelnen. Gleiches trifft auch auf Unternehmen oder andere Organisationen zu. Und wenn es um Macht geht – das wird die Leser dieses Buches an dieser Stelle nicht mehr verwundern – ist das Potenzial für Konflikte nicht weit. Die Mittel und Methoden der Propaganda eignen sich wie kaum ein anderes, Persönlichkeiten aus der Regierung, der öffentlichen Verwaltung oder des Konsularwesens zu verunglimpfen oder mit Schmutzkampagnen ihre Vertrauenswürdigkeit zu untergraben. In diesem Zusammenhang wird oft vergessen, dass eine Beeinflussung auf individueller Ebene nicht immer etwas mit negativer Berichterstattung zu tun haben muss. Auch eine positive Beeinflussung durch Lob, Schmeicheleien oder Verführung können zum Ziel führen. Es braucht eine umfassende Kenntnis der menschlichen Natur, der zwischenmenschlichen Kommunikation und der Fähigkeiten zur psychologischen Analyse eines Charakters, um die gesamte Klaviatur der Beeinflussungsmöglichkeiten zu bespielen. Um hier keine Missverständnisse aufkommen zu lassen: Das ist die Spielwiese der „absoluten Profis" und es braucht Jahre, um es hier zur Meisterschaft zu bringen.

Vom Kalten Krieg zum Eisernen Vorhang 2.0

Bei kaum einem anderen Krieg wird die Macht von Medien und der Manipulation von Informationen deutlicher als beim Kalten Krieg. Der Eindruck, den die Welt von der russischen Armee und ihren Fähigkeiten seit dem eisernen Vorhang 1.0 erlangte, resultierte in einer unglaublichen Angst. Die russischen Streitkräfte galten als unschlagbar. Dass dieser Anschein der Realität nicht immer standhielt, ist ebenfalls Teil der Geschichte. Dafür muss man gar nicht den aktuellen Krieg zwischen Russland und der Ukraine heranziehen. Von 1979–1989 führte Russland erfolglos Krieg in Afghanistan. Am 25.12.1979 marschierten 40.000 sowjetische Soldaten über die Grenzen des Landes. Der Tag der Invasion war ganz bewusst so gewählt: Die westliche Welt feiert an diesem Datum bekanntlich Weihnachten und so kam es auch, dass am Anfang kaum jemand Notiz davon nahm. Begründet wurde der Einmarsch damit, dass die kommunistische Regierung unter der Führung von

Babrak Karmal unterstützt werden sollte. Dieser übernahm bereits am 27.12.1979 offiziell als Regierungschef das Land. Mit Unterstützung der sowjetischen Soldaten sollte fortan gemeinsam gegen religiöse Stammesgemeinschaften vorgegangen werden. Auch wenn erste Kriegsziele schnell erreicht wurden, gelang es nicht, das Land unter Kontrolle zu bringen. Je mehr sowjetische Truppen nach Afghanistan verlegt wurden, desto mehr wuchs der Widerstand der religiösen Gruppen. Schon bald wurde der „Heilige Krieg" ausgerufen und neben regionalen Warlords fanden sich die Mudschaheddin, die am ehesten mit Guerilla-Gruppen vergleichbar sind, die sich in einem unübersichtlich werdenden Kriegsgeschehen gegen die Besatzer wehrten. Die Mudschaheddin wurden finanziell vor allem von den USA unterstützt. Darum wird der Krieg in Afghanistan auch als Stellvertreterkrieg bezeichnet. Es war einer der Konflikte, in denen zwei Atommächte direkt oder indirekt beteiligt waren, die während der Zeit des Kalten Krieges „heiß" ausgetragen wurden. Der genaue Verlauf der Geschehnisse während des Krieges lässt sich nur sehr schwer rekonstruieren. Ein Grund dafür ist die Geografie des Landes. Reporter taten sich damals schwer, sich Zugang zu verschaffen. Unwegsames Gelände und ein tobender Guerilla-Kampf machten eine neutrale Berichterstattung fast unmöglich. Zudem tobte ein Propagandakrieg, der zum Teil bis heute andauert. Denn wer die Deutungshoheit darüber hat, wer hier gegen wen kämpfte, warum der Krieg überhaupt begonnen hatte, welche Information aus der Zeit stimmt und welche verfälscht oder verzerrt wurde, darüber streiten sich die Experten und Historiker der beteiligten Länder noch immer – nur so viel ist sicher: Die vollständige Wahrheit über den Krieg, den die Sowjetunion in Afghanistan damals führte, kennen wir noch nicht. Er gehört damit zu der Reihe an jüngsten Kriegen, die noch mehr Zeit benötigt, um vollständig analysiert zu werden. Ein großer Teil der Berichterstattung, die im Westen verbreitet wurde, kam über die Kontakte zu dem Mudschaheddin zustande, die über die CIA von den USA unterstützt wurden. Es ist davon auszugehen, dass sehr genau ausgewählt wurde, welche Informationen nach außen gelangten. Doch auch auf der Gegenseite war die Kriegsberichterstattung von Propaganda kaum zu unterscheiden. An sich unterlag der militärische Einsatz in Afghanistan, der zur „Stabilisierung" der Regierung durchgeführt wurde, der Geheimhaltung. Aufgrund der großen Zahl an Wehrpflichtigen, die jedoch dorthin geschickt wurden und ihr Leben verloren, ließ sich der Krieg nicht geheim halten. Ähnlich wie der Vietnam-Krieg in den USA war der Afghanistan-Krieg in der sowjetischen Bevölkerung äußerst unbeliebt. Der Kampf der Narrative zeigt, dass der Eiserne Vorhang damals nicht nur zwei Weltteile in politischer und wirtschaftlicher Hinsicht trennte. Der Wettstreit um die Deutungshoheit und die korrekte Interpretation der Wirklichkeit verlängert den Kampf der Systeme um Vorherrschaft bis in die Geschichtsbücher hinein. Nach den jüngsten Ereignissen sprechen wir nicht durch Zufall bereits vom „Eisernen Vorhang 2.0". Die Zeit des Kalten Krieges war eine Hochphase der Spionage und anderer geheimdienstlicher Aktivitäten. Den gegnerischen Sicherheitsapparat zu infiltrieren und Subjekte zu identifizieren, die durch Erpressung, Korruption oder Bestechung nützlich gemacht werden können, war eines der wichtigsten Ziele beider Seiten.

All diese Aktivitäten zeichnen auch unsere Zeit aus und sind heute im Cyber- und Informationsraum zu beobachten. Hier lassen sich einerseits Stellvertreterkriege zwischen verfeindeten Nationen beobachten. Andererseits werden heute digitale Waffen wie Hacking-Tools, Satelliteninformationen, durch Hacks erbeutete Daten

oder Störsender zwischen befreundeten Ländern ausgetauscht, beispielsweise auch, um deren Effektivität
zu testen. Das zeigt, dass solche Taktiken nicht nur zum
Angriff, sondern auch zur Verteidigung genutzt werden
können. Durch Verwirrung, Desinformation und das Verbreiten von alternative Fakten kann der Eindruck von
einer Übermacht eines Staates vermittelt werden, der nicht
unbedingt der Realität entsprechen muss. Man denke nur
an die zahlreichen Feuer, die Sun Tzu rät, in der Nacht
anzuzünden, um den Eindruck einer großen Armee zu
vermitteln. Solche (Stroh-)Feuer werden heute online
gezündet – präventiv und zur Abschreckung.

Der hohe Nutzen und die Effektivität, mit der es
heute möglich ist, große Massen von Menschen zu
manipulieren, machen es unwahrscheinlich, dass diese
Mittel nicht genutzt werden – zumal diese heute viel
„billiger" sind. Online-Informationen erreichen bereits
fast das Ziel „realtime" und kosten sehr wenig. Man muss
aber nicht zwangsläufig nach gegenwärtigen Beispielen
suchen. Schon in der Vergangenheit setzte insbesondere
Russland erfolgreich auf einen umfassenden Propaganda-
apparat. Die Manipulation von Medien und die Verbreitung von Fake News hat dort eine lange Tradition, die
von der UdSSR bis zu Putins Russland reicht. Auch in der
jüngsten Geschichte mehren sich die Belege, dass das Land
nach wie vor meisterhaft darin ist, Fehlinformationen
so einzusetzen, dass die politische und soziale Struktur
eines anderen Landes Schaden nimmt und die öffentliche
Meinung im Sinne Moskaus verändert wird. Die Muster,
die sich auch in aktuellen Konflikten beobachten lassen,
sind also altbekannt und manche davon so alt wie die
Menschheitsgeschichte selbst. Häufig ändert sich nur das
Medium, mit dem solche Nachrichten verbreitet werden.
Es brauchte gar nicht die Erfindung der E-Mail, um
massenhaft Fake News zu verbreiten. Im Grunde finden

sich Beispiele dafür seit der Erfindung des Buchdrucks, die das mechanische und damit einfache Kopieren von Schrifterzeugnissen ermöglichte. Das sogenannte Flugblatt war das erste Massenkommunikationsmittel der Mediengeschichte. Allerdings wurden es nicht von Anfang an zu politischen Zwecken eingesetzt – zumindest nicht in dem Sinne, was wir heute unter dem Begriff Flugblatt verstehen und wie etwa die Geschwister Scholl und die Weiße Rose es einsetzten. Da damals die Kirchen und Klöster das Monopol auf Schrifterzeugnisse besaßen, verwundert es nicht, dass religiöse Inhalte am Anfang dominierten. Auf manchen der frühen Flugblätter finden sich aber auch schon Informationen zu militärischen oder politischen Entwicklungen. Erst als sich die Flugblätter zu den mehrseitigen Flugschriften, dem Vorläufer der Tageszeitung, wandelten, wurde auch das Potenzial entdeckt, das in den massenhaft erzeugten Publikationen steckt. Ab der Zeit der Reformation und im Zuge des Dreißigjährigen Krieges wird das Flugblatt politischer und aus der Kriegspropaganda des 20. Jahrhunderts ist das Flugblatt nicht wegzudenken. Nicht nur Widerstandsgruppen wie die bereits erwähnte Weiße Rose setzten auf dieses Medium. Auch die Kriegsflugblätter, die in Form von Flugblattbomben verbreitet wurden, stellten einen zentralen Bestandteil der psychologischen Kriegsführung dar. Sowohl im Ersten Weltkrieg als auch im Zweiten Weltkrieg verbreiteten die verfeindeten Kriegsparteien Flugblattzeitungen und anderes Propagandamaterial in den verfeindeten Gebieten. Die Wehrmacht setzte dafür einen speziell umgerüsteten Raketenwerfer ein, der so umfunktioniert wurde, dass in den Projektilen ungefähr 100 Flugblätter mehr als 3,5 km weit ins Feindesgebiet geschossen werden konnten. Heute sind es die Troll-Farmen wie z. B. in Russland oder China, die Telegram-Kanäle und staatsnahe Influencer in den sozialen Medien mit Desinformationen füttern, um Gesellschaften, die viele tausend Kilometer entfernt sind, zu destabilisieren. Aus Flugblättern werden Twitter-Nachrichten, aus Lautsprecheranlagen, wie sie etwa Südkorea an der Grenze zu Nordkorea aufgestellt hat, um den Nachbarn mit Propagandasendungen zu beschallen, werden YouTube-Videos. Es gibt zahlreiche Beispiele, die zeigen: Das Medium kann sich ändern, aber die Funktionsweise bleibt gleich.

Propaganda als Gegenteil von Diplomatie

Zur Propaganda gehört aber auch ihr Gegenteil: die Diplomatie. Während Propaganda die Sprache als ein Waffe einsetzt, deren Munition Informationen sind, versucht die Diplomatie mit der Sprache die Wogen zu glätten, Verbindungen herzustellen und Gegensätze und Kontrahenten zu versöhnen. Scheitern diplomatische Verhandlungen, ist nicht selten der Einsatz von militärischen Mitteln, Sanktionen oder anderen Zwangsmitteln die Folge. Vom Gelingen diplomatischer Beziehungen hängt also enorm viel ab. Damit dies im Zeitalter des Cyberkrieges noch effektiv gelingen kann, muss auch die Diplomatie mit der Zeit gehen. Sprich: Der Einsatz von Datenanalysen, Künstlicher Intelligenz und allen anderen Mitteln, die das digitale Zeitalter bereitstellt, muss zum „State of the Art" der Diplomatie werden. Die Verwendung von modernster und sicherster Kommunikationstechnik gehört dabei ohnehin zum Standard – man denke nur an das berühmte rote Telefon, das zum Symbol für eine direkte Verbindung wurde. Über diese Verbindung sollten jegliche Missverständnisse bei der Kommunikation über Dritte ausgeschaltet werden. Als Verschlüsselungsmethode wurde das oben beschriebene Verfahren des One-Time-Pads verwendet, also eine der sichersten und gleichzeitig aufwendigsten Verschlüsselungsmethoden überhaupt.

Eine Voraussetzung für diplomatische Gespräche ist die Verfügbarkeit von relevanten Informationen. Diese zu erhalten und aus den Unmengen an Daten, die jeden Tag entstehen und übermittelt werden, herauszufiltern, wird immer schwieriger. Ohne die Methoden aus dem Bereich der Künstlichen Intelligenz kann die Diplomatie kaum mehr auf Augenhöhe agieren. Aber genau das muss ihr Anspruch sein, denn ihre Bedeutung wächst angesichts des Cyberkrieges. Diplomatie, deren Ziel ist, Frieden zu erhalten oder Frieden herzustellen, muss sich zum einen selbst immunisieren gegen fremde Einflussnahme, Manipulation und Desinformation. Zum anderen denken Diplomaten in ähnlichen Begriffen wie Militärs. Sie haben Strategien und Taktiken, mit denen sie ihre Ziele zu erreichen versuchen, und sind natürlich auch Meister in verbaler Tarnung, Täuschung und Manipulation.

Der Einsatz von KI-Methoden kennt dabei kaum Grenzen. Wie bereits erwähnt, können Big-Data-Methoden dabei helfen, große Datenmengen nach relevanten Informationen zu durchforsten. KI-Systeme eignen sich beispielsweise auch dazu, verschiedene Szenarien für Verhandlungen zu entwerfen und zu überprüfen. Eine andere Kategorie von Algorithmen kann so trainiert werden, dass sie prognostische Fähigkeiten entwickeln. Ein Anwendungsbereich dafür ist das Abstimmungsverhalten unterschiedlicher Länder in der UN-Vollversammlung. Gerade wenn es um Resolutionen wie beispielsweise die Cybercrime-Resolution oder Cybersanktionen geht, können dadurch im Vorfeld entsprechend der wahrscheinlichen Szenarien Vorbereitungen getroffen werden. Angesichts dessen, dass wir in einer komplexen Welt leben, in der multilaterale Verhandlungen geführt bzw. Beziehungen aufgebaut und gepflegt werden müssen, kann das Entwerfen von Szenarien helfen, diese Komplexität beherrschbar zu machen. Schon ohne jede technische Hilfsmittel gestalten sich diplomatische Verhandlungen nicht selten im Modus der Annäherung und des langsamen Vortastens, können aber schnell und unvorhersehbar an Dynamik gewinnen. Neben den fest etablierten Kommunikationskanälen und Institutionen gibt es immer häufiger den Anlass, sich ad hoc auf internationaler Ebene zu verständigen. Die effiziente Ermittlung von Wissen kann am Verhandlungstisch den entscheidenden taktischen Vorteil verschaffen. Denn in der Regel sitzt dort eine Vielzahl unterschiedlichster Akteure mit unterschiedlichsten Zielen und Informationen. Je schneller und effizienter verlässliches Wissen vorliegt, desto solider und tragfähiger sind die Entscheidungen, die am Ende getroffen werden können.

Die diplomatische Welt ist nicht zuletzt auch eine von Medien vermittelte. Denn was in Zeitungen berichtet wird, hat nach wie vor direkten und indirekten Einfluss auf das Weltgeschehen. Die Presse eines Landes ist immer auch eine Informationsquelle über die Tätigkeit von Regierungen. Daher ist eine freie Presse auf der einen Seite ein für die westliche Welt so wichtiger Wert. Gleichzeitig haben auf der anderen Seite die Medien darum einen so großen Einfluss auf die Diplomatie. Letztere muss darum die Publikationstätigkeit genauestens im Blick behalten und analysieren. Da im Bereich der internationalen Beziehungen viel auf dem Spiel steht, wird hier mit harten Bandagen gekämpft. Manchmal verschwimmen dabei die Grenzen zwischen diplomatischen Bemühungen und Propaganda. Denn die Beeinflussung der öffentlichen Meinung zählt durchaus zu den Instrumenten, die Regierungen weltweit nutzen, um sich einen Vorteil zu verschaffen. Längst zählen auch die sozialen Medien zum Arsenal an möglichen Kanälen. An diesem Punkt ist es fast überflüssig zu erwähnen, dass es eine Herkulesaufgabe darstellt, alle Inhalte und Formen der Veröffentlichungstätigkeit von Hand zu überwachen. Monitoring ist also ein weiterer Bereich, in dem KI-Methoden dabei helfen können, die diplomatischen Beziehungen erfolgreich zu führen.

Für die Diplomatie ist es darum unumgänglich, sich mit den neuesten Methoden vertraut zu machen und diese, wenn möglich, besser zu verstehen und zu beherrschen als die Gegenseite. Insbesondere da die Methoden aus diesem vergleichsweise jungen Forschungsbereich noch nicht zu hundert Prozent verlässlich sind, sollte es ein Anspruch der entsprechenden Stellen sein, frühzeitig Erfahrung damit zu sammeln, um einen Umgang damit einzugewöhnen. Zudem ist es wichtig zu lernen, was mit diesen Methoden möglich ist und was nicht. Denn vor allem bietet der Einsatz von KI einen Vorsprung in Effizienz und Genauigkeit. Und auch das ist wichtig: Tradition und moderne Technologie schließen sich nicht gegenseitig aus. Die diplomatische Arbeit an sich wird in ihrem Wesen dadurch nicht verändert – ihr Niveau, ihre Genauigkeit und Qualität im besten Fall jedoch wesentlich verbessert und ihre Sicherheit gewährleistet. In kaum einem anderen politischen Bereich zählen Tradition und Geschichte so viel wie im Bereich der Diplomatie. Da es aber auch ganz zentral um strategische Geschicklichkeit bei Verhandlungen geht, sollten die Mehrwerte, die sich durch den Einsatz moderner Technologien ergeben können, nicht außer Acht gelassen werden. Denn so viel ist heute schon klar: Verschwinden werden diese neuen Technologien auf keinen Fall mehr. Zudem ist der Informationsraum schon heute hart umkämpft und wird sich in Zukunft zum dominierenden Schauplatz der

Cyberkriegsführung entwickeln. Entsprechend wichtig ist es, das gesamte Spektrum des Informationskriegs zu beherrschen – angefangen von der Propaganda bis hin zur Diplomatie.

An der Grenze der Propaganda: Technologie zur Beeinflussung von Sprache und menschlichem Verhalten

Der Effekt, der mit Propaganda ebenso wie mit diplomatischen Verhandlungen erreicht werden soll, ist die Verhaltensänderung von Menschen. Dass in diesem Zusammenhang immer wieder von Künstlicher Intelligenz die Rede ist, hat nichts mit der Vorstellung zu tun, dass wir es – jetzt oder in Zukunft – mit einer Maschine zu tun bekommen, die über eine Art Bewusstsein verfügt oder die Aufgabe von Menschen übernimmt. Vielmehr verfügen wir schon heute über technische Methoden, die uns in die Lage versetzen, Daten und vor allem Sprache so zu analysieren, dass wir dadurch einen Informationsvorsprung erhalten. Konkret funktioniert das so, dass eine bestimmte Menge von Daten wie zum Beispiel Texte oder Audio-Dateien von einem Algorithmus nach bestimmten wiederkehrenden Mustern durchforstet wird. Man spricht hier auch vom maschinellen Lernen, da diese Klassen von Algorithmen sich selbständig weiterentwickeln und dazulernen. In gewisser Weise handelt es sich also tatsächlich um lernende Maschinen. Da sich Rechenleistung und Speichermöglichkeit von Computern in den vergangenen Jahren so rasant weiterentwickelt haben, sind solche Systeme inzwischen dazu in der Lage, unfassbare Mengen an Daten in kurzer Zeit zu analysieren. Je nach Fragestellung kann der Fokus auf die

Semantik, also bestimmte Inhalte gelegt werden, oder auch auf das Sentiment, also die Gefühlslage. Gerade bei gesprochener Sprache kann die Tonlage, die Lautstärke oder die Geschwindigkeit des Gesagten in die Analyse mit einbezogen werden. Damit Maschinen, die weder über Bewusstsein noch echte Intelligenz verfügen, sinnvolle Ergebnisse über Kategorien wie diese liefern können, müssen sie trainiert werden. Das benötigt zunächst einmal Zeit. Die intelligenten Systeme müssen zunächst verstehen lernen, was ein Wort ist, dass es Wörter gibt, die Namen für Personen und Orte sind, dass bestimmte Wörter auf größere Themenkomplexe verweisen und zusammengehören und dass bestimmte Sätze und Redewendungen in einem engen Zusammenhang auftauchen und beispielsweise auf Gefühlslagen verweisen können. Nach und nach entsteht auf diese Weise eine Datenbank, die wiederum als Grundlage für weiterführende Analysen liefert. Verfügt man aber dann über ein solches System, kann dieses große Datenmengen auf semantische Muster hin analysieren, was dann wiederum einen enormen Zeitvorteil bringen kann. Denn es wäre selbst einem ganzen Ministerium nicht möglich, das tägliche Aufkommen aller Tweets – ca. 500 Mio. pro Tag bzw. 6000 pro Sekunde – zu lesen, geschweige denn systematisch auszuwerten. Darum bedeutet das Wissen, das auf diese Weise erlangt werden kann, Macht. Und zwar ist dies die Macht, zielgenau zu kommunizieren. Denn wer durch die Analyse von Social-Media-Daten eine Gruppe von Menschen identifiziert hat, die sich durch ihre bisherigen Äußerungen als besonders emotional gezeigt haben, tut sich entsprechend leichter, Botschaften so zu formulieren, dass sie von ihnen gut aufgenommen werden. Wählerverhalten kann dabei ebenso beeinflusst werden wie Kaufentscheidungen. Wie schnell wir mit solchen Technologien in Bereiche kommen, die nicht so harmlos sind wie Werbung, wird klar mit dem Blick auf das sogenannte „Predictive Policing". Dabei werden ebenfalls Daten mithilfe von ML-Algorithmen untersucht, um Orte in einer Stadt oder einem Viertel zu identifizieren, an denen eine höhere Wahrscheinlichkeit für Gesetzesverstöße besteht. Vorsorglich werden dann Polizeibeamte an diese Orte – meist soziale Brennpunkte – geschickt, um durch ihre Präsenz möglicherweise Verbrechen zu verhindern. Predictive Policing ist keine Zukunftsvision mehr, sondern längst auch in Deutschland praktizierte Realität. Vor allem im Bereich der Präventionsarbeit kommen solche Software-Lösungen zum Einsatz. Auch Sicherheitsfirmen, die bei Events und Großveranstaltungen eingesetzt werden, arbeiten mit solchen Programmen. Filme wie *Minority Report* (2002, Regie: Steven Spielberg) und die gleichnamige Erzählung von Philip K. Dick aus dem Jahr 1956 zeigen aber auch die Grenzen und Risiken auf, die mit solchen Technologien einhergehen. *Minority Report* zeichnet eine dystopische Welt, in der Menschen in einem Überwachungsstaat leben und für Verbrechen verfolgt werden, die sie noch gar nicht begangen haben. Mit Beispielen wie diesem verlassen wir aber mehr und mehr den Informationsraum und nähern uns mehr und mehr der Welt von 2084 an, um die es im abschließenden Kapitel gehen soll.

Teil IV

Ausblick: Die Zukunft des Cyberkrieges

Nachdem wir uns bis zu diesem Punkt mit der Entwicklung des Cyberkrieges beschäftigt haben, soll abschließend ein kurzer Ausblick in die Zukunft gewagt werden. Wie geht diese Entwicklung weiter? Was erwartet uns in zehn oder in hundert Jahren? Ist alles bereits verloren oder gibt es am Ende doch noch etwas Hoffnung, dass sich alles zum Guten wendet?

10

Die Welt im Jahr 2084

Ich kann niemanden etwas lehren.

Ich kann nur zum Nachdenken bringen.

Sokrates

Im Frieden bereite dich auf den Krieg vor,

im Krieg bereite dich auf den Frieden vor.

Die Kunst des Krieges ist für den Staat von entscheidender Bedeutung.

Sie ist eine Angelegenheit von Leben und Tod,

eine Straße die zur Sicherheit oder in den Untergang führt.

Deshalb darf sie unter keinen Umständen vernachlässigt werden.

Sun Tzu, Die Kunst des Krieges

© Der/die Autor(en), exklusiv lizenziert an Springer Fachmedien
Wiesbaden GmbH, ein Teil von Springer Nature 2023
P. Kestner, *Die Kunst des Cyberkrieges*,
https://doi.org/10.1007/978-3-658-40058-3_10

Es ist an der Zeit, die Ergebnisse dieses Buches zusammen-
zufassen und einen Ausblick zu geben, was sie für die
Zukunft der Menschen auf diesem Planeten bedeuten.
Kaum etwas liegt dabei beim Thema Cyberkrieg näher, als
einen Blick in die Zukunft zu richten. Denn *den* Cyberkrieg in seiner reinen Form und seinem ganzen Ausmaß
haben wir mit Sicherheit noch nicht erlebt, wenngleich
wir seine Anfänge bereits deutlich sehen können.

Zur Aktualität dieses Buches

Dieses Buch wurde im Bewusstsein darüber geschrieben,
dass viele Elemente, die hier dargestellt werden, sich
bereits in der Gegenwart beobachten lassen. Gleichzeitig
liegt all dem hier Niedergeschriebenen der Anspruch
zugrunde, etwas zu erfassen, das weit über unsere
Zeit hinausreicht und die Zukunft des Cyberkrieges
zu begreifen hilft. Natürlich lassen auch die jüngsten
Konflikte erkennen, dass viele alte Strategien und Taktiken
noch angewandt werden. Leider werden aber auch heute
noch oft die Lehren aus der Vergangenheit vergessen
und alte Fehler wiederholt. Auch die Treiber, die zu
Konflikten führen, sind nach wie vor die gleichen und
ändern sich sicherlich auch nicht so schnell. Gleichzeitig
wird dem aufmerksamen Leser nicht entgehen, dass zahlreiche Elemente von Sun Tzu und Clausewitz an Aktualität nicht eingebüßt haben. Dabei darf infrage gestellt
werden, ob alle, denen diese Autoren und deren Werke ein
Begriff sind, die entsprechenden Lehren aus deren Lektüre
gezogen haben.

Selbstverständlich lassen sich auch schon heute
neue Entwicklungen erkennen: Die hybride Kriegsführung gehört immer mehr zum Standard und es ist

mehr Technik im Einsatz denn je. Zudem spielt letztere eine immer entscheidendere Rolle auf dem Schlachtfeld, das durch Cyber über Grenzen hinweg geht. Auch die Bereiche Informationsgewinnung und Spionage spielen sich auf einem völlig neuen (technischen) Level ab, wenngleich die Grundprinzipien gleich bleiben. Desinformation und Propaganda gibt es heute auf allen digitalen Kanälen, weil es hier darum geht, auch im Krieg der Narrative zu gewinnen. Der Sieger entscheidet darüber, ob es sich am Ende um eine Spezialoperation oder einen Angriffskrieg handelte.

Dennoch: Den echten „Cyberkrieg" oder „digitalen Krieg" haben wir noch nicht gesehen, wenngleich man bereits erkennen kann, in welche Richtung es gehen wird. Schon heute ist erkennbar, dass alle Ebenen der bisherigen, militärischen Erwägungen, nämlich Luft, Land, See und Weltall, von nun an von einer neuen Dimension, dem Cyberspace begleitet werden. Der Cyberspace wird damit zu einer fünften Dimension, die gleichzeitig alle vier umspannt und von den einzelnen Dimensionen nicht getrennt werden kann. Allein aus diesem Grund werden der Cyberspace und die damit verbundenen Überlegungen in Zukunft immer wichtiger werden. Der Cyberspace und die digitale Dimension sind schon jetzt fester Bestandteil in den derzeitigen Konflikten. Auch der „Krieg im Weltraum" nimmt langsam Formen an. Angefangen bei militärischen Aufklärungssatelliten bis hin zu Elon Musks Satelliten-Armada, die auch zu taktischen bzw. militärischen Zwecken genutzt werden können. Die chinesische Regierung überlegt bereits offen, welche Technik zum Abschuss solcher Satelliten entwickelt werden muss.

Einige Gedanken zum aktuellen Ukraine-Krieg

Mehr als einmal habe ich beim Verfassen dieses Buches an den derzeitigen Krieg in der Ukraine denken müssen und viele Male habe ich beim Schreiben sicher aktuelle Beispiel im Sinn gehabt, wenngleich ich auf ältere zurückgegriffen habe. Das hat einen triftigen Grund. Im derzeitigen Ukraine-Krieg erscheinen uns viele Elemente bekannt vorzukommen. Wir glauben, einige Handlungen als Fehler erkannt zu haben und andere als „klassische Methoden" entlarven zu können. Doch auch hier lehrt uns die Geschichte, eine gewisse Vorsicht walten zu lassen. Selten ist es so, dass in der Hitze des Gefechts ein klarer Blick auf die Wirklichkeit möglich ist. Viele sehr gebildete und hochintelligente Zeitgenossen haben in der Vergangenheit Kriege kommentiert, die sie beobachten konnten. In den allerseltensten Fällen gelang es diesen jedoch, einen unverstellten und umfassenden Eindruck des Großen und Ganzen zu bekommen. Und so ist es auch heute: Derzeit ist es nicht möglich, wirklich verlässliche Aussagen dazu zu treffen, welche Akteure welche Aktionen mit welchen Motiven vorantreiben. Ich befürchte sogar, dass es noch Jahrzehnte dauern wird, bis dieser Konflikt aufgearbeitet, von unabhängigen Stellen bewertet und eingeordnet werden kann. Wir sind momentan mittendrin im Geschehen, den wenigsten wird es möglich sein, eine neutrale Haltung einzunehmen. Da uns allesamt die volle Wucht der Desinformationswellen, Propaganda und absichtlichen Verwirrung trifft, ist es umso schwieriger, richtig und falsch auseinanderzuhalten. Sich jetzt ein Urteil zu bilden, wäre verfrüht und mit hoher Wahrscheinlichkeit auch nicht richtig. In der „heißen Phase" ist jeder geblendet oder verführt von der Propaganda.

Erst nach vielen Jahren nach sauberer Aufarbeitung, mit nüchternem Blick und nach der „ersten Geschichtsschreibung der Sieger" kann man das wirkliche Bild von diesem Konflikt zeichnen. So schwer es auch fallen mag, aber egal was wir gerade denken, wir könnten damit fundamental falsch liegen. Die Zeit heilt nicht nur alle Wunden, sondern nur sie gibt auch einen neuen Blick auf Dinge frei, die wir früher nicht verstanden oder anders gesehen haben.

Mir ist an dieser Stelle wichtig zu betonen, dass wir uns nicht anmaßen sollten, eine Lösung zu kennen zu glauben, oder vorgeben, den richtigen Blick auf die Dinge zu haben. Mit Hinblick auf den aktuellen Konflikt in der Ukraine muss einiges an Zeit vergehen, damit alles, was dort gerade geschieht, aufgearbeitet werden kann. In ein paar Jahren wird sich der Ukraine-Krieg in die Reihe der vergangenen Kriege einfügen und bewertet werden können. Hoffentlich können dann die kommenden Generationen daraus etwas lernen. Denn eines ist sicher: Der nächste Krieg kommt bestimmt. Ganz frei nach dem Zitat: „Der Frieden ist nur eine Pause zwischen zwei Kriegen."

Die Gewinner schreiben die Geschichte

Im Volksmund heißt es, dass die Geschichte von den Siegern geschrieben wird. Diese Einsicht ist schon sehr alt und lässt sich über die Jahrhunderte und Jahrtausende immer wieder beobachten. Es ist kein Zufall, dass Gaius Julius Caesar ein Buch zum *Gallischen Krieg* geschrieben hat, den er selbst geführt hat. Das Niederschreiben der Geschichte ist niemals ein objektiver Akt, bei dem es nur darum geht, das Geschehene auf Papier zu bannen. Es geht immer auch um die Interpretation der Tatsachen, das gewollte Aufzeigen von Zusammenhängen und die Rekonstruktion eines ganz bestimmten Ablaufs der Dinge. Ich denke, je mehr Zeit vergeht, desto „neutraler" und genauer fällt die Analyse aus. Denn es fängt schon bei der Auswahl der Ereignisse an, die in die Bücher aufgenommen werden und welche nicht.

Doch auch etwas anderes lehrt uns die Vergangenheit: Selbst wenn es den Versuch gibt, Geschehenes zu verheimlichen oder die Tatsachen zu stark zu verdrehen, kommt die Wahrheit am Ende doch auf den Tisch. Darum lohnt es sich an diesem Punkt, eine exakte Unterscheidung zu treffen. Geschichte ist das Bild von der Vergangenheit, auf das sich eine Gesellschaft einigt. Die Vergangenheit ist die Summe aller vergangenen Ereignisse, die zu einem bestimmten Punkt geführt haben. Und die Wahrheit ist ein Konzept, das immer dann ins Spiel kommt, wenn durch Lüge, Verdrehen von Tatsachen oder andere Formen der Deformierung die Wirklichkeit verfremdet wird. Denn insbesondere im 20. Jahrhundert konnte immer wieder beobachtet werden, dass die Wahrheit – zwar oft mit Jahren oder Jahrzehnten Verspätung – am Ende ans Tageslicht kommt. Das liegt auch daran, dass in der Moderne eine Medienrevolution stattgefunden hat. In der Zeit davor stellten Bücher die Hauptquellen der Geschichtsschreibung dar. Ab dem Ersten Weltkrieg kommen neue Medien in Spiel: Filmaufnahmen, Funksprüche, Tonaufnahmen von Aussagen von Zeitzeugen usw. Damit ändert sich aber nicht nur die Quellenlage und die Art der Dokumente. Sie liegen in umfangreicheren Mengen vor, womit es schwieriger wird, Informationen zu verfälschen. Und auch die Geschwindigkeit, mit der die Aufarbeitung der Ereignisse erfolgt, erhöht sich – bis zu dem Punkt, in dem die Echtzeit-Verarbeitung wieder zum Problem wird.

Da die Geschichte in diesem Buch aber oftmals als Kronzeuge und als Material diente, aus dem Lektionen für die Gegenwart abgeleitet werden sollen, soll dieses Vorgehen selbst am Ende noch einmal hinterfragt und kritisch beleuchtet werden. Denn wie gerade erläutert, kann die Geschichte selbst trügerisch sein. Nicht nur, weil sie zuerst von den Siegern geschrieben wird. Sondern auch, weil sie nicht für alle gleich ist. Was ich damit meine, wird deutlich, wenn wir uns zum Beispiel einmal fragen, was die Geschichte Europas ist. Zum einen können wir diese Frage mythologisch beantworten. Europa war laut Homer sowie dem griechischen Geschichtsschreiber Herodot die schöne Tochter des Königs der Phönizier, Agenor. Zeus, der Göttervater, verliebte sich in Europa und verschleppte sie in der Gestalt eines Stiers, der so schön und sanft war, dass sich Europa auf seinen Rücken setzte. Er entführte sie nach Kreta und zeugte dort mehrere Kinder mit ihr, deren Nachfahren sich dann im ganzen Mittelmeerraum verbreiteten. Europa, quasi die Mutter der europäischen Völker, steht für ihre Vielfalt und die Verbindung verschiedener Nationen. Blicken wir im Gegensatz dazu in die Geschichtsbücher, können wir davon lesen, wie – ebenfalls auf der Insel Kreta – etwa um 2000 v. Chr. mit den Minoern die erste Hochkultur in Europa entstand. Die Einflüsse der Minoer lassen sich in zahlreichen Kulturen nachweisen, die sich ausgehend von Griechenland auf dem europäischen Festland verbreiteten. Mit etwas Fantasie könnte man sagen, dass der Mythos und die Historiografie die gleiche Geschichte mit anderen Mitteln oder in einer anderen Form erzählen. Wie weit das Schreiben von solchen Ursprungssagen und Erzählungen ein und derselben Vergangenheit auseinanderklaffen kann, belegt auch ein Blick in die unterschiedlichen Schulbücher, die heute in den europäischen Ländern verwendet werden. Auch wenn Polen, Deutschland, Belgien, Frankreich, Österreich oder Ungarn Teil ein und derselben Europäischen Union sind – im Schulfach Geschichte wird in jedem Land eine andere Variante der gemeinsamen europäischen Vergangenheit erzählt. Je nach Perspektive kommen bestimmte Ereignisse gar nicht vor, werden in ihren Ursachen völlig anders dargestellt oder einzelne Personen erscheinen in einem ganz anderen Licht. Wer die Geschichte erzählt, kann also durchaus entscheidend sein, wenn es um die individuelle Ansicht der Geschehnisse geht.

Dennoch möchte ich dafür plädieren, auch mit einer gewissen Gelassenheit an die Lektüre von historiografischen Texten heranzugehen. Wenn man akzeptiert, dass es eine absolute Wahrheit hier nicht gibt und auch nicht geben kann, dann wird der Blick frei für bestimmte überzeitliche Wahrheiten und Einsichten, die selbst durch eine andere Perspektive auf das Geschehene nicht auszumerzen sind. Ich spreche dabei vor allem von den fünf Treibern Macht, Gier, Ruhm, Reichtum und Lust, die im Lauf der Menschheitsgeschichte immer wieder zu Konflikten und Kriegen geführt haben und sicher auch in Zukunft weiter führen werden.

Die Welt im Jahr 2084

In der Einleitung haben wir damit begonnen, George Orwells Roman *1984* als ein Beispiel dafür zu lesen, wie es möglich ist, anhand einer Geschichte die Gegenwart besser zu verstehen und sich entscheidendes Wissen daraus abzuleiten. Darum möchte ich hier den Versuch wagen, eine Vision von der Welt von 2084 zu entwerfen.

In einer Stadt, die so weit in die Höhe und soweit über ihre Grenzen hinaus gewachsen ist, dass sie fast einen Kontinent bedeckt, lebt einer der Ururenkel von Winston Smith. Die Stadt funktioniert trotz ihrer unvorstellbaren Größe reibungslos, denn die Welt des Jahres 2084 ist vollständig digitalisiert und automatisiert. Ultraschnelle Magnetschwebebahnen bringen die Bewohner rund um die Uhr in kürzester Zeit von einer Stelle in der Stadt zur nächsten. Über die Probleme des frühen 20. Jahrhunderts im Bereich Mobilität kann Winston Smith 2.0 nur müde lächeln. Sie kommen ihm ebenso weit entfernt vor wie die Dinosaurier-Knochen im Museum. In dieser Zukunft ist die digitale Welt zur zweiten Natur des Menschen geworden. Via Augenimplantat wird die Virtual Reality zum Teil des Körpers. Web 6.0 und die Wirklichkeit verschmelzen vollständig miteinander. Die großen Protagonisten der frühen Digitalisierung wie Google, Apple, Microsoft und Meta wurden schon kurz nach ihrer Blütezeit durch den Trend der Dezentralisierung von Software und Services vernichtet. Die Grundlage für diese Technologie legte die mythologische Gestalt Satoshi Nakamoto, über dessen Existenz noch im Jahr 2084 in speziellen Nakamoto-Tempeln – einer Mischung aus Museum, Club und Bastelkeller für Technologie-Begeisterte – spekuliert, geforscht und debattiert wird. Nakamotos Erfindung des Bitcoin im Jahr 2009 lieferte die Philosophie und das Ideal für ein Leben in der digitalisierten Welt. Dezentralisierung, Anonymität und der Schutz der Privatsphäre sind die höchsten Güter. Diese sind aber nach wie vor hart umkämpft. Immer wieder gibt es machthungrige Einzelpersonen oder Unternehmen, denen diese Grundwerte einer freien Cybergesellschaft ein Dorn im Auge sind. Sie wollen die Technologie nutzen, um sie zu Überwachungs- und Kontrollzwecken zu nutzen. Der politische Kampf hat sich verlagert und wird nun auf Softwareebene ausgefochten. Für Änderungen am Code braucht es Mehrheiten und Konsense, die gewonnen werden müssen. Dazu gibt es einerseits mächtige Lobbyverbände und andererseits gezielte Cyberoperationen, die darauf ausgerichtet sind, Schwachstellen von Menschen zu finden. Die persönlichen Daten sind inzwischen zum begehrtesten Gut mit unschätzbaren Wert geworden. Zahllose Menschen wurden jedoch bereits zum Opfer von Identitätsdiebstahl oder Erpressung. Ein digitaler Identitätsverlust kommt einem gesellschaftlichen Tod gleich, da man am Ende jeglicher Handlungsfähigkeit beraubt ist. Man kann nicht mehr wählen, sich nicht mehr ausweisen oder authentifizieren. Der Zugang zu den wichtigsten Einrichtungen und dem Internet sind einem damit verwehrt. Darüber hinaus hat auch die Korruption bedenkliche Dimensionen angenommen.

Zwar gibt es längst keine Landesgrenzen mehr und die Menschheit expandiert immer tiefer ins Weltall, wo neue Kolonien auf fremden Planeten entstehen. Doch flammen dort neue Konflikte um Gebietsansprüche um die Verteilung von Ressourcen auf. Natürlich spielen auch hier wieder die „alten Muster" eine Rolle, weswegen die Erinnerung an die Vergangenheit von höchster Stelle beschützt und bewahrt werden muss, um nicht wieder die Fehler der Vergangenheit erneut zu begehen. Denn auch wenn die neuen Grenzverläufe ins Weltall verlagert wurden, bei den Machthabern, die neue Kriege um Gebietsansprüche auf anderen Monden und Planeten führen, hat sich eines nicht geändert: Nach wie vor sind diese Menschen von ihren alten Trieben nach Macht, Ruhm, Habgier, Lust, und Reichtum bestimmt.

Ein Lichtblick

Auch wenn sich vieles, was ich in diesem Buch zusammen-
getragen habe, so anhört, als könnte der Cyberkrieg nur
in eine düstere Welt der Verwirrung, Täuschung und
Manipulation führen, in der jeder gegen jeden kämpft
und das Handeln der Menschen durch niedere Instinkte
geprägt ist, ist meine Botschaft doch eine ganz andere.
Denn die Zukunft liegt in unseren Händen. Ob wir uns
in die eine oder die andere Richtung weiterentwickeln
werden, ist aus heutiger Sicht noch nicht klar. Es kommt
vielmehr ganz darauf an, ob wir es schaffen, aus der
Geschichte zu lernen, oder ob wir uns immer wieder
täuschen lassen. Aber vielleicht bringt meine hoffnungs-
volle Haltung nichts so sehr auf den Punkt wie ein altes
indianisches Sprichwort, das lautet: „Jeder Mensch trägt
einen guten und einen bösen Wolf in sich. Welcher von
beiden zum Vorschein kommt, hängt davon ab, welchen
wir füttern.“

Literatur

Afheldt, Horst: *Verteidigung und Frieden. Politik mit militärischen Mitteln*, Hanser Verlag, 1976.

Albrecht, Ulrich/Lock, Peter/Wulf, Herbert: *Arbeitsplätze durch Rüstung?: Warnung vor falschen Hoffnungen*, Hamburg, Rowohlt Taschenbuch, 1978.

Arbeitskreis atomwaffenfreies Europa (Hrsg.): *Alternativen Europäischer Friedenspolitik*, Berlin, Selbstverlag, 1982.

Bengtson, Hermann (Hrsg.): *Fischer Weltgeschichte, Bd. 5, Griechen und Perser. Die Mittelmeerwelt im Altertum I*, Frankfurt a. M., Fischer Taschenbuchverlag, 2001.

Benz, Wolfgang: *Rechtsextremismus in Deutschland: Voraussetzungen, Zusammenhänge, Wirkungen*, Fischer Taschenbuch, 1994.

Bölsche, Jochen: *Der Weg in den Überwachungsstaat*, Hamburg, Rowohlt Verlag, 1979.

Bon, Gustave le: Psychologie der Massen (1895), Stuttgart, Alfred Kröner Verlag, 2021.

Boserup, Anders/Mack, Andrew: *Krieg ohne Waffen?*, Hamburg, Rowohlt Taschenbuchverlag, 1980.

© Der/die Herausgeber bzw. der/die Autor(en), exklusiv lizenziert an Springer Fachmedien Wiesbaden GmbH, ein Teil von Springer Nature 2023
P. Kestner, *Die Kunst des Cyberkrieges*,
https://doi.org/10.1007/978-3-658-40058-3

Broszart, Martin/Heiber, Helmut: *Die Republik von Weimar*, München, dtv Verlagsgesellschaft, 1966.

Büssem, Eberhard/Neher, Michael: *Arbeitsbuch Geschichte – Mittelalter Repertorium: 3. – 16. Jahrhundert*, Stuttgart, UTB, 2003.

Caesar, Gaius Julius: *Der Gallische Krieg*, München, Goldmann Verlag, 1981.

Der Deutsche Bundestag (Hrsg.): *Fragen an die deutsche Geschichte. Ideen, Kräfte, Entscheidungen – von 1800 bis zur Gegenwart*, Berlin, Kohlhammer Verlag, 1984.

Deutsch, Karl W.: *Politische Kybernetik – Modelle und Perspektiven*, Freiburg, Rombach Verlag, 1970.

Die Bundesregierung: *Weißbuch 2016. Zur Sicherheitspolitik und zur Zukunft der Bundeswehr*, Berlin, 2016, online veröffentlicht: https://www.bmvg.de/resource/blob/13708/015be272f8c0098f1537a4916 76bfc31/weissbuch2016-barrierefrei-data.pdf

Drewitz, Ingeborg (Hg.): *Strauß ohne Kreide. Ein Kandidat mit historischer Bedeutung*, Reinbek bei Hamburg, Rowohlt, 1980.

Eichhorn, Peter: *Gewalt und Friedenssicherung. Grundtypen politischer Gewalt*, München, Claudius-Verlag, 1973.

Faber, Richard/Funke, Hajo: *Rechtsextremismus, Ideologie und Gewalt*, Berlin/Leipzig, Edition Hentrich, 1995.

Frank, Anne: *Tagebuch*, Frankfurt a. M., Fischer Taschenbuchverlag, 2001.

Gordon, Thomas: *Gideon's Spies: The Secret History of the Mossad*, St. Martin's Griffin, 2000.

Haffner, Sebastian: *Anmerkungen zu Hitler*, Frankfurt a. M., Fischer Taschenbuchverlag, 1981.

Haffner, Sebastian: *1918/19 – Eine deutsche Revolution*, Hamburg, Rowohlt Verlag, 1979.

Haftendorn, Helga: „Theorie der Internationalen Politik", In: Woyke, W. (Hrsg.) *Handwörterbuch Internationale Politik. Uni-Taschenbücher, vol 702*, Wiesbaden, VS Verlag für Sozialwissenschaften, 1986.

Heine, Peter: *Terror in Allahs Namen: Hintergründe der globalen islamistischen Gewalt*, Freiburg im Breisgau, Verlag Herder, 2015.

Hofer, Walther: *Der Nationalsozialismus. Dokumente 1933–1945*, Frankfurt a. M., Fischer Bücherei, 1960.

Jakobeit, Cord: *Kriegsdefinition und Kriegstypologie*, 2016 online veröffentlicht unter: https://www.wiso.uni-hamburg.de/fachbereich-sowi/professuren/jakobeit/forschung/akuf/kriegsdefinition.html

Jürgs, Michael: *BKA: Die Jäger des Bösen*, München, C. Bertelsmann Verlag, 2011.

Kihn, Martin: *Asshole: Wie ich lernte ein Schwein zu sein und dabei reich und glücklich wurde*, Ullstein Verlag, 2009.

Kogon, Eugen: *Der SS-Staat – das System der deutschen Konzentrationslager*, München, Heyne Verlag, 1988.

Krieger, Wolfgang: *Geheimdienste in der Weltgeschichte: Spionage und verdeckte Aktionen von der Antike bis zur Gegenwart*, München, C.H.Beck, 2003.

Langer, Ralph: *Stuxnet und die Folgen. Was die Schöpfer von Stuxnet erreichen wollten, was sie erreicht haben, und was das für uns alle bedeutet*, Langer Communications, 2017, online veröffentlicht unter: https://www.langner.com/wp-content/uploads/2017/08/Stuxnet-und-die-Folgen.pdf

Linn, Susanne/Sobolewski, Frank: *So arbeitet der deutsche Bundestag – 18. Wahlperiode*, Berlin, NDV, 2016.

Moestl, Bernhard: *Shaolin – Du musst nicht kämpfen, um zu siegen!: Mit der Kraft des Denkens zu Ruhe, Klarheit und innerer Stärke*, Knaur Taschenbuchverlag, 2010.

Ohne Autor: *Handbuch der Militärattachés in Deutschland*, Berlin, ProPress Verlag, 2006.

Peters, Buts: *RAF. Terrorismus in Deutschland*, München, DVA, 1991.

Pfeffer, Jeffrey: *Macht – Warum manche sie haben, und andere nicht*, Börsenmedien-Verlag, 2011.

Reißmann, Ole/Stöcker, Christian/Lischka, Konrad: *We are anonymous. Die Maske des Protests – Wer sie sind, was sie antreibt, was sie wollen*, München, Goldmann Verlag, 2012.

Simson, Werner von: *Die Verteidigung des Friedens: Beiträge zu einer Theorie der Staatengemeinschaft*, München, Beck Verlag, 1975.

Singh, Simon: *Geheime Botschaften. Die Kunst der Verschlüsselung von der Antike bis in die Zeiten des Internet,* dtv Verlagsgesellschaft, 2001.

Ström, Pär: *Die Überwachungsmafia: Das lukrative Geschäft mit unseren Daten,* München, Carl Hanser Verlag, 2005.

Taschner, Rudolf: *Die Mathematik des Daseins: Eine kurze Geschichte der Spieltheorie,* München, Carl Hanser Verlag, 2015.

Unterseher, Lutz: *Frieden mit anderen Waffen,* Berlin, Springer Verlag, 2011.

Vilmar, Fritz: *Rüstung und Abrüstung im Spätkapitalismus: eine sozio-ökonomische Analyse d. Militarismus,* Reinbek (bei Hamburg) : Rowohlt-Taschenbuch-Verlag, 1973.

Woyke, Wichard (Hrsg.): *Handwörterbuch Internationale Politik,* VS Verlag für Sozialwissenschaften, 2005.

Wulf, Christoph (Hg.): *Friedenserziehung in der Diskussion,* München, Piper Verlag, 1973.

Zolfagharieh, Mehran: *Carl von Clausewitz und Hybride Kriege im 21. Jahrhundert,* Marburg, Tectum Verlag, 2015. Studie „Stuxnet und die Folgen" von Ralph Langer